도시와 공생

필자

이지치 노리코(伊地知紀子, Ijichi, Noriko) 오사카시립대학교 문학연구과 교수, 사회학·문화인류학 전공
조정민(趙正民, Cho, Jungmin) 부산대학교 한국민족문화연구소 HK교수, 일본근현대문학 전공
다카시마 요코(高島葉子, Takashima, Yoko) 오사카시립대학교 문학연구과 준교수, 표상문화학 전공
사가 아시타(佐賀朝, Saga, Ashita) 오사카시립대학교 문학연구과 교수, 역사학 전공
가와노 에이지(川野英二, Gawano, Eiji) 오사카시립대학교 문학연구과 준교수, 도시사회학 전공
조관연(趙寬衍, Cho, Gwanyeon) 부산대학교 한국민족문화연구소 HK교수, 문화인류학 전공
장세룡(張世龍, Jang, Seyong) 부산대학교 한국민족문화연구소 HK교수, 서양근현대사 전공
차철욱(車喆旭, Cha, Chulwook) 부산대학교 한국민족문화연구소 교수, 한국현대사 전공
야마 히로시(山 祐嗣, Yama, Hiroshi) 오사카시립대학교 문학연구과 교수, 심리학 전공
이상봉(李尙峰, Lee, Sangbong) 부산대학교 한국민족문화연구소 HK교수, 지역정치 전공

부산대학교 한국민족문화연구소 로컬리티 연구총서 23

도시와 공생

초판인쇄 2017년 5월 16일 **초판발행** 2017년 5월 23일
엮은이 부산대 한국민족문화연구소·오사카시립대 도시문화연구센터
펴낸이 박성모 **펴낸곳** 소명출판 **출판등록** 제13-522호
주소 서울시 서초구 서초중앙로6길 15, 1층
전화 02-585-7840 **팩스** 02-585-7848 **전자우편** somyungbooks@daum.net **홈페이지** www.somyong.co.kr

값 21,000원 ⓒ 부산대학교 한국민족문화연구소, 2017
ISBN 979-11-5905-182-1 94300
ISBN 978-89-5626-802-6(세트)

이 저서는 2007년 정부(교육과학기술부)의 재원으로 한국연구재단의 지원을 받아 연구되었음(NRF-2007-361-AL0001).

부산대학교 한국민족문화연구소
로컬리티 연구총서 23

도시와 공생

Urban and Living Together

부산대 한국민족문화연구소
오사카시립대 도시문화연구센터 엮음

소명출판

하나의 도시가 탄생하는 과정은 매우 정치적이고 인위적이다. 자연 조
건을 바탕으로 한 촌락 공동체와는 달리 도시에는 행정, 경제, 문화, 경관
등의 다양한 요소들이 때로는 복잡하게 때로는 질서정연하게 결합되어
있다. 일터와 상업지구, 놀이 지역은 쓰임새에 맞게 분리되어 배치되고,
그 사이 사이를 깨끗한 공원과 학교와 같은 모범적인 보완물들로 채운
도시. 이렇게 균형 있게 배치된 공간들은 서로 긴밀하게 유기적으로 움직
이며 낮과 밤에 따라 그 모습을 달리하며 매일의 일상을 지탱하고 있다.

사실, 근대적 의미의 도시는 자본주의와 밀접한 관련을 갖는다. 자본
주의적 생산관계가 관철되는 곳이라는 점에서 도시는 생산, 유통, 소비
의 공간이며, 그 속에서 구체적인 일상이 이루어진다는 점에서 그곳은
삶의 공간이기도 하다. 따라서 자본주의적 삶에서 야기되는 온갖 사회
문제는 곧 도시문제라고 볼 수 있다. 1960년대 초 제인 제이콥스Jane
Jacobs가 『미국 대도시의 죽음과 삶』(유강은 역, 그린비, 2010)에서 일찍이
지적했듯이 도시 문제는 자본의 불균형에 의해 초래되는 문제가 대부
분이었고 그렇기 때문에 도시와 공생은 좀처럼 만나기 어려운, 어쩌면
만날 수 없는 사이이기도 했다. 예컨대 공생을 추구한다며 공원을 만들
긴 했지만 원치 않는 방문객들이 공원 내에 오래 머무를까 우려해 벤치
를 설치하지 않았다는 이야기는, 원치 않는 방문객을 소외한 나머지들

의 공생을 위해 공원이 조성되었음을 잘 대변하고 있다.

'게이티드 커뮤니티gated community' 역시 마찬가지이다. 게이티드 커뮤니티란 주거단지 입구에 문gate이나 울타리fence를 설치해 외부인의 방문과 접근을 차단한 것으로 이는 이미 한국에서도 널리 정착된 주거단지 형태이다. 이런 형태의 주거건축물이 공생의 모범으로 성장하기 위해서는 적어도 이곳에 사는 사람들의 생활수준과 관심이 서로 유사해야 한다. 이 같은 공간 조성은 스스로 중산층이라 여기는 일부 사람들의 내부 질서를 유지하는 데에는 도움이 되겠지만 한편으로는 자본에 따른 공간적 고립을 발생시키기도 한다. 그리고 이는 또 다른 형태의 공간적 고립과 짝을 이룬다. 차이나타운, 서래마을, 안산 다문화 마을과 같이 특정 민족과 계급의 사람들이 모인, 다시 말해 도시 안에서 타자화 된 구역은 또 다른 의미의 게이티드 커뮤니티를 형성하고 있다. 이처럼 우리는 도시 내부에서 전혀 접점을 가지지 못하는 이들과 함께 따로 또 같이 살고 있다.

도시와 공생의 지난한 조우. 바로 이 점 때문에 우리는 도시와 공생에 주목하게 되었다. 다시 말해 도시가 온갖 사회적 병폐가 표출되는 현장이라면, 역설적으로 도시는 사회문제 해결을 위한 대안의 근거지, 공생의 근거지가 되기도 할 터이다. 이에 본 총서는 도시에 집적된 기억과 서사, 경험들이 신자유주의의 영향 아래 풍화되고 산화되며 휘발되어 전혀 새로운 공간으로 탄생한 도시의 역사를 다시 성찰해 보고자 한다. 현대의 도시적 삶 안에서 전개되는 다양한 문제들을 고민하고 도시를 새로운 공생의 실천 장으로 변모시키기 위해서는 어떠한 인식의 전환이 필요한가? 라는 문제의식을 바탕으로 다음과 같이 3부로 나누어 접근해 보았다.

먼저 제1부 '도시의 시간과 기억'은 도시 속에 마치 얼어붙어 있듯이 굳어 있던, 혹은 묻혀 있던 여러 겹의 기억과 서사들을 일깨워 오늘의 삶과 조우시키고자 한 글을 모은 것이다. 이지치 노리코伊地知紀子의 「식민지 해방 이후 제주도 출신 여성의 도일度日과 생활 세계」는 해방 이후 다시 일본으로 건너 간 제주도 출신 여성들의 생활사 조사를 바탕으로 그녀들이 일본에서 자신들의 고향에 대해 어떠한 정념과 기억을 유지하였는지에 대해 고찰한 것이다. 일본의 식민지 지배와 해방, 그리고 일본으로의 이동 등, 제주도 여성들의 몸에 기입된 시공간의 층위는 대단히 복잡하게 얽혀 있으며 그렇기 때문에 고향home place에 대한 인식과 관념은 다층적일 수밖에 없었다. 해당 여성들의 인터뷰를 바탕으로 구체적이고 입체적으로 실증하고 있는 이 글은 경계에 있으면서도 '지속적으로 머무르는' 존재들의 시간과 사상에 방점을 두고 고향 의식을 분석하고 있다.

조정민의 「죽음과 재생의 도시 드라마—오키나와 나하 신도심 개발을 중심으로」는 도시 재개발 과정에서 야기되는 현실 문제와 기억의 상충을 다룬 글이다. 오키나와전투 당시 격전이 벌어졌던 나하는 미군과 일본군, 오키나와 주민 등의 수많은 사망자를 낳았음에도 불구하고 유골 수습이 제대로 이루어지지 않은 채 도시 개발이 진행되어 유령 출몰 담론을 배태시키고 말았다. 세련된 신축 건물과 잘 정돈된 거리, 적절하게 배치된 가로수 등, 미관상으로는 매우 훌륭한 나하 신도심은 그 외관과는 다르게 죽음, 망령, 유령, 망자와 같은 불안이 내재하는 공간이기도 한 것이다. 나하를 둘러싼 이중적 담론의 유통과정은 무기질적인 도시 공간과 그것에 상반된 기억이 어떻게 길항하고 틈입하는지 잘 보여준다.

다카시마 요코高島葉子의 「도시 이야기꾼의 과제와 가능성－살아있는 옛날이야기의 부활을 위하여」는 일본의 옛날이야기에 내재한 여러 이데올로기를 비판적으로 검토하고 그것을 재전유하여 현대 도시의 이야기로 승화시킬 수 없는지 검토한 것이다. 필자는 촌락과 도시, 옛날이야기와 도시 이야기, 기성세대와 신세대 등, 공간과 기억, 사람을 이분법적으로 양분시키는 것을 지양하고, 이들의 공존과 공생을 위한 가교적 역할을 '이야기'에서 기대할 수 있다고 보고 있다. 일본의 각 지역 도서관을 중심으로 이루어지고 있는 이야기꾼(스토리텔러)의 활동과 텍스트 재구성 사례는 이야기가 실종된 한국 도시사회에도 시사하는 바가 크다.

제2부 '도시 공간과 일상'은 근대 이후 급속하게 확산된 세계 곳곳의 도시화 문제를 검토한 글들로 구성되어 있다. 사가 아시타佐賀朝의 「근현대 오사카의 사회적 결합의 해체와 재편－초나이카이町內會와 하층 노동력 공급업을 소재로」는 전근대의 공동체적 관계들이 근대 사회로 이행하면서 변용, 해체되는 양상을 분석한 것으로 도시의 기초 조직인 초나이카이町內會와 노동자 공급 단체에 주목하고 있다. 지역 주민들의 친목 단체로 출발한 이들 조직은 학구의 기초 단위가 되기도 하고 전쟁 중에는 행정보조단체로 기능하기도 한다. 권력화 된 조직이라기보다 주민자치에 가까운 이들 단체는 주민 스스로 삶을 운용하는 방식을 고안하고 있었다는 점에서 의미하는 바가 크다. 이 글에서 다룬 역사적 경험은 공동체 붕괴에 직면한 현대 도시사회에도 유익한 참조가 될 것이다.

가와노 에이지川野英二의 「오사카의 도시 세그리게이션과 시민생활의 불안정화」는 산업구조와 고용환경이 급격하게 변화하는 대도시의 세그리에이션segregation화와 삶의 불안정성의 원인 및 해결방안을 고찰한 것이다. 일본 오사카시大阪市를 사례로 삼아 통계분석 기법으로 접근한 이 글은 오사카시의 세그리게이션이 진행 상황을 역사적으로 분석하고, 직접 실시한 설문조사를 바탕으로 거주환경의 불안정화를 초래하는 원인과 현황을 폭언이나 폭력 체험을 중심으로 해석하고 있다. 거주환경 불안정화가 고용의 불안정화로 이어지고 그것이 도시인의 정신건강에도 영향을 미치는 연쇄 과정을 정밀하게 분석하였다.

조관연의 「영화로 재현된 바르셀로나 관광 문제와 사회적 리얼리티 ─〈바이, 바이 바르셀로나〉를 중심으로」는 최근 매스투어리즘으로 각광을 받고 있는 바르셀로나의 경우를 통해 관광이 지역 주민들의 삶에 어떤 방식으로 영향력을 행사하는지 살핀 글이다. 특히 이 글은 에두아르도 치바스 감독의 영화 〈바이, 바이 바르셀로나〉를 중심으로 분석하고 있는데, 매스투어리즘에 대한 바르셀로나 주민들의 분노는 관광 자체에서 기인한 것이라기보다 기존 정치권과 자본과 결탁해 만든 일방적인 관광정책 때문이라 볼 수 있다. 주민들과 관광객들이 더불어 행복할 수 있는 공생의 정책을 수립하기 위해 이 영화가 어떠한 시사점을 줄 수 있는지 필자는 면밀히 분석하고 있다.

장세룡의 「2011년 '점령하라' 운동의 경과─공간점거와 직접행동 민주주의」는 2011년 9월과 11월 사이에 전지구적으로 '점령하라'고 외치며 전개된 공간점거 운동을 다루고 있다. 점거공간은 개방된 소집회와 총회, 민중 확성기, 발언자 추첨 등으로 '토론 공간'을 유지하며 일상 활동에서 급진적인 평등을 실천하며 능동적이고 수행적인 직접민주주의가 실현되는 공간을 출현시켰다. 또한 지배적인 공적 공간의 통제에 도전할 뿐 아니라 천막, 야영, 인터넷 배너, 예술 활동 등의 작업은 외부자와 잠재적 지원자들에게 결속력 있고 '자발적 질서'를 구현하는 생생한 증거로서 가시적 정체성을 제공했다. '점령하라' 사건을 통해 어떠한 '비실체적' 상상의 공동체를 사유할 수 있는지 이 글은 검토하고 있다.

제3부 '공생의 실천과 대안'은 인간과 자연, 개인과 공동체, 도시 문화와 심리 등, 유기체로서의 도시 환경과 조직, 문화 등에 조명하고, 보다 나은 도시 삶의 방법을 고민한 글들이다. 차철욱의 「고리원전 주변 사람들의 생활경험과 마을공동체—기장군 길천마을 사례」는 고리원전 인근에 위치한 길천마을 주민들의 생활에 초점을 맞추어 원전을 매개로 한 마을 내부 구성원들의 대응을 주로 살핀 글이다. 원전 문제는 직접적인 영향권 밖에 있으면 문제의 심각성을 인지하기 어렵지만 해당 지역의 거주자에게는 생명권에 관련된 심각한 문제이다. 길천마을 주민들의 생활 정치가 발신하는 저항적 담론과 운동을 통해 도시 개발과 생태계, 안전 문제 등은 어떻게 해결되고 대응할 수 있는지 고민해 보았다.

야마 히로시山祐嗣의 「도시 문화에 있어서의 심리학적 문제—저맥락 문화에 대한 적응과 저항」은 심리학의 관점에서 도시문화를 다룬 글이다. 도시문화를 인류 진화의 역사 속에서 나타난 새로운 문화적 산물로 보고, 인류가 이러한 문화에 적응하는 문제를 '이중과정이론'의 입장에서 검토하였다. 홀S. Hall의 고맥락high context과 저맥락low context 구분을 원용하여 촌락사회가 고맥락적인데 비해 현대 도시사회는 저맥락적이라 지적하고, 이러한 차이나 변화는 고맥락 문화에서 저맥락문화로의 '적응'이라는 현실적인 과제를 제시하고 있는 바, 이 '적응'의 현실적 과제를 위한 로컬리티 연구의 지향점 및 방향성 등에 대해 제언하고 있다.

이상봉의 「이탈리아 사회적 협동조합의 이론적·실천적 의미─공생의 지역사회 만들기의 관점에서」는 '사회적 협동조합'이 등장하여 자리 잡는 과정을 정치적·이론적·법적 쟁점들을 중심으로 살펴본 것이다. '사회적 협동조합'이란 지역사회가 당면한 경제적 양극화와 빈곤의 심화를 협동조합이라는 방식으로 해결하려는 구체적인 실천 방법으로, 이러한 실천이 가장 먼저 시도되고 다양한 경험을 축적한 국가가 바로 이탈리아이다. 그 중에서도 볼로냐의 카디아이CADIAI는 의미 있는 성과를 낸 사례로 주목받고 있는데, 이를 참조로 사회적 협동조합이 공생의 지역사회를 위한 대안이 될 수 있는지 타진해 보았다.

새삼 지적할 필요도 없지만 도시는 단순히 주거를 위한 기능적이고 제도적인 공간이기 이전에 인간의 정서와 감성, 일상 등을 포괄하는 정신적 영역이기도 하다. 즉, 인간의 심리와 감정, 정체성 등은 도시의 사회 문화적 의미나 역사와 긴밀한 상관관계를 맺고 있기에, 물리적 범위 그 이면에 존재하는 인간의 다양한 정신적 의미를 고려하여 도시 문제를 총체적으로 접근해야 할 필요가 있다. 앞에서 소개한 것처럼 본 총서는 그동안의 도시 연구가 도시의 기능과 제도, 그리고 공간적인 측면에 집중되어 있던 것을 비판적으로 검토하고, 보다 심도 있고 다층적인 시각으로 도시 문제에 접근하기 위해 기억과 서사, 일상과 제도, 심리와 문화, 가치와 대안 등의 항을 매개시켜 고찰하였다. 이러한 연구 지향은 오사카시립대학大阪市立大学 도시문화연구센터 소속 연구진과 함께 문제의식을 공유하고 토론하면서 그 논의가 더욱 확장되었다. 2015년 여름부터 시작된 공동연구 '도시와 공생'은 부산과 오사카를 오가면서 네 차례의 세미나와 한 차례의 학술대회를 거쳐 본 총서로 완성되었다. 각 연구자들은 서로 다른 연구 관심과 주제를 가지고 있었지만 거듭되는 연구 모임을 통해 익숙한 것과 낯선 것, 기지의 것과 미지의 것, 고유의 것과 일반의 것 사이를 가로지르며 어느새 공동으로 도시와 공생의 문제를 고민하게 되었다. 세계 도처에서 일어나는 도시의 변화를 읽는데 이 총서가 조금이라도 참조가 되기를 바라며 이번에 미처 담지 못한 주제들은 후속 공동연구에서 더욱 심화되어 발표되기를 기대한다. 끝으로 공동연구 진행 과정에서 통역과 번역으로 수고한 오사카시립대학의 전은휘 선생님에게 감사의 인사를 전한다.

2017년 5월
부산대학교 한국민족문화연구소
로컬리티의인문학연구단 조정민

차례

식민지 해방 이후 제주도 출신 여성의 도일渡日과 생활 세계

이지치 노리코[伊地知紀子]

1. 연구의 배경

이 글의 목적은 일본의 조선 식민지 지배 이후 처음으로 도일渡日, 재도일한 한국 제주도 출신 여성들의 생활사 조사를 통해 그녀들이 살아온 생활 세계, 구체적으로는 도일 배경 및 도일 이후의 생활, 홈플레이스home place와의 유대 등에 대해 고찰하는 데 있다.

기존의 여성 이주 관련 연구에서는 공장노동과 가사노동, 근래의 돌봄 노동 및 결혼이주에 대한 실태 분석이 활발하게 이루어져 왔다.[1] 또한 젠더 연구에서는 주변화 된 여성들의 이동과 연대, 지위 향상을 위한 방향성 등을 주로 논의해 왔다.[2] 전자에서는 국내 이동을 도시-농촌형,

---

1 Tastsoglou, E & Dobrowolsky, A, eds, *Women, Migration and Citizenship —Making Local, National and Transnational Connections*, Aldershop, England, Ashgate Publishing, 2006.

국가 간 이동은 국민국가라는 틀을 전제로 이를 거시적인 사회 변화의 설명변수로서 논의하여, 이주민을 이동 전 문화와 이동 후 문화 사이에 위치시키고 있다. 그러나 이는 이주자가 외부 사회의 변화에 대응하며 영위하는 생활 세계에 대한 검토가 불충분하다는 한계를 내포한다. 후자는 이동 주체에 초점을 두어, 억압된 여성, 노동하는 여성, 강한 활동력을 가진 여성 등 획일적이고 일방적으로 강요된 특정 심상을 중점적으로 다뤄 왔다. 또한 본 연구가 주목하는 '계속해서 머무는' 사람들의 생활 변화와 이주민들과의 관련성은 충분히 검토되지 않았다. 즉, 생활 세계 자체에서 발생하는 변화와 그에 대한 대응은 지금까지 거의 연구 대상이 되지 못했던 것이다. 이 점을 두고 아시아 여성의 국제이동을 폭넓게 연구해온 브렌다 여는 그녀들의 선택이 모국home-nation으로부터의 완전한 해방을 의미하지 않는다고 지적한 바 있다.[3]

이 글에서는 브렌다 여의 지적을 참조하면서도, 그녀들의 선택을 아시아적 가족주의 이데올로기에 비추어 분석한 브렌다 여 등의 젠더 연구 시각과는 다른 관점에서 이들 여성의 삶을 다루고자 한다. 요컨대 이 글에서는 도일 제주 여성 개인의 주체성에 초점을 두기보다는, 그녀들을 포함한 가족 커뮤니티와의 복잡 다양한 관계 그 자체를 고찰할 예정이다. 그녀들의 이동은 구체적인 일상 가운데서 주위 사람들과의 절충, 교섭, 타협을 거쳐 이동 조건을 조정한 결과이기 때문이다. 미세한 실천을 섬세하게 분석하는 이 같은 작업은 거시적 사회변화에 완전히

---

2   Rhacel Salazar Parreñas, *The Force of Domesticity —Filipina Migrants and Globalization*, New York and London, New York University Press, 2008.

3   Brenda. S. A. Yeoh, *State/nation.transnation —Perspective on transnationalism in the Asia Pacific*, Routledge, 2004.

휩쓸리지 않는 생활 세계의 양태를 보다 분명하게 파악하게 만들 것이다. 또한 여성의 이동에 언급이 적었던 정치적 요인도 검토 대상으로 삼을 것이다. 여성의 이동은 위에서 서술한 바와 같이 경제적 요인 및 가족과의 관계, 여성의 주체성 등 여러 관점에서 분석되어 왔다. 하지만 이 글의 연구 대상인 제주도 여성의 경우는 이런 관점과 분석만으로 충분치 않다. 옹Ong이 지적했듯이 그녀들의 이동은 20세기 동아시아를 둘러싼 정치상황에도 크게 좌우되었다. 이들 여성은 초국가적 변화와 국민국가의 다양한 형태, 그리고 자본주의 경제와 생활 문화의 뒤얽힘 entanglement이라는 차원에서 파악될 필요가 있다.[4]

최근 디아스포라 연구가 활발한 가운데 상상으로서의 고향에 대한 지향이 강조되었지만 제임스 클리퍼드는 이에 대해 분명하게 비판했다.[5] 그는 '고향'을 하나의 원초적인 '중심'으로 상정하여 최종적인 도달 장소로 인식하는 경향을 '중심화' 모델이라 지적하고, 기원에 기초한 '중심적'인 고향 뿐 아니라 친족 관계나 이동, 궤적, 회로 등 다양한 경험과 경로를 중시하는 '탈중심화'된, 다극적인 '고향'의 존재를 강조했다. 필자는 클리퍼드의 논의를 원용하지만 이 글에서는 한국어로 '고향'이라는 말을 사용할 때 중심화 모델적인 '고향'이 연상되기 쉽기 때문에 의도적으로 슈렉커[6]의 홈플레이스 논의를 원용하고자 한다. 슈렉커는 베

---

4   Aihwa Ong, *Flexible Citizenship −The Cultural Logics of Transnationality*, Dukes University Press, 1999.

5   J. Clifford, *Routes −Travel and Translation in the Late Twentieth Century*, Harvard University Press, 1997). クリフォード, ジェームス著, 毛利嘉孝ほか訳, 『ルーツ−20世紀後期の旅と翻訳』, 月曜社, 2002.

6   Markus Schlecker, *Going back a long way −home place, thrift and temporal orientations in northern Vietnam*, JRAI, 2015. 홈플레이스라는 개념을 사용한 이유를 보충하자면, 영어의 home, homeland, native land 등과는 다른 점이 있다고 생각했기 때문이다. 처음에는 '고향'이

트남의 사례를 들었지만, 그의 의문은 동서독일 통합 이후 과거 동독 거주민이 동독 생활을 그리워하는 것에서 비롯되었다. 즉 여러 가지 제약 때문에 탈출을 염원했던 동독 사람들은 실제로 통일 독일에서 생활하게 되자 오히려 동독을 그리워하는 마음을 가지게 되었던 것이다. 홈플레이스는 각자가 어떤 연관을 느끼는 토지, 집단, 관계를 포함하는 것으로 정의할 수 있다. '느낀다'는 표현을 쓴 이유는 주관을 배제하지 않는다는 뜻이기도 하다. 여기에는 본적지(부계혈통 등록지), 외가 인척의 출신 마을, 장기 생활지(일본, 혹은 더 작은 단위도 포함), 행정구역(읍, 도), 국가, 민족, '고향', '조국' 등이 한 사람의 인생 안에서 복잡다양하게 서로 얽히면서 서사를 형성한다. 이 글에서는 이와 같은 홈플레이스의 의미를 염두에 두고 식민지 해방 이후 재일본 제주도 출신 여성들의 생활 세계에서 홈플레이스에 관한 의식이 어떻게 나타나는지 생활사 조사와 고찰을 통해 분석해 보고자 한다.

2. 제주도 여성들과 20세기

20세기 제주도 여성들의 홈플레이스 양태는 일본의 식민지 지배로부터의 해방 및 냉전구도 하의 한반도를 둘러싼 정치 상황과 크게 관련되어 있다. 그녀들이 갖는 홈플레이스의 다양성을 고찰하기 전에, 그녀

라는 단어를 사용하려 했다. 한국어로는 '고향'이며, 일본어로는 '故鄕' 즉 '후루사토, 고쿄'로 읽는다. '고향'이 자기의 출신지를 말하는 지, 민족적 출신을 거슬러 올라갈 수 있는 선조의 땅인지 아니면 현재의 거주지를 말하는 지에 대해, 인류학 안에서는 오랫동안 논의가 이루어져 왔다.

들의 귀속belonging이 20세기를 통해 어떻게 변해왔는지를 개관해 보고
자 한다.

　　먼저 법 제도 상의 귀속을 살펴보자. 20세기 초부터 일본의 식민지
지배하에 놓인 조선인은 일본 국적을 가지게 되었다. 법적 의미로는
'일본인'이었지만 제도나 의식적인 면에서는 여전히 이등 국민으로 취
급되었다. 일본이 제2차 세계대전에서 패할 때까지 약 200만 명의 조
선인이 일본에 체재했다. 1948년 한반도 남북에 대한민국과 조선민주
주의인민공화국이 각각 건국되자 제주도는 남쪽인 대한민국에 편입되
어 제주도민은 한국 국민이 되었다. 하지만 해방 후에도 일본에 계속
거주한 조선인의 경우는 그 귀속belonging이 매우 복잡해졌다. 일본 정
부는 1947년 이후 일본에 머무르는 조선인을 조선반도 출신 외국인으
로 등록하는 한편, 그들의 일본 국적을 1952년까지 유지시켰다. 그 후,
그들의 재류 자격은 보류 상태에 놓였다. 1965년 한일조약 체결 때 한
국 국적을 선택한 사람은 영주자격을 얻게 되었는데 그 수는 재일코리
안의 약 80%였다. 남은 약 20%는 한국 국적을 선택하지 않았다. 이들
은 외국인등록 국적 란에 '조선'이라고 기재했으나, 법률상으로는 무국
적이 되었다. 왜냐하면 일본과 북한은 국교를 맺지 않아 북한 국적은
공인되지 못했기 때문이다. 재일제주인 중에서도 외국인등록 국적 란
에 '한국'으로 기재한 사람과 '조선'이라 기입 사람이 존재하게 되었다.
나아가 한반도의 남북분단으로 인해 일본 내에서도 민족단체가 두 곳
으로 갈라지게 되었다. 한국 정부를 지지하는 '민단'과 북한을 지지하
는 '조총련'이 바로 그것이다. 재일코리안은 어느 한 쪽에 관여하거나
혹은 전혀 관여하지 않는 선택을 하고 있다.

다음으로 출신지역을 살펴보자. 해방 후 일본에 계속 거주하는 재일코리안 가운데 80%는 지금의 대한민국 영토에서 태어나 이후에 일본으로 건너온 사람들이다. 하지만 그들 모두가 한국 국적은 아니다. 예를 들면 제주에서 태어났지만 일본의 외국인등록 국적 란에 '조선'이라고 기재한 사람도 존재한다. 여기서 '조선'이란 북한 국적을 나타내는 것이 아니다.

지금까지 서술한 국가, 민족, 출신지역 등의 귀속 문제에는 남녀 구별이 없다. 이러한 귀속 문제에 '여성'이라는 요소를 고려해 보면 어떤 양상이 보이게 될까. 이동 주체를 여성으로 한정하는 경우, 선행연구에서는 이들 여성의 이동과 가족 관계를 고찰할 때 여성이 혼인에 의해 정위가족定位家族(자신을 낳은 부모와 함께 구성된 가족)에서 생식가족生殖家族(한 개인이 부모가 되어 구성되는 가족)으로 그 귀속이 이행되었음을 전제하는 경향이 강하다. 즉, 혼인이라는 관계를 통해 여성의 홈플레이스 또는 홈home이 남편의 홈플레이스로 변환되는 것이다. 그러나 이 글의 분석 대상인 제주도 여성의 사례를 살펴보면 이러한 전제는 결코 옳지 않으며 그것은 훨씬 복잡 다양한 귀속 문제를 제기하고 있음을 알 수 있다.

제주도 여성은 혼인으로 인해 남성의 홈플레이스로 생활 거점을 옮기지만, 관혼상제나 일상생활에서의 관계를 정위가족과 유지해나가며, 남편 역시 인척의 관혼상제에 참가한다. 같은 마을 출신자끼리 부부가 된 경우 두 사람은 같은 홈플레이스를 가지게 되지만, 여성이 다른 마을의 남성과 혼인하면 여성은 제주도 안에서 두 곳의 홈플레이스를 가지게 되는 것이다. 친인척관계가 부모 양 계열에서 유지되고 혼인에 의해 그 관계는 더욱 확장되며, 동시에 위에서 서술한 남북분단과 이를 둘러싼 정치상황이 법제도 및 의식에도 영향을 미친다. 이러한 홈플레이스를 마을 단위로 파악해 나가면 그녀들이 가지는 홈플레이스의 다양성은 더욱 복잡해진다고 말할 수 있다.

3. 1950~1970년대 제주도 여성의 이동

이 글의 연구 대상인 제주도 여성의 이동은 약 1950년대에서 1970년대 사이에 이루어졌다. 이 시기는 해방 후 제주도에서 일어난 4·3사건의 영향이 크게 작용했다. 1945년 8월 일본의 패전 이후 한반도의 북쪽은 소련이, 남쪽은 미국이 통치하게 되었다. 한국 제주도에서 일어난 제주 4·3사건은 한국 역대 정권 하에서 반세기 동안 공식적인 역사official history에서 삭제되어 왔다. 이 사건은 한국이라는 국가의 정통성을 근저에서 뒤흔드는 것이었기 때문이었다. 4·3, 즉 1948년 4월 3일, 남북분단으로 이어질 남조선 단독선거에 대한 반대 및 미군정, 경찰, 우익의 횡포에 대한 항의로 300명 정도의 도민이 무장봉기를 결행했다. 이 항의 행동은 무장대의 마지막 1명이 체포되는 57년 4월까지 3만 명에 가까운 도민이 희생되는 처참한 결말을 맞이했다. 더욱이 1950년부터 3년간 같은 민족끼리의 서로 싸운 한국전쟁의 발발로 인해 제주도는 공산주의자가 많은 섬으로 간주되어 탄압이 계속되었다. 4·3 사건 희생자 중 80%가 군경토벌대에 의한 것이라는 사실이 반세기 후인 1995년에 처음으로 밝혀졌지만, 지금까지 이어져오는 한국 정부의 반공국시로 말미암아 제주도 사람들은 오랜 세월 동안 정부로부터 탄압과 감시를 받아왔다.

제주도민은 이러한 정치적 상황 때문에 일본으로의 밀항을 시도했다. 또한 식민지 시장경제의 해체로 경제적 빈곤을 겪게 되자 생존을 위해 일본으로 밀항하는 이도 있었다. 그 가운데는 이산 상태의 가족과 함께 생활하려고 도항하는 경우도 있었다. 여기에서는 이 시기에 도일한 이성호, 김춘해, 고난희, 강경자 등 4명의 여성을 사례로 들어, 이들 여성이 겪은 이동과 이주의 역사를 개관하면서 그녀들의 홈플레이스 의식에 대해 고찰해 보고자 한다.

1) 이성호[7]

1920년 제주도 우면 대림리(현 제주 특별자치도 제주시 한림읍 대림리)에서 태어났다. 14세 때부터 야학에 다니며 문학과 역사를 배웠다. 당시 아버지와 오빠, 언니는 이미 도항한 상태였으며, 15세 때 언니로부터 초청 편지를 받고 도항 증명을 발급받아 와카야마和歌山에 있는 방적 공장에 취업했다. 그 후 아마가사키尼崎에 있는 방적공장으로 옮겼으나 18세 때 같은 고향인 대림리 출신의 남성과 결혼하고, 서울에서 중학교에 다니던 남편의 학비를 벌기 위해 다시 도일했다. 제주 여성들에게는 남편의 학력을 높이는 것이 아내의 의무로 여겨졌다.[8] 해방 직전 오사카大阪에서 제주도로 돌아왔고, 해방 후에는 남조선 단독정부수립 반대 활동에 참가

---

7 이하의 내용은 「해방직후 재일 제주도 출신자 생활사를 기록하는 모임(解放直後 在日済州島出身者の生活史を記録する会)」(이하 생활사 기록 모임으로 약칭)에서 실시한 인터뷰를 바탕으로 한 것으로, 인터뷰 일시는 2008.9.13, 2012.10.20, 2012.10.26이다.
8 成律子, 『オモニの海峽』, 彩流社, 1994.

하여 남조선 노동당[9]의 제주 대표 일원으로서 광주에서 개최된 전국당결성대회에서 연설하기도 했다. 1948년 4·3사건 발발 이후 산에 들어간 그녀는 일본어가 가능한데다 거주 경험도 있었기 때문에, "미 제국주의가 장기전에 들어갈 우려가 있으니, 우리들도 이에 대비해 생활필수품을 마련해야"한다는 지시를 받고 일본으로 밀항했다. 겨우 총 한 자루를 구해 다시 밀항선에 올라 오사카에서 제주로 향하는 도중, 함께 배에 타고 있던 사람에게 총을 소지한 것이 발각되고 만다. 총을 바다에 버리지 않으면 상륙할 때 모두 체포된다는 말을 듣고 고민 끝에 총을 바다에 던진다. 상륙했을 때 그녀는 이미 수배 중이었다. 즉시 구속되어 고문당했지만 다행히도 토벌대에 연줄이 있는 친척의 보증 덕분에 풀려났다.

그녀가 없는 동안 남편은 토벌대에 구속되어 대구에 있는 형무소에 수감되었다. 남편은 고문 끝에 사망했다. 한국에서 생명의 위협을 느낀 이성호는 해방 전부터 일본에 거주하던 오빠를 의지해 재차 밀항했다. 이성호는 1965년까지 북한을 지지하는 '조총련' 활동을 해 왔지만 남성 중심으로 운영되는 조직 활동에 실망해 활동을 그만두었다. 그 후, "못 다한 사회 혁명을 가족 혁명으로 이루자"라는 마음으로 재혼했다. 조직에서 탈퇴했지만 외국인 등록 상의 국적으로는 '조선'을 유지했으며, 1984년 '모국 성묘 방문단(조선 국적을 유지한 채 한국 본적지를 방문하는 사업)'의 일원으로 53년 만에 자신이 태어난 마을을 방문했다.

---

9 남조선노동당(남로당)은 1946년 11월 23일 공산당, 신민당 및 인민당 일부가 합당해서 결성된 사회주의 정당이다. 치열한 반미 항쟁, 빨치산 투쟁을 전개했으나 미군정의 탄압으로 주요 간부는 북한으로 도망갔다. 조선민주주의 인민공화국 성립 이후 1949년 6월에 북조선노동당과 합당하여 조선노동당이 되었으며, 남로당 최고지휘자 박헌영은 부위원장에 취임했다. 남로당 위원장은 김일성이었다.

• 이성호의 궤적

－1935년 오사카로 도항. 아버지는 일본에서 토공업에 종사. 오빠, 언니도 도일. →이후 와카야마로 이동. 언니가 거주하는 와카야마의 방직회사에 입사. →아버지의 지인이 있는 아마가사키로 이동하여 방직공장에 입사.

－1938년 제주에서 결혼.

－1942년 아마가사키로 이동. 남편의 학비를 벌기 위해 예전에 일하던 방직회사에 재취업.

－1944년 남편의 졸업과 귀향에 맞추어 제주도로 귀향.

－1947년 광주로 이동. 남노당 전라남도 당 대회에 부부가 대의원으로 참가. 지역 여성동맹 지도자로 활동.

－1948년 오빠가 거주하는 오사카로 밀항. 무기를 구입을 위해 노력하고 총을 조달. → 제주 → 대구(남편은 형무소에서 고문받던 끝에 사망).

－1949년 오사카 → 오무라 수용소(大村收容所) → 부산 → 쓰시마(対馬).

－1950년 오사카로 이동. 방직회사 근무 시절의 친구 집에서 거주. 오빠와 가족들을 보살핌. 재일본조선인연맹 민주여성동맹 히가시나리(東成)지부 부위원장으로 활동.

－1952년 도쿄에서 재일조선 통일민주전선에서 활동.

－1965년 총련을 떠나 재혼.

－1984년 제주에서 성묘.

－2006년 오사카 거주.

이성호가 53년 만에 제주도의 고향을 방문한 것은 본인과 남편이 태어난 마을을 홈플레이스라고 그려왔기 때문이었다. 그녀는 정치적 판단에 따라 총련에서 활동하며 한반도의 남북통일을 지향해 왔지만 조직 자체가 가지고 있는 남성중심주의 때문에 총련을 탈퇴했다. 이후 재혼한 남편이 데려 온 다섯 명의 아이들을 키우는 데 전념했다. 그녀는 아이들이 일본 사회의 차별에 굴복하지 않는 조선인으로, 미래의 통일을 이끌 인재로 나라길 바랐다. 이성호에게 홈플레이스로서의 국가는 미완성이었으며, 육아를 통해 다가올 홈플레이스를 창조하려 했다. 이는 그녀의 개인적인 혁명 실천이기도 했다. 이성호의 실천을 정치 현장에서 가정으로 후퇴한 것으로 볼 수는 없을 것이다. 그녀는 초지일관 자신의 정치적 신념을 바탕으로 4 · 3 이후에 무장대에 들어갔으며, 일본에서는 조직에 가입한 후 탈퇴하여 재혼, 육아에 전념했던 것이다.

2) 김춘해[10]

김춘해는 1922년 제주 중문리에서 태어났다. 1928년 먼저 도일해서 오사카에 살던 아버지의 거처로 어머니와 여동생과 함께 건너갔다. 오사카에서 일하는 동안 친구로부터 월평리 출신의 남성을 소개받아 1940년에 제주도에서 결혼식을 올렸다. 오사카에서 다니던 직장에서 "얼른 돌아오라"는 연락을 받고 1941년 부부가 함께 오사카로 갔다. 전쟁의 막바지이던 1945년 미국의 공습이 격화되는 가운데 오사카에서 제주도로 대피하였지만 그 후 한 달 만에 해방을 맞이했다. 해방 후

---

10 이하의 내용은 「생활사 기록 모임」에서 실시한 인터뷰를 바탕으로 한 것으로, 인터뷰 일시는 2008.7.13이다.

에는 남편이 나고 자란 동네인 월평리에서 관과 협력하는 부인회 회장을 지내며 경찰관에게 중식을 제공했다. 하지만 제주도로 귀향해서도 계속 일본으로 돌아가고자 생각했다. 그 와중에 4 · 3사건이 일어났다. 남편의 자형이 경찰이었는데, 자형의 남동생은 '경찰의 동생'이라는 이유로 무장대에게 죽임을 당했다. 한편, 남편의 종형제와 종형제의 아들, 또 5촌 조카의 아들 역시 토벌대에 의해 살해되었다. 남편의 종형 부부가 무장대에 참가했기 때문이었다. 김춘해의 이종 사촌동생은 무장대로 의심받아 토벌대의 고문을 받았다.

친인척 양쪽에서 희생자가 발생하자 김춘해는 제주도에 머무르는 것이 위험하다고 판단했다. 그녀의 친정어머니는 해방 후에도 제주도로 귀향하지 않고 오사카에 계속 머무르고 있었기 때문에, 그녀는 1950년에 남편을 먼저 친정어머니가 계신 곳으로 밀항시켰다. 김춘해 본인은 1957년에 밀항하여 남편과 재회했다. 1년 후 시어머니에게 맡긴 장남과 장녀가 오사카로 밀항해 왔다. 단, 나이가 어린 차녀는 제주도에 남게 되었고 시어머니가 길렀다. 일본으로 밀항한 장남과 장녀는 외국인등록증이 없어서 공립학교나 사립학교에 입학할 수 없었다. 두 사람은 조선인이라면 신분을 확인하지 않던 조선초급학교에 입학했다. 하지만 중학교에 진학할 때 건국학원(한국학교)을 택하자 조선초급학교의 졸업증명서를 받지 못했다.

• 김춘해의 궤적
－1922년 제주에서 출생.
－1928년 오사카로 이동. 아버지가 먼저 도일한 뒤 어머니와 여동생과

함께 도일.

　-1940년 제주에서 결혼.

　-1941년 오사카로 이동. 결혼 전부터 근무하던 회사의 요청으로 재도일.

　-1945년 제주로 귀향.

　-1950년 남편이 오사카에 거주하는 김춘해 어머니에게로 밀항.

　-1957년 부산 → 쓰시마 → 나가사키(長崎) → 오사카로 이동. 무장대로 의심을 받아 고문을 치루고 그 후 한국군에 지원하여 3년간 복무한 큰아버지 아들과 함께 도일.

　-1958년 김춘해의 큰 아들과 큰 딸 도일.

　• 김춘해의 이야기

　생활사 기록 모임 : 일본에서 총련이나 민단 같은 단체에서 활동하는 건 생각 안 해 보셨어요?

　김춘해 : 내가 와보니까, 고향에 와보니까 동네, 전부 총련. 아이고. 와 보니까, 여기 와 보고 살다가 북조선에 가라고. 북조선 가면 집도 주고, 옷도 주고, 다른 것도 전부 다 준다고. 우리 동네 사람들 다 갔어. 우리가 살던 [빌려 살던] 집 사람들도 가족 5명 다 갔어.

　생활사 기록 모임 : 북으로 갈 생각은 없었어요?

　김춘해 : 음~ 모르겠는데, 나도 갈 수도 있었는데, 어머니를 데리고 가야 하지 않겠습니까. 가면 고향에, 제주도, 월평에 간다고. 그래서 중간에 내가 한……10년 뒤에 가볼까, 해서 한국으로 등록을 바꿨어.

김춘해는 어렸을 때 오사카로 이동했기 때문에 나고 자란 동네의 기

억이 희미하다. 결혼 후 남편 동네에서 12년간 생활했고 이 시기에 4·
3사건을 겪었다. 그녀의 친인척들은 토벌대와 무장대 양쪽으로부터 큰
피해를 입었다. 남편 쪽 마을 사람들은 일본에서 조총련에 관계하며 재
일조선인 북조선 귀국운동을 통해 다수 월북했다. 하지만 김춘해는 차
녀를 제주도에 있는 시어머니에게 맡기고 남편과 장남, 장녀와 함께 오
사카로 밀항해 있었다. 김춘해에게 국가와 민족을 정하는 판단기준은
시대와 사회 정세에 따라 다르게 작용했으며, 그녀의 행동 근거는 생명
의 위협으로부터의 탈출하고 가족 간의 유대관계를 유지하는 데 있었
다. 이 과정에서 제주도에서 생활한 동네는 이 같은 상황의 변화와 상
관없이 그녀의 실재하는 홈플레이스였다.

3) 고난희[11]

고난희는 1930년 일본 효고현兵庫県 니시노미야시西宮市에서 태어났
다. 해방 후 가족과 함께 아버지의 출생지인 제주도의 신촌리로 돌아왔
다. 신촌리의 초등학교에 입학해서 처음으로 한국말을 배웠다. 선생님
중에 무장대 활동을 하는 사람들이 있어 지하활동에 참가하게 되었지만
1948년 가을, 토벌대로 밀고가 들어 가 아버지는 고난희를 어머니의 남
동생(외삼촌)이 해방 전부터 살던 오사카로 밀항시키기로 했다. 아버지
가 그녀를 오사카로 보낼 때 "몇 개월 있다가 일본으로 데리러 가겠다"

---

11 이하의 내용은 「생활사 기록 모임」에서 실시한 인터뷰를 바탕으로 한 것으로, 인터뷰 일시
는 2006.12.23. 이다.

고 했지만, 실제로는 딸 대신 토벌대에게 고문당해 학살되었다. 고난희는 외삼촌 집에서 생활하면서, 조련(1945년 한반도가 분단되기 전에 일본에서 설립된 재일조선인 운동 핵심 조직. 훗날 북한 쪽인 조총련과 한국 쪽의 민단으로 분열된다) 활동에 참가했다. 오사카에서 제주도 동일리東日里출신 남성과 만나 결혼했다. 남편의 아버지와 남동생 3명은 4·3 사건으로 인해 토벌대에게 살해당했다. 그녀의 남편은 혼자 오사카로 밀항해 조선학교 교사로 일하고 있었다. 외삼촌은 총련에서 열심히 활동했고, 남편과 고난희도 총련과 북조선인민공화국만을 변함없이 지지했다. 하지만 남편이 사망한 후에 생각을 바꿨다. 그 계기는 2000년에 열린 김대중-김정일 남북정상회담이었다. 고난희는 조선 국적을 유지한 채 50년 만에 한국을 방문해 어머니를 만났다. 그 후 계속해서 한국을 방문하며 자신의 성인 고씨 일족의 '왕위전王位殿' 건설에 힘을 쏟았다. 제주도 신화에서 고 씨는 시조신 중 한 명으로 일컬어지는데 고 씨 45대의 위패를 모신 '왕위전' 건설을 위해 그녀는 열심히 모금활동에 참가하고 있는 것이다. 사업 추진을 위해 일본을 방문한 사촌동생에게 도움을 주고자 지금까지 관계를 가지지 않았던 민단을 방문하여 통역을 맡기도 했다.

• 고난희의 궤적

－1930년 니시노미에서 출생.

－1946년 제주 → 니시노미야로 이동. 아버지와 신문지 구입. → 제주로 이동했으나 도착하기 전에 미군에게 몰수당함.

－1948년 니시노미야 → 오사카로 이동. 외삼촌이 거주하는 오사카로 밀항. 그녀는 무장대 연락 담당이었기 때문에 그런 딸을 살리고자 아버지

가 밀항을 준비했고 아버지는 딸 대신 학살당했다.

—1950년 오사카에서 문도평과 결혼. 문도평의 아버지와 남동생 3명은 4・3사건에서 토벌대에게 학살당했다. 문도평은 당시 서울에서 중학교 교사를 하였는데 1950년에 도일했다. 고난희는 오사카에서는 조련(조총련) 활동을 이어나갔다.

—1998년 제주에서 성묘.

—2001년 제주 고(高) 씨 문중의 건물증축 사업에 진력.

• 고난희의 이야기

남편이 사망한 게 2001년이니까, 혼자 된지 올해로 7년째가 되네요. 5년 정도는 많이 울었는데 이제는 눈물도 안 나와. 이제 됐다 싶어서. 내 인생 이제 다시 시작해야지 싶어서 다시 일어서는 참이에요. 그게 이번에는, 내가 가고 싶은 곳이, 고향을 보고 싶더라고요.

저는 지금은 여성동맹[재일본 조선민주여성동맹] 소속이고, 총련 한 길만 걸었는데 생각을 바꿨습니다. 남조선도 우리 조국아닌가? 하고. 왜 한쪽만 가지고 열심히 이러자 저러자 했는지. 그래서 내가 할 수 있는 일이 뭐가 있을까 생각했지요. 같이 남북통일을 하려면 내가 뭘 해야 할까 하고. 뭔가 작은 일이라도 있으면 해야겠다는 생각이 듭디다.

고난희는 제주도에 부모 형제가 있었음에도 불구하고, 정치적 판단으로 조총련 활동에 종사하며 북한을 지지해왔다. 하지만 한반도 정세가 해빙되기 시작한 2000년, 정치적 태도를 바꾸어 한국을 방문했다.

고난희에게 홈플레이스란, 남편의 고향이 아니라 자신의 부모 형제가 생활한 마을이다. 또한 고난희는 고 씨 일족을 위한 사업에 힘썼다. 그녀에게 본 적도 없고 살아본 적도 없는 남편의 출신 마을은 홈플레이스가 아니다. 제주도의 부모양계문화, 친척과 인척을 동일하게 중요시하는 문화 속에서, 남편의 출신 마을보다 자신의 선조를 상징하는 고 씨 가문을 위해 힘쓰는 것이 더 우위에 놓였다. 우리가 홈플레이스를 '의지할 곳'으로 해석한다면, 그녀는 자신의 신념을 표현할 수 있는 장을 홈플레이스로 간주해 온 셈인 것이다.

4) 강경자[12]

강경자는 1937년 오사카시에서 태어났다. 식민지 당시 부모님은 큰 오빠, 큰 언니, 둘째 오빠, 둘째 언니를 제주도의 조부모에게 맡기고 오사카로 건너갔고, 큰 오빠는 제주도에서 소학교를 졸업한 후 오사카로 갔다. 강경자가 태어난 뒤 어머니는 그녀를 데리고 제주도로 돌아왔다. 해방을 맞이했지만 아버지와 큰오빠는 일본에 남았다.

제주도에 있는 둘째 오빠와 둘째 언니가 4·3 사건 이후 무장대에 들어갔기 때문에 어머니는 토벌대로부터 몇 번이고 고문을 받았다. 때문에 시어머니는 어머니에게 강경자를 데리고 "일본으로 가라"고 권유했고, 1952년 무렵 그녀와 어머니는 큰 오빠를 의지해 밀항했다. 큰 오

---

12 이하의 내용은 「생활사 기록 모임」에서 실시한 인터뷰를 바탕으로 한 것으로, 인터뷰 일시는 2000.9.11이다.

빠는 강경자를 당시 공립 조선학교에 입학시켰다. 강경자의 남편은 조선학교 출신이다. 한편, 큰언니의 남편은 처남과 처제로 말미암은 탄압을 피하기 위해 한국전쟁이 발발하자 한국군에 지원 입대했다.

해방 후, 오사카에서 벨트 공장을 하던 큰오빠는 일본에서 제조된 무기가 한국전쟁에서 한국군이 사용한다는 것을 알고 반대운동을 하다가 경찰에 구속되었다. 1959년부터 북한으로 돌아가는 '귀국운동'이 시작되자 큰 오빠는 1961년에 북으로 갔다. 1980년대 이르러 강경자는 오사카로 밀항한 이래 처음으로 제주도를 방문했다. 당시는 아직 4·3사건이 한국 정권에서 금기시 되던 상황이었고 게다가 둘째 오빠와 둘째 언니가 무장대였기 때문에 "마음 속 깊이 두려움"이 있었다. 그 후 제주도에서 계속 생활해 온 큰 언니가 오사카에 있는 부모님을 만나고 싶다고 간청해서 초청했다. 큰 언니가 제주도로 돌아간 뒤, 어머니는 큰 오빠 가족과 살기 위해 북으로 갔다. 강경자는 북에 사는 어머니와 큰 오빠 가족을 방문한 적도 있다.

강경자가 밀항 후 처음으로 한국을 방문했을 때 공포의 원인이 되었던 둘째 오빠와 둘째 언니의 죽음은, 2000년 시행된 4·3특별법에 의해 명예회복 되었다. 그러나 정위가족이 이산離散된 상태라는 점에는 변함이 없다.

• 강경자의 궤적
－1937년 오사카에서 출생.
－1945년 해방 직전에 제주로 이동.
－1950~1952년 부산 → 쓰시마 → 오사카로 이동. 오사카에는 큰 오빠

가 살고 있었다.

　－1961년경 큰 오빠가 입북.

　－1980년대 제주에서 언니와 만남. 어머니가 입북.

　• 강경자의 이야기

　그런데 우리 언니(큰 언니)도, 꺼림칙하게 생각하는 게 있을 거예요. 생각이 다르니까. 남동생(둘째 오빠)이 그랬으니까, 자기들은…… 우리는 도망쳤으니. 안전한 장소로. 그 사람들이 어떤 기분으로 동네에서 계속 살아야 했을지도 아니까요. 나(강경자)는 안전한 곳에 있으니까 이렇게 이것저것 아무렇지 않게 이야기하지만……

　언니도 저쪽(북한)에 있는 오빠를 어릴 때 학교에 보낸다고 새벽같이 일어나곤 했지요. 둘이 굉장히 사이가 좋았던 모양이에요. 그런데 [큰오빠가] 저쪽 [북한]에 가는 바람에…… "있잖아 언니, 창숙이 오빠가 있잖아"라고 말을 꺼내면, "어쩜……"하고 말하긴 하는데 그 뒷얘기는 들으려고도 하지 않아요. 그리움도 없는 거죠. 언젠가 전화로 "언니, 오빠가 엄청 굶고 지내나봐"라고 했는데 "가까이 살면 밥이라도 줄 텐데, 참"이라고 대답하더라고요. 이건 아니다 싶었지요.

　얼마 전에 그 면회하는 것 …… 이산가족 찾기를 TV로 보니까, 몇 십 년 만에 동생이나 언니를 만나기 위해 엄청 준비를 한다더라고요. 갖가지 선물들을. 그 사람들이야 한 번이니까 괜찮지요. 그것도 자주 하면 힘들어요. 이게 참 어렵죠. 한 쪽이 좀 비슷하기라도 하면…… 차이가 나면 힘들지 않습니까.

강경자와 그녀의 가족은 일본의 식민지 시대부터 지금까지 항상 이산 상태에 놓여있다. 이산의 시대적 배경은 달랐지만 그녀는 늘 이산을 강요당했고 그것은 그녀가 저항할 수 있는 것이 아니었다. 때문에 강경자에게는 언제 상황이 급변할지 모른다는 '공포'가 잠재하게 되었다. 그녀는 홈플레이스 의식으로 평가할 만한 표현을 사용하지 않았으며, 어디까지나 상황 의존적으로 해당 시점에 자기가 위치한 장소를 기준으로 '거기' 또는 '여기'라고 말하고 있었다.

4. 이주여성의 홈플레이스

이와 같이 4명의 사례를 검토해 보면 역시 옹Ong이 지적한대로 제주도 여성들의 이동은 20세기 동아시아를 둘러싼 정치상황과 크게 연동되는 것임을 알 수 있다. 이들의 이동은 초국가적transnational 변화와 국민국가의 다양한 형태, 그리고 자본주의 경제와 생활문화와의 뒤얽힘을 통해 고찰할 필요가 있다.

이성호와 고난희의 사례에서는 여성에게 있어서의 홈플레이스와 정치적 판단과의 관계를 파악할 수 있다. 여기서 말하는 정치적 판단이란, 이데올로기에만 기초하지 않는 것으로 이는 그녀들의 궤적을 통해 읽어낼 수 있었다. 그것은 개인의 신조에 따른 판단이었으며, 시대에 따라 변화하는 국가와 민족의 상황과 반드시 일치하지는 않았다. 한편, 김춘해와 강경자의 사례는 사회와 시대의 변화 속에 시시각각 변모하는 국가와 민족의 상황에 크게 좌우된 경우라 여겨진다. 하지만 이러한 분석은 외부의 변화를 기점으로 개인의 위치를 확인한 것에 지나지 않는다. 이러한 사례로부터 생각할 수 있는 것은, 모든 사례가 각각이 처한 외부 변화에 대응하면서, 동시에 그러한 변화와 일정한 거리를 두는 판단 근거로 홈플레이스를 파악하고 있었다는 점이다.

필자의 조사와 검토 부족으로 이 글에서는 여성들의 일본 거주지에 대해서는 다루지 못했다. 이 점을 감안하더라도 이 글에서 다루는 홈플레이스란 국가나 지역과 같이 특정한 토지, 민족을 한정짓는 말이 아니며, '감상感傷적인 정념의 대상'을 가리키는 말도 아니었다. 이동한 자에게 있어서 홈플레이스는 반드시 돌아가야 할 장소가 아니며, 돌아간다 하더라도 자신 혹은 선조가 떠나온 장소와 반드시 일치한다고는 볼수 없다. 설령 일치한다고 해도 세월이 지나며 변화할 가능성이 있다. 고향의 다양한 양태에 대해서는 인류학 안에서 지금까지 다각적으로 논의되어 왔다. 이 글에서 다룬 사례에서도 알 수 있듯이 홈플레이스의 의미는 역시 다양했다. 반드시 아버지 쪽 선조의 출신지라고도 할 수 없는 것은 물론이며, 본질적인 것으로 이해되어 온 '기원roots'은 개인이나 가족을 둘러싼 조건과 사회 변화에 따라 다른 의미가 부여되거나 때로는 변경되기도 한다. 이러한 점을 고려할 때 사람들의 생활 세계를 이동 전과 후 모두 다루며 연속적으로 파악하는 작업은 식민지를 만들어 낸 제국, 그리고 근대 국민국가 문제를 고찰하는 작업과도 연동되는 것이라 지적할 수 있을 것이다.

참고문헌

成律子, 『オモニの海峡』, 彩流社, 1994.

伊地知紀子, 『탐라문화학술총서 16 日本人学者가 본 제주인의 삶―생활 세계의 창조와 실천』, 제주 대 탐라문화연구소, 경인문화사, 2013.

재일제주인의 생활사를 기록하는 모임, 『재일제주인의 생활사 1―안구의 땅을 찾아서』, 선인, 2012.

_____, 『재일제주인의 생활사 2―고향의 가족, 복의 가족』, 선인, 2015.

クリフォード, ジェームス著, 毛利嘉孝ほか訳, 『ルーツ―20世紀後期の旅と翻訳』, 月曜社, 2002(Clifford J, *Routes ―Travel and Translation in the Late Twentieth Century*, Harvard University Press, 1997).

Ong, Aihwa, *Flexible Citizenship ― The Cultural Logics of Transnationality*, Dukes, University Press, 1999.

Parreñas, Rhacel Salazar, *The Force of Domesticity ―Filipina Migrants and Globalization*, New York and London, New York University Press, 2008.

Schlecker, Markus, *Going back a long way ―home place, thrift and temporal orientations in northern Vietnam*, JRAI, 2015.

Tastsoglou, E. & Dobrowolsky, A, eds, *Women, Migration and Citizenship ―Making Local, National and Transnational Connections*, Aldershop, England, Ashgate Publishing, 2006.

Yeoh, Brenda. S. A, *State/nation.transnation ―Perspective on transnationalism in the Asia Pacific*, Routledge, 2004.

Xiang Biao, Brenda S. A. Yeoh, Mika Toyota, eds, *Return ―Nationalizing Transnational Mobility in Asia*, Duke University Press, 2013.

죽음과 재생의 도시 드라마[*]

오키나와[沖縄] 나하[那覇] 신도심 개발을 중심으로

조정민

1. 나하 신도심의 탄생

오키나와[沖縄] 본섬 남부의 중핵시[中核市]인 나하시[那覇市]는 오키나와현의 행정과 경제, 그리고 문화의 중심지로 알려져 있다. 그 가운데서도 나하시 북서부에 위치하여 일반적으로 '나하 신도심[那覇新都心]'이라 불리는 지역은 상업과 행정, 주거, 문화 시설 등을 고루 갖춘 곳으로서 최근에 들어 여러 가지 면에서 주목받고 있다. 약 214ha 규모의 광대한 나하 신도심 내에는 대형 쇼핑몰이나 면세점과 같은 상업 시설을 비롯하여 신축 맨션과 비즈니스호텔, 현립 박물관과 미술관, 학교, 관공청, 방송국, 신문사, 공원 등이 밀집해 있다. 원래 이 지역은 미군의 주거지인 마키미

---

* 이 글은 『한림 일본학』 제28집(2016.5)에 게재된 필자의 동일 제목의 논문을 수정·보완한 것이다.

〈표 1〉 나하 신도심 조성 사업 경위

연도	내용
1952년	미군 강제 접수 개시
1974년	이설조건부 반환합의(제15회 미일안전보장협의위원회)
1975년	일부 반환 실시
1987년	전면 반환
1992년	토지구획정리사업 사업계획 인가
1993년	나하신도심 마을 만들기 추진협의회 설립
1996년	가환지 지정 개시
2000년	가환지 지정 완료
2004년	환지 계획 인가
2005년	환지 처분 공고, 사업 준공

나토 주택지구牧港住宅地區가 자리했던 곳으로, 1975년 7월부터 부분 반환되기 시작하여 1987년 5월에 전면 반환되었고, 이후에는 도시 안의 새로운 도시를 만드는 이른바 '신도심' 조성이 구체화되었다. 1989년 지역진흥정비공단(현 도시재생기구)은 오키나와현 지사와 나하 시장의 요청에 따라 사업실시 기본계획을 마련하고, 국가의 인가를 받은 후 1992년에는 토지구획정리사업에 착수하였다. 이 사업이 완료되어 지금의 공간이 모습을 드러낸 것은 2005년으로, 2004년까지 토지구획정리사업에 투입된 자금은 모두 508억 엔이며 공공시설건설비 541억 엔, 민간시설건설비 1,032억 엔, 그 외 기반정비사업비 83억 엔을 더하면 총 투자액은 2,164억 엔에 달한다.

나하 시내의 대부분의 지역은 나하 공항 제한표면 구역에 해당되기 때문에 고층 빌딩 건설이 불가한 데 비하여, 이 지역은 그 구역 밖에 위치하기 때문에 오키나와에서는 거의 볼 수 없는 초고층 빌딩이 드문드문 보이기도 한다. 이와 같은 경관의 변화와 더불어 나하 신도심이 주목받고 있는 대목은 군용지 반환 이후의 경제 효과가 크게 증가한 부분이다. 2010년 오키나와현의회가 발표한 조사에 따르면 반환 전과 반환 후의 이 지역의 경제 효과는 생산, 소득, 고용 측면에서 모두 10배 이상의 차이를 보인다.[1] 반환 전에 이 부지에서 얻을 수 있는 경제효과란 토지임대료, 기지 근무 종사자의 급여, 군인들의 소비 지출, 행정기구市町村에 대한 교부금 등으로 약 54억 7천만 엔 정도였지만, 반환 후에는 도소매점이나 음식점, 호텔, 상점 등의 서비스 종사자가 수천 명으로 늘어나면서 약 660억 3천만 엔의 경제효과를 거둘 수 있게 되었다. 이는 반환 전보다 약 12배 증가한 규모이다. 때문에 나하 신도심은 기지 재개발의 성공적인 사례로 자주 언급되곤 한다.[2] 오키나와 경제가 미군 기지에 크게 의존하고 있는 만큼, 미군이 철수하면 오키나와 경제도 더불어 영향을 받을 것이라는 주장은 종종 제기되어 왔다. 그리고 이는 오키나와에 미군 기지를 존치시키는 논리로 원용되기도 했다. 그러나 나하 신도심이나 아메리칸 빌리지(오키나와 중부 차탄초[北谷町]의 미군 기지를 반환하여 만든 도심형 리조트)의 경우에는 미군 기지에 의존하지 않아도, 아니 의존하지 않는 편이 지역 경제를 원활하게 순환시키고 성장시킨

---

1   나하 신도심의 생산, 소득, 고용의 변화를 반환 전과 반환 후로 구분하여 표로 나타내면 아래와 같다(問山榮惠, 「跡地開發で經濟發展した那覇新都心ほか 基地存續で年5000億円の逸失利益との試算も」, 『週刊金曜日』 第894號, 2012, 22쪽에서 재인용).

유형	반환 전	반환 후
생산유발 액수	54.7억 엔	660.3억 엔
소득유발 액수	16.7억 엔	181.9억 엔
고용유발자 수	390명	5702명

2   위의 글, 22쪽.

다는 좋은 사례가 되고 있는 것이다.[3]

이에 대해서는 앞으로 자세하게 다루겠지만 구도심인 국제거리[国際通り]와는 달리 세련되고 매력적인 주거, 상업지구로 변모한 나하 신도심 지구는 오키나와 전투 당시에 격전이 벌어졌던 장소이며 패전 후에는 미군 군용지로 강제 접수되어 1987년에 전면 반환되기까지 미군을 위한 주택지구로 사용된 바 있다. 전쟁과 점령 경험이 연속적으로 이어진 장소가 바로 나하 신도심이지만, 현재의 이 공간이 격전지로 초토화 된 경험을 가지고 있고 이후에는 미군에게 강제 접수되어 미군 기지의 일부로 사용되었다는 사실은 그리 널리 알려져 있지 않다. 이미 쾌적하게 정비되어 전쟁의 상흔이란 찾아 볼 수 없는 이곳은 '신도심新都心'이라는 이름처럼 과거와 단절된 새로운 공간으로만 인식되고 있는 것이다.

이 글에서는 나하시의 도시 역사와 더불어 나하 신도심의 형성 과정을 살펴보고, 이곳에서 전개된 삶과 죽음의 경험이 현재의 나하 신도심을 어떻게 규정하고 또 현실 문제에 어떻게 틈입하고 있는지 살펴보고자 한다.

---

3 예컨대 『류큐신보』 기자 시마 요코[島洋子]는 「뒤틀린 구조—기지와 오키나와 경제(ひずみの構造—基地と沖縄経済)」라는 연재를 통해 미군기지가 오히려 오키나와의 경제 발전을 저해해 온 측면을 밝힌 바 있다. 이 보도는 2011년에 '평화·협동 저널리스트기금 장려상'을 수상하였으며 이후 단행본 『ひずみの構造—基地と沖縄経済』(琉球新報社, 2012)으로 간행되었다.
한편, 시마 요코가 쓴 「'기지가 들어서면 지역경제가 산다'는 환상—오키나와, 미군 기지 반환을 희망하는 목소리」(여성주의 저널 일다, http://m.ildaro.com/6767)는 한국에서도 소개된 바 있다. 또한 나하 신도심 개발은 한국의 미군기지 반환과 개발의 모델이 되기도 했는데, 이에 관한 기사로는 「수도권 / 미군 공여지 이렇게 개발하자 (2)일본 2大 사례」(『동아일보』, http://news.donga.com/3/all/20080124/8537163/1)를 들 수 있다.

2. 유리된 토지와 지명－슈거 로프와 마키미나토 주택지구

오키나와현 내의 최대 상업지구라 해도 손색이 없는 나하 신도심의 풍경은 모노레일 오모로마치おもろまち 역에 내리면 곧바로 실감할 수 있다. 모노레일 역과 직결되어 있는 면세점 T갤러리아(구 DFS갤러리아 오키나와)의 거대한 입구는 마치 나하 신도심의 관문처럼 느껴진다. 이곳은 2002년 오키나와진흥특별조치법에 따라 일본 국내에 거주하면서 면세로 물품을 구입할 수 있는 유일한 곳으로 나하 공항에서 출발하는 국내선 혹은 국제선 탑승권 소지자라면 누구나 이용할 수 있다. 면세점 쇼핑이 목적이 아니더라도 렌터카를 사용하는 사람이라면 한 번은 이곳을 거치게 된다. 이 면세점에는 대표적인 렌터카 업체들이 상주하고 있는데 이들 업체는 나하공항 또는 면세점에서 차를 인도, 인수하기 때문에 오키나와 여행의 필수라 할 수 있는 렌터카 이용자는 자연스럽게 이곳에 들르게 되는 것이다.

면세점 T갤러리아에서 발을 조금 옮기면 나하 메인플레이스那覇メインプレイス, 애플타운あっぷるタウン, 리우보우 라쿠이치りうぼう楽市 등의 대형쇼핑센터가 연이어 등장한다. 이들 세 곳의 쇼핑센터가 차지하는 면적은 오키나와현 내에서 가장 넓으며, 특히 리우보우 라쿠이치의 경우

모노레일 오모로마치역과 마주보고 있는 면세점 T갤러리아

나하 신도심의 대형 쇼핑센터

에는 약 300미터 정도의 길이에 걸쳐 쇼핑 몰이 조성되어 있고 그 가운데에
는 24시간 영업하는 곳도 있다.

　대표적인 오키나와 관광정보 웹 사이트인 '오키나와 이야기おきなわ物
語'를 살펴보면 나하 신도심은 수학여행 코스 중의 하나로도 추천되어
있는 것을 확인할 수 있다. 오키나와현립 박물관, 미술관과 더불어 소
개된 나하 메인플레이스는 오키나와 관련 서적, 잡지를 구입하거나 향
토 식품을 구매할 수 있는 장소로 묘사되어 있는 것이다. 이처럼 나하
신도심은 다양한 단위와 연령층의 소비자를 대상으로 하는 거대한 상
업 지구로 자리 잡았으며, 나하 신도심이라는 공간 자체가 하나의 상
품, 혹은 브랜드로 소비되고 있는 실정이라 이야기할 수 있다.

　현재의 신도심 지구는 오모로마치おもろまち, 우에노야上之屋, 아마쿠天
久, 아자安謝, 메카루銘苅 등 다섯 개의 행정 구역町으로 정리되어 있지만,
원래는 우에노야, 아마쿠, 아쟈, 메카루, 후루지마古島, 마카비真嘉比, 아
사토安里 등 7개 마을字의 일부로 구성되어 있었다. 이 지역에 큰 변화가
일어난 것은 아시아태평양 전쟁 당시의 지상전 경험에서 찾을 수 있다.

1945년 3월 26일 미군의 게라마열도慶良間諸島 상륙에서 시작된 오키나와 전투로 이곳에서는 5월 12일부터 18일까지 치열한 격전이 벌어졌다. 현재 T갤러리아 면세점 맞은편 언덕에는 아사토安里 배수지配水池가 있는데 여기에 올라서면 멀리 있는 게라마 제도가 보인다고 하여 오키나와에서는 이곳을 '기라마 치-지キラマチージ, 오키나와 말로 게라마가 보이는 언덕이라는 뜻'라 불러왔다. 이곳을 일본군은 스리바치 오카すりばち丘, 혹은 제52고지第52高地라 불렀고, 미군은 슈거 로프シュガーローフ, Sugar Loaf라고 불렀는데, 양측은 이 언덕을 점령하기 위하여 하루에 네 차례 정상 쟁탈전을 반복할 정도로 치열한 싸움이 벌었다. 이곳은 슈리首里를 지키는 서쪽 요충지로, 당시 슈리성首里城에는 일본육군 제 21군 사령부가 있었는데 일본군(제 32군, 수비대 독립혼성 제 44여단)과 미군(제 6해병사단) 양측은 슈리를 차지하기 위해 이곳에서 격전을 벌였던 것이다. 결과적으로 이 언덕은 미군의 손에 들어갔지만 이곳 전투로 인해 2662명의 미군이 전사하였고, 과격한 싸움으로 인해 정신 질환을 얻은 전투피로 환자는 1289명에 달하게 되었다.[4]

한편 일본군 사망자나 오키나와 의용군 사망자에 대해서는 정확한 집계가 없는 실정이다. 그러나 전투 직후 이 언덕에서는 일본군의 시체 100여 구가 목격되었다고 하며, 슈거 로프 전투는 일본과 미국 양측이 모든 무기와 전술을 구사하며 사력을 다해 싸운 전투로 기록되어 있다.[5] 또 2010년에 발간된 미군의 회고록『오키나와 슈거 로프 전투』에

4　ジェームス・H・ハラス,『沖縄シュガーローフの戦い』, 光人社, 2007, 271쪽.(원저 *Killing Ground on Okinawa, The Battle for Sugar loaf Hill*는 1996년에 발간).

5　戦史分析班,「米海兵隊の上陸戦史と水陸両用兵器(30) 戦争最大の攻防戦『嘉数＆シュガー・ローフ』」,『軍事研究』38(3), 2003, 144쪽.

는 "슈거 로프에 11번이나 돌격했다. 언덕으로 돌격하기 전 매일 집중 포화 공격을 했고 그 후에 일본군이 돌아와 우리들을 공격했다. 그 장소는 완전히 황폐해져 많은 시체들이 널브러져 있었다. 일본군은 자신들의 전우의 시체를 가지고 돌아가려 했던 모양이지만 누구도 시체를 처리할 수 없었다. 살점 덩어리나 몸의 일부는 들판에 흩어져 있었다. 5월 18일 우리들이 돌격했을 때 시체를 밟지 않고 언덕에 올라가는 것은 불가능했다. 우리들이나 일본군 모두 마찬가지였다"[6]고 묘사될 정도로 언덕 일대는 처절한 공방전에 희생된 시체들이 나뒹굴고 있었던 것 같다.[7]

일명 '슈거 로프 전투'라 불리는 전쟁 경험으로 인해 기라마 치-지 주변에 있던 가옥과 농지는 모두 잿더미로 변해버렸고, 패전 후 그나마 남아 있던 가옥과 농지를 복구하며 살던 주민들은 어느날 갑자기 이곳에서 내쫓기고 만다. 1952년 7월 히라노平野, 아쟈, 메카루의 일부 약 60ha를 미군과 군속의 주택지로 사용하겠다며 미군이 토지 접수를 통고했기 때문이다. 그리고 미군은 1953년 4월 11일에 '토지수용령'을 최초로 적용하여 강제 접수를 시행하였고 인근 지역에 잇달아 퇴출을 명령하여 최종적으로는 195ha를 접수한 뒤 그 자리에 미군 및 군속을 위한 1,181개의 주택과 초등학교 및 관련 시설을 건설하였다. 이후 이 지구는 약 30년에 걸쳐 미군 주택지로 사용되었다. 이 주택지는 나하에 조성되어 있으면서도 '마키미나토 주택지구'라 불렸다. 그것은 우라

---

6   ジェームス・H・ハラス, 앞의 책, 266쪽.
7   미군이 목격한 일본군의 시체 가운데에 오키나와 군인이나 주민들의 시체가 포함되어 있었을 가능성도 배제할 수 없다.

소에시浦添市 마키미나토 보급지구 캠프 킨자キャンプキンザー에 근무하는 미군들을 위해 만들어진 주거지였기 때문이었다. 미군의 관점과 편의에 의해 붙여진 이 같은 명칭은 미군이 단순히 공간만 점거한 것이 아니라 이 지역의 장소성이나 역사까지 모두 점령했다는 것을 대변한다.

마키미나토 주택지구에는 1,181호의 주택 외에도 수영장과 스케이트장, 골프장, PX, 학교 등의 관련 시설이 설치되었다. 하나의 독립된 커뮤니티인 미군 주택지구가 정비되자 주변에도 민가들이 들어서기 시작했다. 건설 자재도 마땅히 없는 상황에서 오키나와 사람들은 전시 하에 만든 지하 통로의 주요 뼈대나 경편철도의 레일을 재활용하고 또 큰 포탄을 기둥으로 삼아 집을 지었다. 펜스 안과 밖의 대비적인 풍경은 "이쪽은 가난한 생활을 하고 있는데 저쪽은 바비큐를 하거나 아이스크림을 먹고", "물 부족으로 우리들은 물 확보에 어려움을 겪고 있는데 펜스 안쪽에서는 잔디에 물을 뿌리고 있다"는 등의 선망의 목소리을 낳았다. 그러나 다른 한편으로 '미국'은 공포의 대상이기도 했다. "철조망에 카메라를 들이대지 마라. 들키면 총에 맞는다"는 식의 발언은 점령자에 대한 두려움과 불안감을 여지없이 보여주고 있다. 그런 가운데서도 미국과 오키나와의 아이들은 펜스 여기저기에 구멍을 뚫어 드나들며 서로 싸우기도 하고 놀기도 했다고 한다.[8]

1972년 5월 15일 오키나와가 본토 복귀함에 따라 1973년 1월에 열린 제14회 미일안전보장협의위원회에서는 1,181호의 가족주택 가운데 200호를 가데나嘉手納 비행장으로 이설하기로 합의하였고, 이어서

---

[8] 「那覇新都心物語」, 編集委員会, 『那覇新都心物語』, 那覇新都心地主協議会, 2007, 31쪽.

1974년 1월에 열린 제15회 미일안전보장협의위원회에서는 남은 주택 981호를 이설하여 전면 반환한다는 이설조건부 반환 합의가 이루어졌다. 1975년 7월 31일 처음으로 일부 반환된 이후로 여섯 차례에 걸쳐 부분적으로 반환되었고, 미군이 사용하던 주택지구가 전면 반환된 것은 1987년 5월 31일의 일이다. 그러니까 약 12년에 걸쳐 반환이 이루어진 셈인 것이다.

한편 반환 합의 당시 오키나와현이나 나하시는 "미군 통치로 도시기본시설의 적정 배치가 저해되어 야기된 시가지의 과밀화를 해결하고 도로교통의 불비와 같은 도시 문제를 완화"하는 데에 주안점을 두고 있었다.[9] 또한 공원이나 녹지 공간을 확보하고 주택 용지와 더불어 교육, 문화 시설을 마련하여 지역 환경을 정비하는 것에도 방점을 두었다.[10] 당시 나하시는 주택 공급 사정이 나빴을 뿐만 아니라 도시의 공동화가 진행되어 인구 유출이 심각한 수준이었기 때문이다. 1978년 건설청과 오키나와현, 나하시가 '지방도시개발정비계획조사'를 실시하고, 1979년에 지역진흥정비공단도 참여하면서 '도심센터지구' 형성에 관한 개발 콘셉트가 대략 정해졌다. 1985년에는 오키나와현과 나하시가 신도심 지구에 상업 업무 기능을 유치하기 위한 실태 조사와 구상을 발표하였는데, 이로서 미군기지 반환지는 주거와 녹지 공간, 그리고 행정과 상업 공간을 적절히 배분하고 이들 시설을 종합적으로 구비한 지역으로 디자인되어 지주 설명회에서도 이를 지속적으로 어필해 나갔다. 이 시기부터 '마키미나토 주택지구'는

9　上地杏奈, 『軍用地返還跡地利用計画の変遷と合意形成過程からみる課題と特殊性-那覇新都心地区土地区画整理事業を事例として』, 琉球大学大学院理工学研究科修士論文, 2015, 7쪽.

10　那覇市, 『那覇市軍用地跡地利用基本計画』, 1978(「那覇新都心物語」, 編集委員会, 앞의 책, 37쪽에서 재인용).

'나하 신도심지구'라는 이름으로 불리게 되었다.[11]

이렇게 나하 신도심의 과거를 되돌아보면 나하를 대신하는 이름이 그것을 오랫동안 대변하고 표상해 왔음을 알 수 있다. 다시 말하면 '기라미 치-지'를 대신하는 이름인 '슈거 로프'는 나하에서 벌어진 격전의 경험이 미군의 관점에서 재편되어 기억되고 있음을 말해주고 있으며, '마키미나토 주택지구'가 조성되고 그 이름이 정착된 것도 미군의 통치 논리가 지배적으로 작용한 결과라고 볼 수 있다. 이처럼 나하는 미국이라는 타자가 붙인 이름에 오랫동안 포섭되어 왔고, 타자가 재편한 공간에 맞추어 자신들의 의식과 경험을 쌓아왔던 것이다. 그러한 탓에 지역 구성원이나 공동체가 토지와 유리되고, 토지와 지역명도 분리되어 방치되어 왔다. 공동체와 장소 사이의 관계는 매우 밀접하기에 공동체는 장소의 정체성을 장소는 공동체의 정체성을 강화시키며, 이 관계 속에서 경관은 공통된 믿음의 가치를 표출하고 개인 상호간의 관계맺음을 표현한다.[12] 그러나 나하의 경우는 지역 공동체와 장소 사이에 타자가 개입하면서 이미 양자가 결합할 수 없는 구조가 전제되었고 경관 자체

---

11 나하 신도심 개발 과정에 주안점을 둔 논문은 이미 다수 발표된 바 있다. 예를 들면 上地杏奈·小野尋子·池田孝之, 「軍用地返還跡地利用計画の変遷と合意形成過程からみる課題と特殊性−那覇新都心地区土地区画整理事業を事例として」, J. Archit. Plann, 日本建築学会80(712), 2015; 上地杏奈·小野尋子, 「駐留軍用地返還跡地利用における地区計画策定までの経緯について−那覇新都心地区を事例として」, 『都市計画』, 日本建築学会, 2014; 中條浩憲, 「那覇新都心開発整備事業における「申し出換地」と「土地の共同利用」について」, 『区画整理』56(10), 2013; 池永英二, 「文化機能及び住環境の優れた住宅地等複合的機能を持つ新都心開発」, 『Urban housing sciences』(60), 2008 등이 대표적이다. 이들 연구는 대부분 개발과 관련한 지주들의 의사 결정이나 합의 과정, 토지 활용으로 인한 물리적 환경의 변화, 도시 기능 및 경제적 효과 등에 대해 살핀 것이다. 이에 반해 이 글의 주안점은 도시의 공간 변화와 더불어 공간과 장소의 기억이 어떻게 풍화되고 재구성되는가에 있다. 그러한 의미에서 이 글은 선행 논문들과는 다른 관점에서 나하 신도심을 고찰하고 있다고 볼 수 있다.
12 에드워드 렐프, 김덕현·김현주·심승희 역, 『장소와 장소상실』, 논형, 2005, 86쪽.

昭和20年、米軍撮影。白く点々と見えるのは、艦砲射撃による着弾跡と思われる

1945년 미군이 촬영한 나하 신도심.

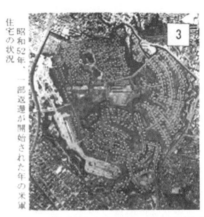

昭和52年、一部返還が開始された年の米軍住宅の状況

1977년의 마키미나토 주택지구. 질서 정연하게 들어선 미군의 주택 시설을 확인할 수 있다.

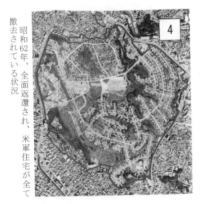

昭和62年、全面返還され、米軍住宅が全て撤去されている状況

1987년 전면반환 된 이후 미군 주택이 철거된 모습.

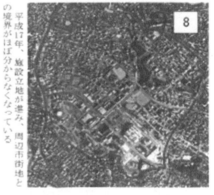

平成17年、建設立地が進み、周辺市街地との境界がほぼ分からなくなっている

2005의 나하 신도심.
현재의 시설들이 대부분 입지한 모습이다.

도 하나의 공통된 가치를 합의하고 도출하기 힘든 상황에 있었다고 볼 수 있다.

중요한 것은 이 같은 토지와 지명의 유리가 타자의 권력에 의해서만 발생하는 것이 아니라는 점이다. 다시 말하면 나하 스스로도 토지와 지명

의 유리를 기도企圖했다고 볼 수 있는데, 그것은 나하 신도심의 행정구역명町名을 결정하는 과정에서 분명하게 드러난다. 기지가 전면 반환되고 약 10여년이 경과해도 이 지구를 명명하는 행정구역명이 결정되지 않자, 1997년 10월 23일 지주회는 '오키나와의 새로운 '얼굴'에 걸맞은 이름町名'을 붙여달라며 나하시에 의견서를 제출한다. 보통 행정구역명을 정할 때에는 해당 지역 거주민의 의견을 바탕으로 시가 안을 만들고, 시장이 이를 학식 경험자, 유식자 등으로 구성된 심의회에 넘겨 의견을 수렴한 후에 의회 결의를 거쳐 결정한다. 이 과정에서 지주회는 신도심의 중심이 되는 센터 지구에 대해서는 "종래의 지명이 아니라 21세기를 전망할 수 있는 꿈이 있는 명칭으로 만들어 주길 바란다"고 의견을 전달했다. 지주회 의견을 반영하기 위해 나하시는 1998년 6월부터 7월까지 센터지구에 대한 이름을 일반 공모하여 '니라이카나이ニライカナイ', '오모로쵸おもろ町', '티다산타운ティダサンタウン'이라는 세 개의 후보 명칭을 선정하였고, 심의회는 그 가운데 '오모로쵸'를 선택하여 이를 '오모로마치おもろまち'로 일부 수정해 행정구역명으로 결정하였다.

이 과정에서 지주회가 "종래의 지명이 아니라 21세기를 전망할 수 있는 꿈이 있는 명칭"을 건의한 것에는 주의가 필요하다. 주지하다시피 행정구역명은 지역의 이미지나 브랜드 가치, 그리고 정체성을 창출하는 데 큰 영향을 미친다. 지주회가 '종래'와의 관계를 부정하며 '21세기'라는 미래의 시간에 방점을 두고 새로운 이름을 상상한 것은, 지역의 과거나 기억으로부터 신도심을 분리시키려는 의도에 다름 아니라고 해석할 수 있다. 그리고 과거로부터 분리된 신도심이 지향하고자 하는 가치란 일종의 '미래화'이다. 미래화는 주택이든 오피스 빌딩이든 미래적이고 혁신적인 것, 혹은 시대를 의식적으로 앞서가는 경관을 창조하는 것으로 대표적인 '무장소placelessness'의 형식이다. 미래화는 새로운 스타일과 테크닉을 지속적으로 추구함으로써 계속해서 장소를 파괴하기 때문에 시간과 전통이 장소에 부여한 진정성마저도 부인해 버리고 만다.[13] 미래화의 이러한 부정적인 측면 때문인지, 나하 신도심에서도 이에 대한 문제 제기가 일어났다. 토지와 유리된 지명 선정에 일부 주민들은 반발하며 나하시의 결정에 이의를 제기했던 것이다. 이들은 유서 깊은 '메카루시銘苅子' 전설[14]의 역사적인 맥락을 살린다는 의미에서 '메카루銘苅'라는 이름을 제안하기도 했다. 과거를 계승할 것인가, 혹은 미래적 가치를 지향할 것인가 하는 상반된 이념은 지역 이름 선정을 앞두고 첨예한 대립과 갈등을 일으켰다. 당시에 거듭된 의견 충돌은 신문을 통해서도 여러 차례 보도되었으며 공론의 장에서 논의되기도 했다.[15]

여러 차례의 논의 끝에 지명은 '오모로마치'로 결정되었다. "결정이 지연되면 2천 여 명의 지권자들에게 대단히 큰 불이익을 가져 올 수 있다. 주민들이 갖는 향수는 이해할 수 있지만, 앞으로 세계로 발신해 나갈 이 지역의 마음을 새로운 이름에 담고 싶다"[16]는 '미래화'적 가치와 경제 논리가 과거 승계라는 가치보다 우위에 있었기 때문이었다. 다시

---

13 위의 책, 220~221쪽.

14 메카루시[銘苅子]는 류큐왕국 시대에 만들어졌던 예능 구미오토리(組踊, 대사와 노래, 무용 등으로 구성된 고전극) 중 하나로 선녀 전설을 고전극으로 만든 것이다.

15 예를 들면 「신도심 지역 경계 및 지역 이름 문제, 절충되지 못하고 난항 중(新都心町界町名 問題 折り合いつかず難航」(『沖縄タイムス』, 1999.5.10)이라는 보도를 비롯하여 「나하 시의 '오모로'안에 이론 '메카루'(市案「おもろ」に異論「銘苅」)」(『琉球新報』, 1999.4.27), 「주민 6명 찬반 진술, 새로운 지역 이름 공청회 27일 개최(住民6人賛否陳述へ 新町名の公 聴会27日開催」(『沖縄タイムス』1999.4.22) 등의 기사는 지명을 둘러싼 당시의 첨예한 갈 등을 엿볼 수 있게 한다.

16 「那覇新都心物語」, 編集委員会, 앞의 책, 100쪽.

말해 지명 선정의 기준은 어디까지나 신도심 개발과 관련한 지권자들의 권익 보호와 원활한 도시 개발에 있었으며, 장소가 가지고 있는 '향수'란 그저 개인의 오래된 감정에 지나지 않은 것으로 처리되었던 것이다.

이러한 과정을 거쳐 도출된 이름 '오모로마치'는 토지와 지명이 여전히 유리되어 있음을 한층 더 부각시킬 뿐이다. 오모로마치의 '오모로'란 류큐왕국의 슈리 왕부首里王府에 의해 편찬된 가요집으로 오래된 옛 노래를 모은 것이다. 즉 류큐왕국의 오래된 전통 문학을 현대적으로 재해석하여 지명으로 사용한 것이지만, 도시 내부는 류큐 전통이나 문학과는 어떠한 상관관계도 가지지 않는다. 거기에는 일상생활과 관련된 가치와 욕망을 추구하기 위한 청결하고 편리한 환경이 조성되어 있을 뿐인 것이다. 때문에 과거에 있었던 기억이나 경험, 혹은 오래된 전설이 여기에 틈입할 가능성은 매우 희박해 보인다. '신도심'이라는 새로운 공간 안에 행정과 상업, 주거와 휴식 시설을 두루 갖추고 그것을 주변과 구분하면서 사회 공간적으로 차별화시키려는 이 같은 시도는 결국 그것을 누릴 수 있는 자를 선별 선택하여 그들만의 세상을 공고하게 만들고 있다.[17] 슈거 로프, 마키미나토 주택지구, 그리고 오모로마치에 이르기까지, 이들 지명은 토지의 기억과 유리된 채 전전輾轉을 거듭하고 있을 뿐인 것이다.

---

17 반환 이후 이 지역의 재개발에 대해 논의할 때 '교외 저층형 주택지'에서 '신도심형성'으로 그 구상이 이행되어 가자 토지의 활용에 따른 지가 상승을 기대하고 지권자 수가 늘어나기도 했고 또 오키나와현에서도 이 지구의 급격한 지가 상승을 염려하여 1988년 10월에는 '감시지구'로 지정하기도 했다.(小野尋子・上地杏奈, 「既成市街地内の大規模基地返還跡地での土地区画整理事業における中心部の土地評価による課題と影響–那覇新都心地区を事例として」, 『都市計画』, 日本建築学会学術講演梗概集, 2014, 985쪽).

3. 죽음의 계곡 – 무덤과 유골, 불발탄

앞에서도 언급했듯이 1975년 처음으로 부분 반환되기 시작하여 약 12년에 동안 여섯 차례에 걸쳐 전면 반환된 마키미나토 주택지구는 전면 반환까지 많은 시간이 소요된 만큼 그 사이에 여러 가지 문제들과 마주하게 된다. 먼저 마키미나토 주택지구 반환은 지주들의 생활 자금에 일정 부분 타격을 주지 않을 수 없었다. 지주들은 미군이 사용하던 기간 중에 받던 군용지 사용료를 반환 이후에는 받지 못했고, 다른 용도로 토지를 사용하지도 못하면서 세금은 내야했기 때문이다. 이 구역의 토지 구획정리사업이 착수되는 시점은 1992년인데 부분 반환시점부터 사업 착수까지 약 17년이라는 세월이 걸렸고, 또 그 가운데 불발탄과 고분군이 발굴되면서 사업은 더욱 지연되어 지주들 가운데는 새로운 수입원 확보를 위해 토지를 파는 사람도 있을 정도였다.[18] 그밖에도 지주들이 군용지 사용료 관계로 실제 부지보다 더 넓게 신고한 탓에 도시 계획에서 중요하게 여겨졌던 공공용지 면적이 줄어드는 상황도 벌어지게 되었다. 이와 같은 여러 가지 난점과 문제점 가운데서도 이 글에서 주목하고자 하는 부분은 '죽음'과 관련된 두 측면이다. 1990년 9월 4일 『류큐신보琉球新報』에는 다음과 같은 기사와 사진이 소개된 바 있다.

1987년 5월에 전면 반환된 아마쿠(天久) 개방지는 지금 나하시의 신도심으로 다시 태어나고 있다. 1991년부터 본격적으로 시작되는 개발정비사업을

18　上地杏奈, 앞의 글, 19쪽; 「那覇新都心物語」, 編集委員会, 앞의 책, 110쪽.

개발 지구에서 발견된 고분군과 불발탄을 소개하는 기사, 『琉球新報』 1990.9.4.

앞두고 불발탄 제거 작업과 매장문화재 발굴작업이 동시 진행형으로 급피치로 이루어지고 있다. 이 지구에서는 작년 12월부터 지금까지 400여 발에 이르는 불발탄이 나왔다. 75mm포탄이나 81mm추격포탄, 수류탄, 소총탄 등이 주로 발굴되었는데 대부분은 화약이 빠진 상태였다. 한편 메카루 강을 사이에 두고 9개의 유적지가 있는데, 현재 나하시 교육위원회 문화과가 메카루 고분군 발굴 작업을 진행하고 있다. 류큐석회암을 이용한 서민 무덤이 16개나 확인되었고, 그 가운데 4개는 원형이 거의 손상되지 않았다.

위의 신문기사에서 확인할 수 있는 바와 같이 마키미나토 지구에서는 두 부류의 '죽음'이 발견되었다. 하나는 오키나와 특유의 무덤 형식인 귀갑묘龜甲墓 형태의 고분이 광범위하게 발견된 것이고 다른 하나는 전흔의 하나인 불발탄이 대거 발견된 것이었다.[19] 먼저 고분군의 경우는 1990년부터 진행된 매장문화재 발굴조사에서 여러 개의 고분군 유적이 발견되어 1992년 1월에 일반에 공개되었다. 이후 오키나와고고학회, 오키나와민속학회, 나하시문화재보호심의회 등을 중심으로 보존 논의가 잇달아 제기되었고 각종 미디어에서도 대대적으로 보도하면서 시민들도 크게 관심을 가지게 되었다. 그러나 '나하신도심 지주협의회'는 자신들에게 겨우 돌아온 땅이 이른바 '사자의 계곡死者の谷'으로 보도되는 것에 대해 분개하였고, "고분군을 남기기 위해 용지 매상에 협력한 것은 아니다"라며 보존에 반대하는 입장을 강력하게 주장하기도 했다. 이들은 1992년 11월 6일 나하 시장, 나하시의회 의장, 나하시 교육위원회 위원장 등에게 다음과 같은 내용의 진정서를 제출했다.

개인의 사유재산을 마음대로 '사자의 계곡'이라 부르는 것은 당치도 않은 일입니다. 이로 인해 신도심의 이미지는 크게 실추되고 지권자들의 이익도 손상되었습니다. 또 이는 나하 신도심 개발정비사업의 진행을 저해하

---

19 나하 신도심 지구 내에서는 고분군 외에도 238필의 묘지가 확인되었고 그 가운데 109필의 묘지는 소유자를 알 수 없는 것이었다. 아시아태평양 전쟁으로 토지등기부가 소실된 오키나와현에서는 토지소유자 확정을 위한 포고가 여러 차례 이루어졌고 소유자가 불명한 토지에 대해서는 해당 행정기구에서 관리하게 되어 있었다. 때문에 나하 신도심 지구 내의 109필의 묘지는 행정적으로 비교적 단시간에 이전을 완료할 수 있었다.(竹内康博,「沖縄県における墓地の移転と補償−那覇新都心・浦添南第一区画整理事業を手がかりとして」, 『科学研究費補助金基盤研究(A) 2001〜2004年度』, 2004, 79〜81쪽).

고 있습니다. 이는 결코 용서될 일이 아니며 그 책임을 강하게 문책할 것입니다.

　우리 지주들은 강제 수용된 날부터 오늘에 이르기까지 실로 42년이라는 세월에 걸쳐 언제쯤이면 접수된 땅이 우리 손에 들어올 것인가 하고 그저 기다려왔습니다. 그리고 일일천추의 마음으로 개발정비사업 기공식을 맞이하였고 겨우 공사에 착공하는 단계에 이르게 된 것입니다.

　우리들은 선조가 남긴 귀중한 재산을 소생시키고 정감 있고 꿈이 있는 훌륭한 미래도시를 만들기 위해 밤낮으로 노력과 고력을 거듭해 왔습니다. 그 꿈을 부수고 사업추진을 저해하는 '메카루 고분군' 보존에 대해서는 단호하게 반대하며 여기에 강하게 항의합니다.[20]

　위의 인용문에서는 지주들의 두 가지 생각을 읽을 수 있다. 하나는 토지에 대한 애착이다. 임시 거처에서 생활하면서도 토지를 되찾을 날을 고대해 왔던 이들은 자신들에게 돌아온 땅이 '문화재 보존'이라는 명목으로 다시 한 번 '강제 수용'당하지는 않을까 걱정하고 있으며 이에 대한 분노와 실망을 감추지 않고 있다. 다른 하나는 경제적 손실에 대한 우려다. 지주들은 고분군으로 인하여 개발정비사업의 추진이 늦어진다든지 혹은 '사자의 계곡'이라는 낙인으로 땅의 부가가치가 낮아져 지권자의 이익이 손상되는 것은 아닌지 염려하고 있다.

---

20 「那覇新都心物語」, 編集委員会, 앞의 책. 62쪽.

이와 같은 지주들의 입장과는 달리 나하시는 지주회의 동의가 있으면 고군분을 '기록보존이 아닌 현지보존'하고 싶다고 의견을 제시하였다. 이에 대해 지주회는 '기록으로 보존하고 매립'하자고 주장하면서 양자의 갈등은 좁혀지지 않았다. 지주회의 진정을 받은 나하시는 여러 차례에 걸쳐 고분군 보존의 필요성과 방법을 제안하던 가운데, 약 2만 평방미터에 달하는 고분군 중 보존 상태가 양호하고 문화재적 가치가 높은 부분(약 5천 5백 평방미터)만 보존하고 그 중 약 절반에 해당하는 부분(약 2천 3백 평방미터)은 시유지市有地에 보존하는 형식을 취하게 되었다. 그러나 역시 지주들과 나하시 사이의 입장 차이는 분명해 보였다. 지주회 대표는 "결정기관은 어디까지나 21명으로 구성된 대의원회"이며, "앞으로 나하시가 어떤 식으로든 설명을 하겠지만, 60만 평이라는 광대한 토지에서 진행되는 마을 만들기 사업의 전체 균형이나 사업 진척의 시간적 문제 등을 고려해야 한다. 또 고분군에 대한 가치관에는 차이가 있다. 그 차이를 조정하는 작업이 필요할 것이다"고 밝히기도 했던 것이다.[21]

한편 같은 시기의 사업구역 내에서는 오키나와 전투의 유산인 불발탄 제거 작업이 시작되었다. 패전 후에 이곳을 강제 접수하여 주택 지구를 만든 미군들도 불발탄을 발견했을 터였지만 이들의 불발탄 처리는 매우 미흡했던 모양이다. 주택이나 그네 밑에서 불발탄이 그대로 발견되거나 배수관 위에서 나오는 경우도 있었다. 또한 자귀나무와 소나무가 무성한 작은 산을 깎아 내려가자 폭탄더미가 나오는 일도 있었다. 이는 불발탄을

---

21 『琉球新報』, 1993.6.28.

모아 그 위를 흙으로 덮어 둔 곳에 식물들이 뿌리를 내려 마치 작은 산처럼 보였던 것이다.[22] 여기에서는 불발탄뿐만 아니라 유골이나 명찰, 인감도장 등과 같은 유품도 발굴되었다. 지면을 파헤치면 파절된 유골이 전면에 무수하게 나왔고, 이는 두 세 사람의 인력으로 감당할 수 있는 양이 아니었다고 한다. 당시 이 지역에서 유골 수습 봉사를 하던 구시켄 다카마쓰具志堅隆松 씨는 이 같은 상황을 행정 관계자와 미디어에 호소했지만 결국 유골 수습은 제대로 이루어지지 않았다.[23]

나하 신도심 개발정비사업이 준공된 것은 2005년이지만, 그 이후에도 전쟁 희생자의 유골과 유품이 발견되는 소식은 간간히 들렸다. 2010년 3월 20일『오키나와 타임스沖繩タイムス』를 살펴보면 구획정리사업이 진행 중이던 마카히真嘉比지구 지하 참호 부근에서 '하시모토橋本'라는 이름이 새겨진 인감과 남성 유골 3구가 발견되었다는 기사를 확인할 수 있다. 이 보도에는 공사업자가 뼈와 유품을 흙 부대 자루에 모아 담는 바람에 유골과 유품의 배치 등을 알 수 없게 되었다는 내용과 더불어 경제적 손실을 최소화하기 위해 건설업자들은 공사를 서두르지만 이는 유골 수습의 기회를 놓치게 만들기에 행정이나 건설업자들은 과거 전쟁터에서 공사를 할 때 유골이 나오는 것을 전제로 생각해 주었으면 한다는 당부의 목소리도 함께 싣고 있다. 또한 이 기사는 "작년 10월부터 올해 2월까지 나하시와 후생노동성이 유골 수습 사업을 실시하여 합계 132 구의 유골을 발견하였다"는 사실도 함께 전하고 있다. 4개월 동안 발견된 132 구의 유골은 지금까지도 희생자 수를 파악

---

22 「那覇新都心物語」, 編集委員会, 앞의 책, 53쪽.
23 『琉球新報』, 2007.12.14.

하지 못하고 있는 일본군이나 오키나와 의용군의 것일 가능성이 크다. 유골 수습은 전사자 위령이나 유족에 대한 보훈 사업과도 연관되기에 신중하게 다루어져야 할 부분이지만, 근본적으로는 오키나와 전투, 특히 슈거 로프 전투의 실상이나 오키나와 의용군 및 주민들이 처했던 당시의 상황들을 추적하는 바탕이 되기도 한다. 단일하게 구성되어 왔던 오키나와 전투에 대한 다양한 문제 제기, 예를 들면 일본군과 오키나와 의용군 사이의 갈등과 협상, 투쟁의 양상, 그리고 주민들의 전쟁 지원이나 학살 등의 피해를 가늠해 볼 수 있는 사료가 바로 유골인 것이다.[24] 그러나 이미 흙 부대 자루 속에 쓸어 담긴 유골과 유품들은 그러한 가능성을 완전히 차단시켜 버리고 만다. 이 같은 유골 처리 과정은 신도심 개발에서 전쟁의 기억이나 망자의 존재가 얼마나 소홀히 다루어지고 있는지를 충분히 짐작하게 만든다.[25]

불발탄과 유골이 앞에서 언급한 고분군과 구분되는 점은 그것들이

---

24 지금까지 약 35년간 유골수습 자원봉사를 하고 있는 구시켄 다카마쓰(具志堅隆松)씨는 슈거 로프 지역 일대에서 경험한 것을 바탕으로 다음과 같이 이야기하였다. "그 가운데에는 정말로 10대로밖에 보이지 않는 젊은이도 있었고 50대로 추정되는 나이 많은 사람도 있었습니다. 대부분의 병사들의 연령은 20대에서 30대 정도이니까, 아마도 이들 10대나 50대는 이 지역에서 징용된 사람들이 아닐까 여겨집니다. 실제로 그런 사람들 가운데는 '지-화-(오키나와 말로 비녀를 말함)'를 지니고 있던 사람들도 있었습니다."(琉球朝日放送報道制作部,「特集 島は戦場だった 地獄の丘シュガーローフの戦い」, http://www.qab.co.jp/news/2010051218069.html) 이와 같은 지적을 참고할 때 유골은 슈거 로프 전투의 일단이나 지역적 상황 등에 대해 파악할 수 있는 매개가 된다. 한편, 패전 후 오키나와 각지에서는 주민들에 의해 전몰자들의 유골이 수습되었고 또 납골당이나 위령탑이 건립되기도 했다. 그리고 1970년에는 남부 마부니가오카(摩文仁ヶ丘) 국립 오키나와전몰자묘지에 전몰자들의 유골이 정리 통합된 바도 있다. 이와 같은 절차와 과정은 나하 신도심의 유골 처리 과정과 매우 대조적이다.

25 슈거 로프 전투가 벌어졌던 곳 인근의 법화경사(法華經寺) 뒤편에 일본군 전몰자 위령비가 2010년 6월에 세워진 바 있기는 하다(樋口隆晴,「海兵が落ち込んだ首里西方の地獄 シュガーローフ・ヒルの戦い」,『歴史群像』20(4), 2011, 121쪽).

오늘날까지 나하 신도심 사람들의 공동 경험으로 체험되거나 그들 일상에 영향을 미치고 있다는 점이다. 예를 들면 아래의 신문 기사를 읽어보자.

전후 70년 '오키나와전쟁'의 무념이 지금도 여전히
─나하 신도심에서 숨쉬는 '도시전설'

'오모로마치'로 알려진 오키나와 나하 신도심. 오모로마치, 메카루 등 5개 지구에 걸친 약 214ha 가운데 약 192ha는 '구 마키미나토 미군주택' 지구로, 이곳은 1953년 미군에게 강제 수용되어 주택지로 사용되다가 1987년에 전면 반환되었다. 이후 도시 정비가 진행되어 지금은 시네마 콤플렉스를 갖춘 대형 상업 시설이나 면세점, 고층 아파트가 늘어서 있다. 약 52억 엔이던 반환 전의 직접경제효과는 반환 후에 1634억 엔까지 급증했고, 이 바람에 나하 신도심은 기지반환 성공사례로 회자되는 경우도 많다.

현 밖에서 온 기업 주재원이나 관광객들에게는 인기가 많은 장소이지만 사실 현지인들의 발길은 뜸한 편이다. 아무튼 '나온다'는 것이다. 예를 들면 "총검을 지팡이 대신으로 짚은 패잔병이 수도 탱크가 있는 언덕 쪽으로 걸어갔다"는 식의 소문이 무성하다. 관동지방에서 이사 와 신도심에서 음식점을 경영하는 40대 부부는 이렇게 말한다.

"아직 초등학교에 입학하지 않은 딸은 밤이 되면 밖을 볼 때마다 겁에 질려 불안해한다. '파란색 가빠를 입은 아저씨가 이쪽을 보고 있어'라고 말하는 바람에 창문을 합판으로 막아 아이를 겨우 달랬다."

오모로마치는 오키나와 전쟁 당시 '슈거 로프(아사토 52고지) 전투'가 벌어졌던 격전지로 미 해병대를 중심으로 약 2600명이 희생되었다. 일본 측의 희생자 수는 일본군과 주민을 포함하여 파악하지 못하고 있다. 미군은 토지 조성 당시 미군의 시신은 회수했지만 일본인의 시신은 중장비로 파묻어 버렸다.

유골 수습 봉사자 구시켄 다카마쓰 씨는 분한 듯이 말한다. "토지 조성 당시 유골 수습의 기회는 있었지만 개발 업자가 공사 지연을 염려하고, 국가나 오키나와현도 유골 수습이 끝난 것으로 간주하며 소극적인 자세를 보였다. 유골을 수습하여 분향한 뒤 가족 품으로 돌려보내고 싶었다."

각종 소문에 대해서는 구시켄 씨도 종종 접한다. "그들을 보더라도 꺼리거나 피하지 말아 달라. 당시의 젊은이라면 누구든 그렇게 되었을지도 모르는 일이니까."

전후 70년, 성급한 안보법제 정비보다 신도심의 땅에 잠든 전몰자들을 먼저 생각하는 일이 우선되어야 하지 않을까.[26]

세련된 신축 건물과 잘 정돈된 거리, 적절하게 배치된 가로수와 넓은 보도. 미관상으로 매우 훌륭한 나하 신도심은 그 외관과는 다르게 죽음, 망령, 유령, 망자와 같은 불안이 내재한 공간이기도 하다. 그리고 그들 망자에 대한 태도는 과거 미군들이 주택지를 개발할 당시와 크게 다르지 않다. 공기에 맞추어 사업을 완결 짓기 위해 망자의 흔적을 흙부대 자루에 쓸어 담거나 땅에 묻거나 하는 방식은 과거에 미군들이 자신들의 거처를 마련하기 위해 점령지를 불도저로 거침없이 밀고 다녔

---

26 『サンデー每日』, 2015.7.5.

도로를 사이에 두고 T갤러리아와 배수 시설이 마주 보고 있으며 배수 시설 뒤로는 신축 맨션이 서 있다.

던 것과 닮아있기 때문이다.

전쟁의 비극적인 경험은 시멘트와 콘크리트, 철근에 묻힌 듯이 보여도 여전히 망자의 혼은 나하 신도심을 배회하며 시민들과 만나고 있다. 그럼에도 나하 신도심은 일본의 다른 지역과는 달리 꾸준히 인구 비율이 증가하고 있으며 집값도 올라가고 있다.[27] 오키나와 전투의 경험과 죽음은 소문으로만 경험될 뿐 쾌적한 물리적 주거 조건과는 분절되어 있기 때문이다. 이처럼 새로운 라이프 스타일이 창조되는 공간으로서의 나하 신도심은 박제된 죽음(고분군)과 살아있는 유령 담론 공간으로서의 나하 신도심과 유리되어 있는 것처럼 보인다.[28]

아시아태평양 전쟁 중에 일본에서 유일하게 지상전地上戰을 경험한 오키나와는 전쟁 기억을 전승하고 분유하기 위한 장치들을 도처에 배치해

---

27 사업 개시 시점에 약 1,010명이었던 이 지구의 인구는 현재 약 21,000명으로 증가하였다. 이로 인해 고정자산세와 같은 세수도 더불어 증대되었다.

28 오키나와 연구자 모토하마 히데히코(本浜秀彦)는 나하 신도심의 공간 변화를 젠트리피케이션 현상의 하나로 보고 있다. 또한 고급 주택지와 각종 상업시설은 외관상으로 화려하게 보이지만 그 이면에는 전쟁과 관련한 유령 담론이나 신도심에서 발생하는 범죄에 관한 소문 등이 감추어져 있음도 지적한 바 있다(本浜秀彦, 「『沖繩』というポルノグラフィー」, 『すばる』 29(2), 2007, 199~201쪽).

배수 시설 주변 산책로에 슈거 로프 전투를 기억하는 안내판이 자리하고 있다.

왔다. 기념비나 기념관, 위령탑, 동상 등은 오키나와가 경험한 전쟁의 의미를 계승하며 공동체의 기억과 정서를 형성시키는 중요한 매개체가 되어 왔던 것이다. 나하 신도심의 경우에도 예외는 아니다. 나하시가 만든 배수 탱크 시설 주변에는 산책로와 전망대가 조성되어 있는데 그곳의 한쪽 편에는 슈거 로프 전투를 기록한 안내 표지가 조그맣게 자리 잡고 있다. 1993년 새로운 배수 시설을 만들 때 이 지역 출신의 예술가 구시겐 세이쵸グシケン・セイチョウ 씨가 슈거 로프 전투를 설명하는 비문과 평화를 염원하는 기념비를 만들자고 제안하여 이 안내 표지가 만들어졌다고 하지만[29] 실제로 이곳을 찾는 사람들은 거의 없는 것 같다. 그나마 설치된 안내 표지판도 눈에 잘 보이지 않는다. 슈거 로프 전투에 대한 기억이 풍화되고 위령해야 할 망자가 있다는 사실도 잊히는 가운데, 그 표지판만이 유일하게 과거를 기억하고 있는지도 모르는 것이다. 때문에 그것은 과거와 현재혹은 미래 사이에 어떠한 새로운 관계도 촉발시키지 못한다. 기억의 장소가 근본적으로 존재하는 이유는 그것이 시간을 멈추게 하고 망각을 차단

---

29 ジェームス・H・ハラス, 앞의 책, 338쪽.

시키며 사물의 상태를 고정시키고 죽은 것을 불멸의 것으로 만들며 비물질적인 것을 물질적인 것으로 만드는 것에 있다고 한 프랑스의 역사학자 피에르 노라의 지적을 염두에 둔다면,[30] 슈거 로프 전투가 있었던 장소 혹은 표지판은 거기에 고정된 채로 존재할 뿐 현재적으로 어떠한 기억의 작용도 못 일으키고 있다고 볼 수 있다. 그러한 의미에서 볼 때, 나하 신도심이 과거부터 경험해 온 삶과 죽음은 정신적, 경제적, 정치적, 사회적으로 제각기 다른 차원에서 존재하며 서로 다른 의미망을 형성하고 있는 듯이 보인다.

4. 또 하나의 '슈거 로프 전투'

도시공간의 개발과 함께 과거의 삶과 죽음이 서로 충돌, 침식하며 새로운 차원의 의미를 형성하고 있다는 것은 지역 구성원을 통해서도 추찰할 수 있는 바이다. 앞에서도 잠깐 언급했듯이 개발과 더불어 이 지역의 주민은 급속히 증가했는데, 예컨대 사업 개시 시점에 약 1,010명이었던 주민은 2015년에는 약 2만 1,000명으로 20배 가까이 늘어났다. 당연한 지적이지만 인구 증가는 고정자산세와 같은 세수도 더불어 증가하게 만든다. 증가한 주민 가운데에는 오키나와현 외부로부터 이주한 사람도 대거 포함되어 있다고 한다. 이와 같은 변화를 염두에 둘 때, 나하 신도심 변천 과정 관찰에서 주의해야 하는 것은 도시의 물리

---

30 피에르 노라, 김인중·유희수 외역, 『기억의 장소 ① 공화국』, 나남, 2010, 56~57쪽.

적 공간적 변화나 경제 효과뿐만 아니라 도시 구성원의 변화까지도 포괄해야 한다는 사실을 새삼 깨닫게 된다. 왜냐하면 정비된 도시 공간이나 새롭게 창출된 도시 공간을 소유하는 사람 역시 신도심을 구성하는 한 부분이며 이들로부터 신도심에 관한 담론은 발신되기 때문이다. 이러한 관점에서 볼 때, 나하 신도심의 '사람'에 대해 생각하게 만드는 다음의 글은 대단히 시사적이다.

오키나와 현립 박물관과 미술관을 개관하기 전, 미술관은 예비 사업으로 '오키나와 문화의 궤적'이라는 연속 강좌를 어느 쇼핑센터에서 열었다. 이 강좌는 이민을 주제로 한 것으로, 강의 후에는 질의응답 시간이 이어졌다. 참석자는 50명 정도 되었는데, 한 참석자가 강의 중에 다루어졌던 '세계 우치난츄 대회(世界のウチナーンチュ大会)'에 대해 이야기하기 시작했다. '왜 이런 일을 하는지 이유를 모르겠다. 세금 낭비다. 중지했으면 좋겠다.' 뜻밖의 반응이 돌아오자 강사는 '다른 분들은 어떻게 생각하시는지요? 같은 의견을 가진 분이 있나요?'라고 물었다. 둘러보니 거의 모든 참석자가 손을 들고 있었다.[31]

'세계 우치난츄 대회'는 세계 각지에 거주하고 있는 우치난츄, 즉 오키나와 사람들이 5년마다 한 번씩 오키나와로 모이는 행사다. 전쟁 전부터 많은 사람들을 전 세계로 이민 보냈던 오키나와는 이민자 혹은 그들의 후손을 초대하여 오키나와에 사는 사람들과 서로 교류하는 행사

---

31 後田多敦, 「沖縄からの報告(3)いまも続く「シュガーローフの闘い」」, 『未来』524, 2010, 27~29쪽.

를 1990년부터 개최해 오고 있다. 어떤 이는 오키나와를 떠나고 또 어떤 이는 오키나와에 남으면서 각각의 몸은 서로 다른 환경과 공간에 놓이게 되었지만 이들은 모두 '우치난츄'로서의 동일성을 오랫동안 서로 상상하며 삶을 영위해 왔다. 때문에 5년마다 한 번씩 열리는 이 행사는 오키나와 전역을 떠들썩하게 만들 정도로 성대하게 이루어진다.

'세계 우치난츄 대회'를 다룬 강좌에서 참석자들이 '세금 낭비'라고 지적한 것은 그들이 '세계 우치난츄 대회'가 만들어진 역사적 의미와 맥락을 잘 이해하지 못하고 있음을 단적으로 보여주는 예이며, 나아가 참석자 대부분이 오키나와현 밖에서 온 이주자임을 알 수 있게 한다. 이와 같은 에피소드는 도시의 경험과 기억이 인적 구성원과 유기적으로 결합되지 못하고 각각 분리 존재함을 반증하고 있다. 도시의 기억은 도시의 기억대로 풍화되고 있으며, 새로운 도시 공간을 향유하는 사람들은 그들 나름대로 그것을 물리적인 거주 조건으로 소화하고 있을 뿐인 것이다. '기라마 치-지'라는 이름보다 '슈거 로프'라는 이름이 더욱 친숙하고, 또 그곳을 개발하여 일상을 영위하고 있는 자는 과거에 이곳을 '스리바치 오카'라 불렀던 일본 본토 사람들이다. 나하 신도심의 이 같은 어지러운 현상을 두고 역사학자 시이타다 아쓰시後田多敦는 이곳에서 여전히 '슈거 로프의 전투'가 이어지고 있다고 보았다.[32]

사실 나하 신도심이 과거부터 겪어왔던 유리된 정체성과 기억의 분절, 거주의 분절은 이 공간을 지배하고 점유했던 타자가 만든 질서였고 또 자본의 권력이 재편시킨 결과라 볼 수 있다. 과거의 미군 주택지 펜

---

[32] 後田多敦, 앞의 글, 28쪽.

스가 그 공간 안으로 들어갈 수 있는 사람과 들어갈 수 없는 사람을 분명하게 구분 지어 보였듯이, 새로이 조성된 신도심은 자본과 권력으로 보이지 않는 빗장은 걸고 그 공간으로 들어갈 수 있는 사람과 없는 사람을 구분하며 다시 여러 층위의 분화를 시도하고 있다. '오모로'라는 류큐 정서가 나하 신도심의 외피를 둘러싸고 있지만, 그 내부에서는 어떠한 '류큐'도 '오키나와'도 찾아 볼 수 없으며, 만약 있다면 철저하게 상품적 가치로 환산된 '류큐'와 '오키나와'가 있을 뿐이다. 그리고 그것은 여전히 상품을 소유할 자격의 유무를 묻고 있다. 어쩌면 그 공간을 자유롭게 왕래할 수 있는 자란 이미 죽은 망령, 유령에 국한되는지도 모르며, 이들 망령만이 신도심 공간의 가치를 교란하고 위협할 수 있는지도 모른다.

기지 반환과 더불어 출연한 이 무기질적인 도시공간이야말로 글로벌리제이션의 최전선에 있는 공간이라 할 수 있다. '사자의 계곡'은 이미 말끔하게 정화되어 편리한 소비 공간으로 변모하였지만, 이 같은 새로운 공간新都心에 대한 숭배와 강박은 오히려 전쟁과 죽음, 그리고 망자에 대한 우려와 걱정을 역설적으로 표현하는 것이기도 하다. 이는 결국 과거의 죽음과 현재의 재생이란 단절되래야 될 수 없는 것임을, 또한 삶 속에 죽음이 지속적으로 틈입하고 있음을 반증한다.

참고문헌

에드워드 렐프, 김덕현・김현주・심승희 역, 『장소와 장소상실』, 논형, 2005.

피에르 노라, 김인중・유희수 외역, 『기억의 장소 ① 공화국』, 나남, 2010.

上地杏奈, 『軍用地返還跡地利用計画の変遷と合意形成過程からみる課題と特殊性−那覇新都心地区
土地区画整理事業を事例として』, 琉球大学大学院理工学研究科修士論文, 2015.

小野尋子・上地杏奈, 「既成市街地内の大規模基地返還跡地での土地区画整理事業における中心部
の土地評価による課題と影響−那覇新都心地区を事例として」, 『都市計画』日本建築学会
学術講演梗概集, 2014.

後田多敦, 「沖縄からの報告(3) いまも続く「シュガーローフの闘い」」, 『未来』524, 2010.

琉球新報社, 『ひずみの構造−基地と沖縄経済』, 琉球新報社, 2012.

ジェームス・H・ハラス, 『沖縄シュガーローフの戦い』, 光人社, 2007.

戦史分析班, 「米海兵隊の上陸戦史と水陸両用兵器(30) 戦争最大の攻防戦『嘉数＆シュガー・ロー
フ』」, 『軍事研究』38(3), 2003.

竹内康博, 「沖縄県における墓地の移転と補償−那覇新都心・浦添南第一区画整理事業を手がかり
として」, 『科学研究費補助金基盤研究(A) 2001年度−2004年度』, 2004.

問山榮惠, 「跡地開発で経済発展した那覇新都心ほか 基地存続で年5000億円の逸失利益との試算
も」, 『週刊金曜日』第894号, 2012.

「那覇新都心物語」, 編集委員会, 『那覇新都心物語』那覇新都心地主協議会, 2007.

樋口隆晴, 「海兵が落ち込んだ首里西方の地獄 シュガーローフ・ヒルの戦い」, 『歴史群像』20(4),
2011.

本浜秀彦, 「「沖縄」というポルノグラフィー」, 『すばる』29(2), 2007.

『沖縄タイムス』, 1999.4.22, 1999.5.10.

『サンデー毎日』, 2015.7.5.

『琉球新報』, 1993.6.28, 1999.4.27, 2007.12.14.

琉球朝日放送報道制作部, 「特集 島は戦場だった 地獄の丘シュガーローフの戦い」,
http://www.qab.co.jp/news/2010051218069.html(2016.03.30)

도시 이야기꾼의 과제와 가능성

살아있는 옛날이야기의 부활을 위하여

다카시마 요코[高島葉子]

1. 옛날이야기와 도시 이야기

과거 일본에서는 촌락공동체와 가정 내에서 반복적으로 옛날이야기 昔話가 구전 전승되어 왔다. 그러나 지금은 그 전승의 장이 거의 소실되었다고 보아도 무방하다. 지역마다 차이가 있겠지만 1970년대 고도경제성장기를 거치면서 일본 전국의 옛날이야기는 급속도로 사라져 갔고, 동시에 '도시 이야기꾼' 또는 '현대 이야기꾼'이라 불리는 새로운 이야기꾼들이 증가하게 되었다. 옛날이야기를 듣고 자란 세대가 아닌 이들은 책으로 학습한 옛날이야기를 들려주는 방식으로 이야기를 전하고 있다. 소위 '도시 이야기꾼'이라 불리는 이들은 공공도서관이나 아동시설에서 어린이들에게 옛날이야기를 들려주거나 공민관, 복지시설 등에서 어른들을 대상으로 옛날이야기를 들려주고 있다.

　물론 소수이기는 하나 지방에는 조부모로부터 익힌 방언으로 이야기를 전승하는 이야기꾼도 존재한다. 말하자면 현대 일본에는 소수의 '전승 이야기꾼'과 다수의 '도시 이야기꾼'이 병존하고 있는 셈인 것이다. 그러나 어린이들에게 들려주는 옛날이야기란 주로 도시 이야기꾼들에 의해 이루어지고 있는 것이 사실이다. 이렇게 이야기 전승의 형태가 변화된 배경에는 도시 이야기꾼의 증가뿐만 아니라 지방의 극심한 저출산 고령화로 인해 도시에 비해 압도적으로 어린이 수가 적기 때문일 것이다.

　이와 같은 흐름 속에서 현대 일본에서 '도시 이야기'는 옛날이야기를 계승하는 측면에서 그 중요성이 지속적으로 높아지고 있다. 그리고 계승의 열쇠가 되는 것이 바로 '재화再話 텍스트'이다. 좋은 재화란 옛날이야기 본연의 양식과 이야기 말투(문체)가 보존된 것이라고 여겨진다. 최근 이러한 조건에 부합하는 재화 작품이 늘어나고 있으며 이야기의 질도 향상되고 있다. 그러나 재화를 현대 도시 사회에 의미 있게 활용하기 위해서는 이러한 조건만으로는 충분치 않다. 양식, 이야기 말투뿐만 아니라 재화의 내용이나 주제에 대해서도 비판적으로 검토할 필요가 있는 것이다. 재화는 오늘날에도 통용되는 보편적인 지식이나 교훈을 전달하기도 하지만, 반대로 수용하기 어려운 가치관에 기초하는 것도 있다. 때문에 과거의 이데올로기에서 옛날이야기를 해방시켜 현대 사회에 부합하는 재화의 가능성을 고민할 필요가 있는 것이다. 이 글에서는 옛날이야기를 둘러싼 여러 이데올로기를 비판적으로 검토하고 그로부터 해방될 수 있는 방법은 무엇인지 제안하고자 한다. 일본의 '도시 이야기'를 다소 생소하게 여길 독자를 위해 먼저 '도시 이야기'의 역사에 대해 개괄하고, 다음으로 오늘날에 직면한 '도시 이야기'의 여러 문제점을 제시한 후, 마지막으로 '도시 이야기'가 갖는 가능성에 대해 서술하도록 하겠다.

2. '도시 이야기'의 배경과 발자취

'도시 이야기'가 싹 튼 것은 메이지 시대明治時代, 1868~1912로 이 시기에 먼저 '구연동화'라는 새로운 이야기 형식이 생겨났다. 이는 가정에서 다루어지던 옛날이야기와는 달리, 수 백 명의 독자를 대상으로 한 이야기 형식이다. 이와야 사자나미巖谷小波, 구루시마 다케히코久留島武彦, 기시베 후쿠오岸部福雄 등 아동문학자와 교육자들에 의해 아동문화 활동으로 확산되어 메이지 말기부터 다이쇼 시대大正時代, 1912~1926년에 걸쳐 크게 융성했다. 대도시에서 만들어진 '옛이야기 클럽お伽倶楽部'은 지역, 학교, 도서관 등을 매개로 하여 구연동화를 전국적으로 보급하는 데 이바지하였으나 그 기세는 전후에 사그라졌다.[1]

한편, 현재 도시 이야기를 다루고 있는 스토리텔링은 1900년 즈음 미국 공공도서관에서 아동의 도서 활동 일환으로 시작된 것이 메이지 시대 말기에 일본에 소개된 것으로, 이후 일본의 일부 도서관에서도 이를 실시하였다. 그러나 본격적으로 도입된 것은 제2차 세계대전 후인 1950년대부터이다. 어린이들의 독서력 향상을 위해 도서관에서는 스토리 아워story hour를 만들었고, 도서관원은 낭독이 아닌 암기한 동화를

---

1   冨田博之, 「日本のストーリーテリングとしての『口演童話』」, 野村純一・佐藤涼子・江森
     隆子編, 『ストーリーテリング』, 弘文堂, 1985 참조.

아이들에게 들려주기 시작했다. 이것이 스토리텔링의 초기 형태이다. 어린이가 책과 교감하도록 돕는 것이 목적이었으므로 창작 동화도 포함되었지만 옛날이야기가 더욱 장려되었다. 오늘날에도 옛날이야기는 스토리텔링에 가장 적합한 소재로 여겨지고 있다. 예를 들면 도쿄어린이도서관에서 발행하는 『이야기 목록お話リスト』(2014)에는 226편이 소개되어 있는데 그 중 204편이 옛날이야기이다. 이 목록은 일본 전국의 이야기꾼들의 경험을 토대로 어린이들이 좋아하는 이야기를 선별한 것인데, 이는 옛날이야기에 대한 어린이들의 선호 정도를 가늠할 수 있는 자료이기도 하다.

특히 와타나베 시게오渡辺茂男와 마사키 루리코間崎ルリ子, 마쓰오카 교코松岡享子 등은 게이오대학慶應大學 도서관학을 졸업한 이후 미국에서 도서관학을 수학해 스토리텔링의 이론과 실천 사례를 일본에 소개하였는데 이는 일본의 스토리텔링 보급에 크게 기여했다. 1974년 마쓰오카 교코는 4개의 가정문고를 모체로 하여 도쿄어린이도서관을 개설했고, 그 후 도쿄어린이도서관은 이야기꾼 양성을 위한 강습회, 기관지 발행 등의 활동을 이어가며 스토리텔링 보급에 지대하게 공헌했다.[2] 1977년에는 가정문고를 주최한 사쿠라이 미키櫻井美紀에 의해 '이야기꾼들의 모임語り手たちの会'이 발족되었고[3], 1980년대 이후부터는 전국 각지의 공공도서관에서

---

2 稲田浩二・稲田和子編, 『日本昔話ハンドブック』, 三省堂, 2001, 216쪽 참조.
3 이 조직은 2008년에 「NPO법인 이야기꾼들 모임(NPO法人語り手たちの会)」으로 바뀌었다. 옛날이야기 부류뿐만 아니라 자기생애사 등을 포괄하며 「육성 구술의 힘(肉声の語りの力)」과 인간의 연대를 목적으로 삼고 있다. 어른들을 위한 이야기 모임, 연구회, 강좌, 인쇄물 발행을 돕고 각 지역의 이야기 모임을 지원하고 있다. 1992년부터 전래 이야기와 새로운 이야기를 융합하여 격년으로 「전일본 이야기축제(全日本・語りの祭り)」를 기획하고 있다.

이야기꾼 양성 강좌가 열려 도서관원과 자원봉사자들이 아이들을 대상으로 한 '이야기 모임お話会'을 정기적으로 열게 되었다. 또 자주 단체들의 스터디 모임도 열려 많은 이야기꾼들이 양성되었으며, 전국 각지로 스토리텔링이 보급되었다.

1980~90년대에 들어서는 이야기 단체가 매년 지속적으로 증가해 2000년대에 이르러서는 각 행정단위 당 최저 1개의 동호회가 조직되었다. 대도시는 이보다 숫자가 더 많으며 도쿄에는 특히 더 많다.[4] 이러한 현상은 '도시 이야기'의 현재적 의미를 잘 대변하고 있다. 이야기가 이루어지는 장소도 처음에는 도서관이 중심이었지만 오늘날에는 유치원과 초, 중학교는 물론이고 고등학교, 병원, 노인 시설, 아파트 자치회실까지 실로 대양한 장소에서 실시되고 있다.

도시 이야기꾼의 증가와 이야기 장소의 확대에 따라 일본 각지에서 옛날이야기를 육성으로 들을 수 있는 기회는 분명히 늘어났다. 또한 80년대 이후 30년이 경과한 지금은 이야기 모임에서 옛날이야기를 접한 바 있는 어린이들이 어른으로 성장해 이야기 강좌를 수강한 뒤 스스로 이야기꾼이 된 사례도 있어 후속 세대로의 계승 가능성도 엿보인다.

3. 옛날이야기 계승에 공헌하는 '도시 이야기'

앞에서 서술한 대로 스토리텔링 소재로는 옛날이야기가 장려되었다.

---

4 杉浦邦子,「昔語りは家庭から」,『昔話－研究と資料』36, 2008, 45쪽.

일시	프로그램 제목
12/05	당근 무 우엉, 12 간지의 시작, 명랑한 재단사, **세 장의 부적**[三枚のお札]
12/12	*늑대와 일곱 마리의 아기염소*, 은화가 된 별, 일곱 마리 까마귀, 사자를 물리친 아기여우
12/19	*안 돼!라고 해도 움츠리지마*, **쥐의 스모**, 아난시와 오(五), 맛있는 죽
12/26	**원숭이 지장보살**, 빨간 두건, **가난 신과 복 신**, **삿갓 보살**[笠地蔵]
1/09	바바야가의 하얀 새, **새뱃돈의 시작**, 임금님 귀는 당나귀 귀, **분부쿠차가마**[文福茶釜]
1/16	*세계에서 가장 예쁜 목소리*, *에파민다스*, 바람 신과 아이, 신기한 북
1/23	내친김에 할짝, 마메코와 마귀, 배고픈 암탉, **고마노하카**[こまの墓]
1/30	*작은 수탉과 다이아몬드 단추*, **소치기와 산 속 마귀할멈**[牛方とやまんば], **귀자모신과 석류**[鬼子母神とザクロ], 까마귀와 가시

하지만 70년대 당초에는 일본의 옛날이야기보다 그림 동화나 유럽의 옛날이야기가 선호되었다. 이는 유럽의 옛날이야기가 이야기성이 더 풍부해 어린이들이 보다 선호했기 때문인데 이러한 경향은 지금도 여전하다.[5] 『이야기 목록』을 보더라도 옛날이야기 204편 중 일본의 옛날이야기는 43편에 불가하다. 주목하고 싶은 것은 최근 들어 일본의 옛날이야기를 적극적으로 구연하는 이야기꾼이 늘고 있다는 사실이다. 그 예로 필자가 거주하는 나라시奈良市의 경우를 보자. 아래는 공공도서관이 마련한 2015년 12월, 2016년 1월 이야기 모임 프로그램이다.

이텔릭체로 표기한 것은 창작동화이고 나머지는 모두 민화 또는 옛날이야기(그림 동화 포함)이다. 일본의 옛날이야기는 고딕체로 표시했다. 일본의 옛날이야기가 한 편도 포함되지 않은 날은 단 하루 뿐(12월 12일)이며 그 외에는 모두 포함되어 있다. 이 도서관의 이야기꾼에 따르면 일본 옛날이야기가 반 정도 포함되도록 프로그램을 구성하고 있다고 한다. 그 가운데 '세 장의 부적', '삿갓 보살', '분부쿠차가마' 등은 잘 알려진 옛날

---

5   위의 글, 44쪽.

이야기이지만 '귀자모신과 석류', '고마노하카'는 나라시의 전설을 다룬 것이다.[6]

나라시의 사례를 더 살펴보면, 2009년에 '나라 민화를 전승하는 모임奈良の民話を語りつぐ会'이라는 단체가 결성되었는데 이 단체는 공민관이나 도서관 등에서 나라현의 민화(옛날이야기, 전설)를 나라 방언으로 구연하는 활동을 펼치고 있다. 그 외에도 매년 8월에는 '나라 민화 축제奈良民話祭り'를 열어 관광객에게도 나라 민화를 들려주고 있다.

이처럼 일본 옛날이야기가 현장에서 많이 다루어지게 된 것은 무엇보다 재화의 질의 향상되었기 때문이다. 앞에서 어린이들이 일본 옛날이야기보다 그림 동화나 유럽 옛날이야기를 더 선호한다고 했는데, 이는 이야기꾼이 외국의 옛날이야기를 선호하는 경향과도 무관하지 않다. 후자의 경우, 이야기꾼 자신이 방언을 구사하지 못해 일본 옛날이야기를 말하는 데 자신이 없기 때문이기도 하지만, 이와 더불어 당시의 재화집 가운데는 옛날이야기의 양식이나 어법을 무시한 것이 많아 독서하기에는 적합해도 이야기하기에는 적합하지 않은 탓도 있다. 하지만 오자와 도시오小澤俊夫가 막스 류티Max Lüthi의 옛날이야기 양식이론을 도입하고 연구자들이 전승 이야기 말투에 대해 연구 성과를 내기 시작하면서 옛날이야기의 양식과 어법을 준수한 재화가 다시 다루어지기 시작했다. 방언으로 된 원화原話를 그대로 사용하면 도시에서 자란 사람들은 이해할 수 없으므로 알기 쉬운 일상어, 공통어로 변용시킨 재화집이나 이해 가능한 정도의 방언을 남기고 재구성한 재화집이 늘어, 방

---

6   전자는 나라시 도다이지 니가쓰도[東大寺二月堂] 아래에 있는 귀자모신 사당에 얽힌 전설이며, 후자는 나라현 야마토코리야마시[大和郡山市]에 전해지는 이무기 퇴치 전설이다.

언을 어려워하는 이야기꾼도 일본 옛날이야기를 레퍼토리에 넣게 되었다. 또 시민강좌 등을 통해 옛날이야기 양식이론을 학습한 이야기꾼들이 적절한 재화집을 선택 가능하게 된 것도 옛날이야기 부활에 큰 보탬이 되었다. 앞에서 서술한 나라시의 활동은 일본 각지의 도시 이야기꾼들 사이에서도 볼 수 있는 현상으로, 일본의 옛날이야기나 각 지방에 전해지는 민화를 어린이들에게 전하려는 의식은 점차 강해지고 있다.

도서관에서 시작된 스토리텔링은 원래 어린이들의 독서력 제고를 위해 기획된 것이었다. 그러나 당초에는 수단으로 옛날이야기를 다루었던 이야기꾼들의 의식은 점차 변화해 나갔다. 예컨대 『앞으로 옛날이야기를 하는 사람들에게これから昔話を語る人へ』(2012)의 저자이자 전직 도서관원인 마쓰모토 나오코松本なお子는 "나는 원래 어린이들과 독서를 연결하는 가교적 입장에서 이야기를 해 왔습니다만 최근 몇 년 동안에는 이야기가 단지 독서 유도의 수단에 그치지 않는다고 생각하게 되었습니다. 이야기꾼과 듣는 이가 함께 즐기는, 그런 이야기 시간은 어린이나 어른 모두에게 매우 중요합니다"[7]고 말한다. 즉, 옛날이야기를 육성으로 어린이들에게 들려주는 행위 자체에 의미를 부여하게 된 것이다.

또 필자가 인터뷰한 이야기꾼들 가운데는 도시화 된 환경 속에서도 예로부터 전승되어 온 이야기를 어린이들에게 구전하고 싶다는 사람들이 적지 않다. 도시의 이야기꾼 단체들이 자율 스터디 모임에서 전승 이야기꾼을 초청해 구연을 듣거나, 옛날이야기 전승 지역에 직접 가서 이야기를 듣는 활동도 이루어지고 있다. 현지의 옛날이야기나 전설을

---

7   松本なお子, 『これから昔話を語る人へ』, 小澤昔ばなし研究所, 2012, 14쪽.

민화집으로 모아 그것을 구연하는 활동도 확인되고 있다.[8] 이와 같이 전승 이야기를 배우고 계승하려는 움직임은 현저해지고 있는 것이다.

이야기 방식에도 변화가 나타났다. 스토리텔링은 책 속의 이야기를 글자 그대로 외워 들려주는 것이기에, 예전에는 토씨 하나 다르지 않도록 암기하는 것이 주된 방식이었다. 그러나 요즘에는 전승 이야기꾼의 구연을 보기로 삼아 기억에 의지하지 않고 자기만의 언어로 이야기하는 사람도 늘고 있다. 일본에서는 1992년부터 격년으로 전국 이야기꾼들이 모이는 '전국 이야기 축제'가 개최되고 있다. 여기에는 전통적인 의미의 이야기꾼뿐만 아니라 도시 이야기꾼인 스토리텔러도 다수 참가하는데, 2000년대 후반에는 암기형 이야기 구연이 격감했다.[9]

전승 이야기꾼들로부터의 지원도 있다. 예를 들면 오카야마현岡山県에 사는 다테이시 노리토시立石憲利 씨는 부모로부터 옛날이야기를 듣고 자란 이야기꾼인데, 현대 어린이들이 아기 쉽도록 본인의 일상어로 이야기하는 '전승식 이야기伝承風語り'를 시작했다. 또한 강좌를 개설해 이야기꾼을 양성하고 민화 자료를 스스로 재구성하여 재화집을 발간하고 있다.

전승 이야기꾼과 연구자들의 지원에 힘입은 도시 이야기꾼 가운데는 원화를 바탕으로 재구성한 재화를 '자기 말'와 '현지 말'로 이야기하는 경우도 있다. 스스로 채집, 재화하여 현지 어린이들에게 이야기하거나, 나아가서 오카야마현岡山県 나기초奈義町의 경우처럼 지자체와 연계

---

8 예를 들면 앞서 소개한 「나라 민화를 전승하는 모임」에서는 『어린이와 가정을 위한 나라 민화(子どもと家庭のための奈良の民話)』전 3권을 간행했다.

9 末吉正子, 「『語りの祭り』から見た現代日本の語り手たち，そして次世代への継承を考える」, 『昔話－研究と資料』36, 2008, 59쪽.

해 마을 살리기 운동으로 확대된 사례도 나오고 있다.[10] 이처럼 도시 이야기에서의 일본 옛날이야기, 특히 그 지역의 옛날이야기를 들려주는 것은 지역 고유의 이야기를 발굴하고 계승한다는 점에서 매우 유의미하다. 스토리텔링에서 시작된 도시 이야기는 지역의 옛날이야기를 어린이들에게 구전하는 수단이 되어 오늘날 그 중요성이 더욱 강조되고 있다. 그러나 일본의 옛날이야기를 계승할 때 무비판적으로 전면 긍정하고 수용하는 것은 곤란하다. 옛날이야기는 귀중한 문화유산이며 다음 세대로 계승할 의의가 있음은 부정할 수 없지만, 옛날이야기에 내포된 이데올로기를 충분히 검증하지 않고 다음 세대에게 전하는 것은 위험하다.

오늘날 전승 이야기 방식을 본보기로 삼아야 한다는 주장과 함께 옛날이야기 양식이나 어법, 이야기 말투에 대한 연구 성과가 도시 이야기 현장에서 활용되고 있다는 것에 대해서는 이미 서술하였다. 이러한 경향 속에서 필자가 지적하고 싶은 것은 원화 자체에 대한 존중이 재화의 선택이나 제작에 지대한 영향을 미치고 있다는 점이다. 재화 지도와 더불어 실제로 작업에 참여하고 있는 연구자로는 앞에 소개한 오자와 도시오 외에도 이나다 가즈코稲田和子를 들 수 있다. 두 사람은 재화할 때 유의할 점을 다음과 같이 짚고 있는데, 먼저 오자와의 말을 들어보자.

재화는 "일본 전국의 할아버지 할머니들께서 **이야기해 준 것을 그대로 기록한 자료**"를, "옛날이야기 말투를 숙지한 상태에서 여러 사람이 모여 몇 번

---

10 立石憲利, 「伝承の語りと新しい語り」, 『昔話－研究と資料』 44, 2016, 66쪽.

이고 검토를 거듭"한 뒤, "요즘 어린이들이 이해할 수 있도록 **원형을 훼손하지 않고 다시 만드는**"작업이다.[11] (강조는 인용자, 이하 동일)

여기서는 원화라는 말이 사용되고 있는데, 오자와는 바탕 자료인 원화의 본래 양식을 존중해야 한다는 말하고 있다. 다음으로 살펴 볼 이나다의 제언에는 원화에 대한 존중이 더욱 분명하게 언급되어 있다.

재화자는 방언에 정통하여 그것을 다시 풀어서 이야기해야 한다. 풀어서 말할 때는 표준어로 해야 하는데 의미가 통하는 것만으로는 충분치 않으며, 말의 맛이나 호흡을 잘 전달해야 하고, 문장이 너무 길거나 너무 짧아도 좋지 않다. **나의 재화 방침은 원화를 존중하는 것이다.**[12]

원화를 존중하는 이러한 자세는 재화를 시도하는 이야기꾼들에게 널리 공유되어 있는 것으로 한 이야기꾼 단체가 만든 재화집 서문에서는 다음과 같이 재화 원칙에 대해 말하고 있다.

• 수록된 이야기는 전국 각지에서 출판되고 있는 자료집 가운데 각 이야기꾼이 고른 원화를 기초로 한 것입니다.
• 각자 평소에 사용하는 말로 재구성했습니다.
• **원화를 존중하고**, 이야기꾼에 의한 계승을 고려하면서 이야기의 기초

---

11 小澤俊夫, 『こんにちは, 昔話です』, 小澤昔ばなし研究所, 2009, 173~174쪽.
12 稲田和子, 「昔話を方言で書くこと」, 『mybみやびブックレット』41, みやび出版, 2012, 41쪽.

구조는 훼손시키지 않았습니다. 또한 **임의적인 각색도 자제했습니다.**[13]

    좋은 재화란 옛날이야기 본연의 이야기 어법을 갖추고 원화의 문체와 표현을 훼손하지 않은 것이다. 이 점은 '이야기'의 계승이라는 점에서 매우 중요하다. 그러나 양식의 중요성은 강조되면서도 내용과 주제에 대한 숙고는 충분히 이루어지고 있지 않다. 원화에 대한 존중은 내용에 대한 비판을 사전에 가로막는 일로 이어질 수 있다.

    이러한 문제를 염두에 두고 이 글에서는 일본 전역에 분포하는 대표적인 옛날이야기 가운데 하나인 '꽃을 피우는 영감花咲か爺'을 예로 들어 지금까지 주목되지 못했던 옛날이야기의 내용과 주제의 이데올로기에 대해 검토해 보고자 한다. 이 이야기는 앞서 언급한 오자와 도시오와 이나다 가즈코가 재구성하여 스토리텔링에 적합하도록 만든 재화집에 수록되어 있다. 대표적인 일본의 옛날이야기이지만 원화 존중에 방점을 두는 것이 과연 바람직한가라는 입장에서 다시 검토해 보고자 한다.

4. '꽃을 피우는 영감'의 문제점

    이야기에 내장된 이데올로기를 본격적으로 검증하기 이전에 먼저 줄거리부터 소개하고자 한다. 『일본 옛날이야기 통관 28日本昔話通観 28』의 '옛날이야기 타입·인덱스'를 보면, '개 / 옛날犬むかし' 계열에 두 갈래

---

13 山本俱子・足利の語りの会「おはなしコロリン」編, 『民話の世界へ–語り手による語り手のための再話集』, 随想社, 2013, 9쪽.

가 있는 것을 알 수 있다. 하나는 '꽃을 피우는 영감'이고 다른 하나는 '기러기 잡는 영감雁取り爺'이다. 전자는 일본 본토에 널리 알려져 있고 후자는 도호쿠東北 지방을 중심으로 분포되어 있다. 두 이야기의 모티프 구성은 다음과 같다.

'꽃을 피우는 영감' 갈래

① 할멈이 강에서 빨래를 하고 있는데 흰 색과 붉은 색의 향 상자 두 개가 떠내려 왔다. 할멈이 흰 상자를 가까이 가져오자 안에서 강아지가 나왔다.

② 영감과 할멈이 강아지를 자식처럼 돌보자 무럭무럭 자란 개는 영감을 산으로 안내하며 보물이 있는 곳을 알려주고 파내게 한다.

③ 옆집 영감이 개를 빌려 억지로 끌고 다니며 안내하게 만들지만 더러운 것만 나왔다. 옆집 영감은 결국 개를 죽이고 만다.

④ 영감은 개 무덤에 나무를 심었다. 이윽고 나무가 한창 자라 나무로 절구를 만들어 떡을 찧으니 돈이 나온다.

⑤ 옆집 영감이 그 절구를 빌려 떡을 찧지만 더러운 것만 나와 절구를 불태운다.

⑥ 영감이 그 재를 뿌리자 마른 나무에 꽃이 피어 주군에게 상을 받는다.

⑦ 옆집 영감이 재를 받아 뿌리자 그것이 주군의 눈과 코에 들어가 칼에 맞고 죽는다.[14]

---

14 稲田浩二, 「昔話タイプ・インデックス」, 『日本昔話通観』 28, 同朋舎, 1988, 402~403쪽.

'기러기 잡는 영감' 갈래

① 윗동네 영감이 어량(魚梁)에 떨어진 강아지를 흘려보내자 아랫동네 영감 어량으로 떨어진다.

② 아랫동네 영감이 개를 자식처럼 돌보자 무럭무럭 자란 개는 영감을 태우고 산으로 간다.

③ 영감은 개가 일러준 대로 '사슴아 오라' 하자 수많은 사슴들이 나타난다. 영감은 사슴을 잡는다.

④ 윗동네 영감이 개를 빌려 '벌아 날아오라' 하자 수많은 벌들이 날아와 영감을 쏜다.

⑤ 윗동네 영감에게 죽임을 당한 개의 무덤에 아랫동네 영감이 나무를 심자 울창해진 나무에는 돈이 열린다.

⑥ 윗동네 영감이 나무를 빌리자 더러운 것들만 가득 떨어졌다. 영감은 나무를 불태운다.

⑦ 아랫동네 영감이 지붕 위에서 '기러기 눈에 들어가라' 하면서 나무 재를 뿌리자 많은 기러기들의 눈에 재가 들어가 기러기가 떨어진다.

⑧ 윗동네 영감이 지붕 위에서 '영감 눈에 들어가라' 하면서 재를 뿌리자 영감 눈에 들어가 지붕에서 떨어진다.

⑨ 할멈이 윗동네 영감을 기러기로 착각해서 쳐 죽인다.[15]

'기러기 잡는 영감' 갈래에는 재를 뿌리는 모티프가 있지만 꽃이 피는 모티프는 없다. 『일본 옛날이야기 집대성 4日本昔話大成 4』의 '꽃을 피우는

---

15 위의 책, 403~404쪽.

영감' 갈래에 붙은 주석에는[16] 이 옛날이야기에는 재를 뿌려 꽃을 피우는 모티프가 특히 강조되었으며 "기러기 잡는 영감에서 분리되어 독립된 이야기를 구성하게 된 듯 하다"[17]고 쓰여 있다. 즉 '꽃을 피우는 영감'은 원래 '기러기 잡는 영감'과 유사하게 "신비한 개를 소중히 여긴 자가 부를 얻고, 멸시한 자는 얻지 못하는 이야기"였으나 ⑥의 재를 뿌려 마른 나무에 꽃을 피우는 모티프와 주군에게 상을 받는 모티프는 첨가되었다고 추론할 수 있다.

이나다 고지稲田浩二는 「죽임당한 개의 궤적殺された犬の軌跡」(2001)이란 글에서 '개 / 옛날' 계열 이야기를 동아시아에 분포된 같은 계열의 옛날이야기와 비교하며 이 계열은 동북아시아 및 동남아시아 일부에도 널리 퍼져 있음을 지적한 바 있다. 이나다는 비교 검토 결과를 아래와 같이 제시하고 있다.

'개 / 옛날' 계열은 동아시아 전승 권역의 일부로 성장한 일본 열도가 긴 세월을 거치면서 일본 민족 고유의 형식으로 만든 것이라 볼 수 있다. 구체적으로는 ① 형제 갈등 형에서 옆집 영감 형으로 변화된 것, ② 형제의 유산 배분으로 얻은 개에서 강에 표류한 개의 등장으로 변화한 것, ③ 나무에서 절구로, 절구에서 재로 환생을 거듭하는 것, ④ '마른 나무에 꽃', '기러기 눈에 재'와 같이 재에 대한 주술적 모티프 첨가된 것, 등이 주된 특징이다.[18]

---

16 関敬吾, 『日本昔話大成』 4, 角川書店, 1978. 이 책에는 '花咲爺'라고 표기되어 있다.

17 위의 책, 228쪽.

18 稲田浩二, 「殺された犬の軌跡―『花咲か爺』の国際的比較より」, 『梅花児童文学』 9, 2001, 16~17쪽.

이나다는 일본 민족이 고유한 형식으로 낳은 모티프 가운데 '주군의 상'에 대해서는 언급하지 않았다. 그러나 '죽임당한 개의 궤적'에 제시되는 대륙 전승의 유사 이야기를 보면 '마른 나무에 꽃' 모티프뿐만 아니라 '주군의 상' 역시 나타나지 않기에 '주군의 상' 역시 홋카이도, 오키나와를 제외한 일본 본토 고유의 모티프라고 볼 수 있다. 이를 비교 증명하기 위한 예로서 한족漢族과 조선족朝鮮族의 유사 이야기를 살펴보자.

조선족 : '형제와 개'

① 어머니의 무덤에 간 동생은 무덤 옆에 있던 개를 데리고 돌아온다.

② 개가 밭을 갈아준다.

③ 동생은 개가 밭을 가는지 갈지 않는지 상인과 내기를 하고 이에 이겨 부자가 된다.

④ 동생의 개를 빌려 내기를 한 형은 재산을 잃자 화가 나서 개를 죽인다.

⑤ 동생이 개의 장사를 지내자 거기서 대나무가 높이 자라 하늘의 보물 창고를 뚫어 보물이 쏟아진다.

⑥ 형이 개를 이장하자 높이 자란 대나무가 하늘에 닿아 온갖 흙모래가 떨어져 집이 무너져버린다.[19]

한족 : '개가 밭을 갈다'

① 두 형제가 재산 분배를 하는 가운데 형은 소머리를, 동생은 소꼬리를 서로 당긴다. 그 끝에 형은 소를 동생은 이를 가진다.

---

19 稲田浩二, 앞의 책, 6~7쪽; 崔仁鶴, 「韓国昔話のタイプ・インデックス」, 『韓国昔話の研究 ―その理論とタイプ・インデックス』, 弘文堂, 1976, 328~329쪽.

② 동생의 이가 닭에게 먹히자 그는 닭을 얻고, 닭이 개에게 먹히자 개를 얻는다. 그는 소 대신 개로 밭을 간다.

③ 개가 밭을 가는 것이 사실이라면 배에 실린 짐을 주겠다며 뱃사람이 말한다. 개가 밭을 갈자 뱃사람이 동생에게 뱃짐을 가득 주었다.

④ 형이 개를 빌려 흉내를 내지만 개는 움직이지 않는다. 결국 형은 개를 죽여 묻어버린다. 그곳에서 대나무가 난다.

⑤ 동생이 대나무로 바구니를 짜자 물고기가 많이 잡힌다. 형이 그것을 빌리자 뱀이 나온다. 형은 동생을 여러 번 흉내 내지만 연거푸 실패하고 만다.[20]

양쪽 모두 개가 죽고 난 뒤에 자란 대나무로 동생은 부를 얻고, 그것을 흉내 낸 형은 실패하면서 끝이 난다. 이를 참고할 때 나무를 태운 재로 마른 나무에 꽃을 피워 상을 받는 것은 일본 고유의 줄거리임을 알 수 있다.

그렇다면 이러한 일본 고유의 모티프는 언제 확립된 것일까. '마른 나무에 꽃' 모티프에 관해서는 이미 사타케 아키히로佐竹昭広가 '기러기 잡는 영감'으로부터 꽃을 피우는 방향으로 서서히 수정이 진행된 결과 '꽃을 피우는 영감'이 성립하였으며, 그 변화는 무로마치室町 말기 이후일 것이라고 추론한 바 있다.[21] 한편, 주군에게 상을 받는 모티프에 관해서는 특별히 주목되지 않았다. 사타케 역시 이 모티프에 대해서는 고찰하지 않았다. 이 글에서 ⑥의 모티프 중에서 특히 '주군의 상' 모티프

---

20 稲田浩二, 앞의 책, 8쪽. 伊藤清司編訳, 『中国の民話』 アジアの民話 9, 大日本絵画, 1981, 54쪽.
21 佐竹昭広, 『民話の思想』, 中央公論社, 1990(平凡社, 1973, 31쪽).

에 주목하겠다.

'꽃을 피우는 영감' 갈래에서 가장 오래된 문헌인 1792년의『간도키지含錫紀事』에는 '마른 나무에 꽃' 모티프는 있지만 '주군의 상' 모티프는 없다.[22] 결말부에서 영감은 마른 나무에 꽃을 피우지만 이는 주군 앞이 아니라 부자 앞에서 이루어진 일이다. 부자는 영감에게 크고 작은 두 상자 중 하나를 선택하게 하는데, 영감이 작은 쪽을 고르자 안에는 재물이 들어있었다. 이를 따라한 옆집 영감은 꽃을 피우지는 못했지만 마찬가지로 상자를 고르는데 거기에 독벌레가 들어 있어 물려 죽고 만다.[23] 이는 '주군의 상' 모티프가 18세기 말기 이후에 일반화 된 것을 말한다. 에도 중기 이후의 어린이용 이야기책인『마른 나무에 꽃을 피우는 영감枯れ木花咲かせ親仁』이 현재 일반적으로 통용되고 있는 '꽃을 피우는 영감'과 거의 흡사하기에[24] 에도 중기 이후에 이 모티프가 첨가되었을 가능성이 높다.

그렇다면 '주군의 상'에서는 어떤 의미를 읽어낼 수 있을까. 주군殿様이란 에도 시대(1603~1868년)의 다이묘大名에 대한 존칭이었다. 즉 주군은 에도 시대 막부幕府 체제의 번주藩主이자 번 내의 농민을 지배하는 영주이다. 이 영주가 영감에게 상을 내린 것은 영감이 재로 벚꽃을 피워 그를 기쁘게 만들었기 때문이다. 앞에서 소개한 조선족과 한족의 유사 이야기에서 주인공은 상인과 뱃사람으로부터 부를 축적하지만, 이는 상이 아니라 그들과의 내기에서 승리한 결과이다. 또 상인과 뱃사람

모두 농민인 주인공을 지배하는 입장은 아니다. '기러기 잡는 영감'에
도 나무 재 모티프는 있지만, 영감은 재의 주술력으로 지배자를 기쁘게
하여 상을 받는 것이 아니라, 재 자체가 기러기를 획득하게 만들었다.
'꽃을 피우는 영감'의 영감만 지배자 영주에게 상을 받은 셈인데 이는
특이한 사항으로 주목할 만한 대목이다.

　마른 나무에 꽃을 피우는 신비한 재가 있다고 할 때, 영감은 이것을
주군 이외의 다른 인물에게 보여 주어 금전을 얻을 수도 있었다. 앞에
서 이나다가 제시한 것 중 규슈九州에 전승되는 '말하는 거북もの言う亀'
은 한 영감이 사람 말을 하는 거북이에게 재주를 부리게 해 큰돈을 버
는 이야기이다.25 조선족에게 전승되는 '흉내 내는 돌거북真似する石亀'26
도 이와 유사하다. '꽃을 피우는 영감'에서도 비슷한 전개가 가능하다.
욕심쟁이 영감과의 대비를 강조한다면, 마른 나무에 꽃이 피었다는 소
문이 주군의 귀에 들어가 성에 초대되었다고 해도 상을 거절할 수 있었
을 것이다. 한족 전승의 '개가 밭을 갈다'에는 정직한 동생이 상을 거절
하는 부분도 있다.27 앞에서 예로 든 조선족의 '형제와 개'와 한족의
'개가 밭을 갈다'에서도 정직한 동생은 개가 죽은 뒤에 대나무로 보화
와 풍어를 얻으며 그의 행운은 끝이 난다. 그러나 '꽃을 피우는 영감'의
⑥에서는 주군의 행렬이 가까운 곳을 지난다는 것을 알고 영감이 자발
적으로 꽃을 피워 상을 받는 식으로 전개된다. 이를테면 오자와, 이나
다의 재화집에서는 이 이야기가 다음과 같이 수록되어 있다.

25　稲田浩二, 「昔話タイプ・インデックス」, 앞의 책, 414쪽.
26　稲田浩二, 「殺された犬の軌跡」, 앞의 책, 7쪽 및 崔仁鶴, 「韓国昔話のタイプ・インデック
　　ス」, 앞의 책, 329쪽 참조.
27　鵜野祐介, 앞의 책, 223～227쪽 참조.

꽃을 피우는 영감[花咲かじい]

영감은,

"그럼, 다음에 주군이 지나가실 때 저 제방 위에서 마른 나무에 꽃을 피워 볼까. 그러면 다들 신기해서 좋아할 테니까"라고 말했습니다.

그렇게 생각하며 기다리고 있자 주군 행렬이

"아래로, 아래로" 다가왔습니다. 그래서 영감은 서둘러서 제방 위로 올라가 "에, 치친포이파이, 고가네 사라사라"라고 말하며 재를 뿌렸습니다. 그러자 금세 마른 나무에 예쁜 꽃이 피었습니다. (…중략…) 영감은,

"마른 나무에 꽃을 피우는 영감입니다"라고 대답했습니다. 주군이

"그렇다면, 한 번 더 꽃을 피워 보게"라고 하자, 영감은 다시 (…중략…) 재를 뿌렸습니다. 그러자 예쁜 꽃이 다시 피어났습니다. 주군은 매우 기뻐하며 영감에게 많은 상을 내렸습니다.[28]

꽃을 피우는 영감[花咲かじい]

"별 희한한 재가 다 있네. 이것도 개 덕분이구만"하고 말하며 재를 조심조심 챙겼는데 그 마을에 주군이 계시다는 애기가 들은기라. 하모 주군한테 꽃이 피는 걸 보여줘야 안하겠나 해서 주군이 계시는 길에 재를 가지고 나무에 올라가서 기다린기라. (…중략…)

"여봐라, 거기 있는 놈은 뭐 하는 놈이고."

"꽃 뿌리는 영감이라 하옵니다."

"뭐라하노, 꽃 뿌리는 영감이 뭐하는 사람이고."

---

28 小澤俊夫監修・小澤昔ばなし大学再話研究会, 『語りつぎたい日本の昔話 1 花咲かじい』, 小峰書店, 2011, 17쪽.

"여기다 재를 뿌리면 꽃이 핍니다요." (…중략…)

"네, 진짜로 핍니다."

라고 주군에게 말씀을 올리자

"희한하구만. 꽃 한 번 피워 보게. 재를 한 번 뿌려 보게나"하시는기라.

영감이 재를 쥐고 허공에 뿌리자 한 쪽에 꽃이 피니 주군은 이걸 보고 진짜 좋아가

"희한한 영감이 다 있구만. 내려 와 보시오. 상을 줄테니"하고 등에 다 지지도 못할 정도로 상을 주셨다 아인가배.[29]

두 이야기 모두 영감이 자발적으로 주군을 기쁘게 하려고 '꽃을 피우는 영감'을 자칭한 뒤, 마른 나무에 꽃을 피우고 상을 받았다. 그러니까 영감은 확연한 의지를 가지고 주군의 마음에 들기 위해 행동했으며 이는 지배자에 대한 아첨하는 태도라 볼 수 있다. 욕심 없는 인물이어야 할 영감이 주군의 환심을 사려고 하는 것은 부자연스럽다. 이야기꾼은 왜 영감으로 하여금 이 같은 행동을 하게 만들었을까.

여기서 생각할 수 있는 것은 '꽃을 피우는 영감'의 '주군의 상' 모티프가 지배자에게 아첨하는 태도를 긍정하기 위해 작위적으로 첨가된 것이라는 가설이다. 이미 서술한 것처럼 에도 시대의 아동용 책『마른 나무에 꽃을 피우는 영감』은 '꽃을 피우는 영감' 갈래와 거의 일치한다. 이후의 옛날이야기 그림책에서도 이와 유사한 모티프는 반복된다.[30]

---

29 稲田浩二・稲田和子,『日本昔話百選(改定新版)』, 三省堂, 2003, 192~193쪽. 이 이야기는 방언으로 되어 있어 역자가 임의로 경상남도 방언으로 번역했다.

30 内ケ崎有里子,『江戸期昔話絵本の研究と資料』, 三弥井書店, 1999, 127~129쪽 참조.

따라서 이 모티프가 전국적으로 퍼진 것은 아동용 책 및 그림책의 보급 때문이라고 생각할 수 있다. 옛날이야기 그림책의 저자가 고전 문헌 『간도키지』에 수록된 유사 이야기에서는 볼 수 없는 '주군의 상'을 일부러 첨가한 것은 무슨 이유에서일까.

'주군'의 등장은 에도 시대의 막번幕藩체제를 배경으로 한다. 막번 체제란 막부幕府를 정점으로 다이묘들이 막부 통제 하에서 영지藩와 농민을 통치하는 중앙집권적인 지배 체제이다. 이러한 체제 하에서 연공 부담자인 농민의 통제는 중요했음에 틀림없다. 에도 막부는 거의 300년 동안 지속되었다. 이처럼 안정된 지배 체제를 유지하기 위해서는 피지배층의 복종이 전제가 되어야 한다. 반체제적 언동, 사상을 통제하고, 농민을 포함한 민중의 복종을 철저하게 관리할 필요가 있었을 것이다. '주군의 상' 모티프 첨가에는 이를 의식한 이야기꾼 또는 글쓴이가 있었음을 상정할 수 있다. 아동용 책을 통한 '꽃을 피우는 영감'의 보급은 순종적인 민중상이 침투하는 데에 일정한 역할을 했거나 이용되었을 가능성이 있다.

게다가 이 모티프는 옛날이야기 그림책뿐만 아니라 민중이 자발적으로 구전해 온 다른 민화에도 자주 등장한다. 이는 민중들이 얼마나 자발적으로 지배자에게 복종하려했는지를 알 수 있게 한다. 지배자의 기분을 상하게 한 자는 벌을 받고, 기쁘게 만든 자는 상을 받을 수 있다. 하지만 상이 신분 상승이나 출세를 보장하지는 않는다. 그것은 민중이 바라는 바가 아니다. '주군의 상'모티프에서 읽을 수 있는 것은 바로 이러한 에도 시대의 상황이다.

이는 유럽 옛날이야기와 비교하면 더욱 명확하다. 유럽의 경우, 가난

한 젊은이라도 지혜(또는 꾀)와 용기로 부를 얻고 나아가 신분이 상승되거나 왕족과 결혼하기도 한다.[31] 그러나 일본의 정직한 영감은 농민으로 남는다. 동물의 도움으로 성공하는 이야기인 '장화 신은 고양이長靴を履いた猫'와 비교하면 그 차이를 잘 알 수 있다. 페로의 '장화 신은 고양이長靴をはいた猫'를 보면 방앗간집의 막내아들은 유일한 유산인 고양이의 도움으로 식인귀의 성과 재산, 영지를 손에 넣고 왕의 호의를 얻는 데에 성공해 왕녀와 결혼한다.[32] 이 이야기와 같은 계열인 '고양이 성猫の城'에서는 가난한 소녀가 유일한 유산인 고양이(개)의 도움으로 트롤(거인, 여자 거인)을 속여 죽이고 그 성을 손에 넣어 왕과 결혼한다.[33] '완두콩 왕エンドウ豆の王'도 마찬가지다. 한 가난한 소년은 완두콩 한 알로 왕녀와 결혼하는 것은 물론이고 한 노인의 도움으로 귀신의 수수께끼를 풀고 성과 영지를 차지한다.[34]

이와 같이 유럽의 옛날이야기에 등장하는 민중은 왕녀 또는 왕과 결혼하며 행복과 부를 얻는다. 그에 반해 '꽃을 피우는 영감'에서는 '주군의 상을 받는'것에 그친다. 여기에는 큰 차이가 있다. 전자에서는 계급, 신분을 뛰어넘는 성공이 가능하지만 후자는 그렇지 않다. 즉 유럽 이야기는 미천하고 가난한 자가 부와 높은 신분을 획득하는 줄거리로 구성되어 있어 성공에 대한 강한 욕망이 잘 드러난다. 게다가 주인공 또는 조력자인 동물 역시 교활하고 강인하다. 신비로운 주술의 힘이 아니라

---

31 예를 들면 「용을 물리친 남자(竜退治する男)」 등을 들 수 있다.
32 ハンス＝イェイク・ウター, 加藤耕義訳, 『国際昔話カタログ 分類と文献目録』, 小澤昔ばなし研究所, 2016, 265쪽 참조.
33 위의 책, 264~265쪽 참조.
34 위의 책, 266~267쪽 참조.

지혜와 꾀를 통해 왕을 속이고 성주인 식인귀를 농락한다. 말하자면 사기와도 같은 방법으로 행운을 붙잡아 권력자의 재산을 손에 넣는 것이다. 이에 반해 '꽃을 피우는 영감'은 신비한 개를 손에 넣으면서도 유럽의 주인공처럼 이것을 이용해 스스로 영주가 되고자 하지는 않는다. 주군을 기쁘게 만들어 상을 받는 것으로 자족한다. 일본의 농민에게 번주의 권력은 절대적이지만, 유럽은 그렇지 않음을 알 수 있다. 유럽에서는 가능했던 시민 혁명이 일본에서는 가능하지 않았던 이유도 바로 여기에 있을 것이다. 에도 시대 막번 체제는 흑선黑船, 즉 서양 배가 들어올 때까지 흔들리지 않았다.

'주군의 상' 모티프는 순종적으로 길들여진 민중의 모습을 나타내며 이를 긍정하고 있다고 할 수 있다. 그들은 자신들의 행복이 지배자의 의사에 좌우되는 상황에 대해 반발하지도 의문을 품지도 않는다. 주군에게 인정받는 것이 최고의 영예이자 행복이라고 믿어 의심치 않는 이러한 태도가 긍정되었기 때문에 '주군의 상' 모티프는 민중에게 널리 수용될 수 있었다. 민중은 사회의 모순에 저항하거나 모순을 깨닫는 일도 없다. 그러나 이것이야말로 당시의 지배층이 바라던 민중상이며, 이는 중앙집권적 체제를 유지하기 위해서는 불가결한 것이었다. 민중은 이를 내면화하여 이야기로 만들어 구전했다. '주군의 상'을 포함한 옛날이야기는 자발적 복종의 이야기이다.

메이지 시대 이후 '주군의 상'은 그 교훈성 때문에 교과서의 소재가 되었다. 즉 학교 교육이라는 시스템을 통해 이야기가 국가에 의해 관리되는 셈인 것이다. 국정 국어교과서 및 패전 이전에 사용된 수신교과서修身教科書가 에도 시대 문헌 '꽃을 피우는 영감'에 기초한 내용을 담은 것에 대해서는 도요시마 아키라豊島明, 다케무라 요시코竹村佳子 등이 이미 지적한 바 있다.[35] 그 결과 '주군의 상' 모티프는 교과서를 통해 계승되어 일본의 대표적인 옛날이야기 중 하나로 오늘날까지 남게 되었다. 다케무라 요시코는 "국정 교과서 교재라는 권위가 일본 전국에 구전된 『꽃을 피우는 영감』에 큰 영향을 미치고 있는 게 아닐까"[36]라고 말했는데, 교과서는 아동용 책 이상으로 이야기 보급과 이데올로기 전파에 큰 영향을 미쳤을 것이다.

옛날이야기가 내장한 잔인성에 대해서는 종종 논의가 되어 왔으나 자발적인 복종을 긍정하는 것에 대해서는 거의 논의된 바가 없다. 가치관이 변화함에 따라 잔인한 내용을 어린이들에게 이야기하는 것은 바람직하지 않다고 비판되어 왔지만 에도 시대 이래 서전과 구전으로 오늘날까지 전해지는 정직하고 선량한 영감의 이야기는 비판의 대상이 되지 않은 채 어린이들에게 계승되고 있다. 자발적 복종에 대한 비판의 목소리가 나오지 않는 것은, 이것이 오늘날에도 여전히 사회적으로 용인되고 긍정되고 있다는 것을 의미한다. 그러나 주군에게 상을 받고 만족하는 영감이 현대 어린이들의 본보기가 될 수는 없다. 이는 에도 시대의 중앙집권적 체제 사회에서 지배층이 희구한 본보기에 지나지 않는다. 자발적 복종의 본보기인 영감 이야기를 오늘날의 어린이들에게 그대로 전해서는 안 될 것이다. 이야기꾼과 재화자 모두 옛날이야기에 대해 비판적으로 접근할 필요가 있다.

---

35 豊島明, 「教科書における昔話と口承文芸の比較研究」, 『伝承文化研究』 6, 2006 및 竹村佳子, 「『花咲爺』の教材化についての一考察—明治から太平戦争敗戦まで」, 『昔話—研究と資料』 43, 2015을 참조.
36 竹村佳子, 앞의 책, 104쪽.

5. '도시 이야기'의 가능성

어린이들에게 필요한 것은 스스로 미래를 개척하는 힘과 지혜, 용기이다. 이를 부정하는 이야기를 어린이에게 해서는 안 된다. 그렇다면 현대 어린이들에게 적합한 이야기를 제공하기 위해서는 어떻게 해야 할까. 여기서 흥미로운 에피소드 하나를 소개하겠다. '옆집 영감隣の爺' 갈래 중 하나인 '쥐 극락ねずみ浄土'[37]을 어떤 출판사가 민화 그림책으로 만들었는데, 부자가 된 착한 영감이 아니라 그를 흉내 내서 실패한 욕심쟁이 영감이 어린이들에게 동정과 인기를 크게 얻어 팬레터를 받았다고 한다.[38] 미우라 스케유키三浦佑之는 이 에피소드를 언급하며 '옆집 영감' 갈래 "옛날이야기를 지탱하는 것은 악착같이 상승 기회를 잡으려고 필사적으로 발버둥치는 옆집 영감이다"[39]라고 말한다. 정직한 영감은 부를 얻기 위해 노력한 것이 아니라 우연히 쥐구멍으로 굴러간 콩으로 인해 금전을 받는 것뿐이다. 말하자면 그는 시종일관 수동적이었다. 이에 반해 욕심쟁이 영감은 부를 얻으려고 적극적으로 행동하지만 불운하게도 실패하고 만다. 미우라의 지적처럼 이 모습에는 기회를 붙잡

---

37 稲田浩二, 「昔話タイプ・インデックス」, 앞의 책, 266쪽 참조. 「쥐 극락[鼠の浄土]」의 내용은 다음과 같다. ① 할아버지와 할머니의 콩이 굴러서 쥐구멍에 들어갔는데, 구멍에서 여자아이가 나타나 콩을 감사히 여기며 할아버지를 구멍 안으로 안내한다. ② 쥐들은 훌륭한 궁궐에서 노래를 부르고 떡을 찧어 할아버지에게 대접한다. 그리고 할아버지에게 돈을 쥐어 주며 지상으로 보낸다. ③ 옆집 할머니가 콩을 쥐구멍으로 밀어 넣자 구멍에서 역시 여자아이가 나타나 콩을 감사히 여긴다. 할아버지는 여자아이를 따라 구멍 안으로 들어간다. ④ 쥐들이 훌륭한 궁궐에서 노래를 부르고 떡을 찧자, 옆집 할아버지는 고양이 울음소리를 내며 쥐들을 내쫓는다. ⑤ 구멍이 깜깜해지자 할아버지는 지상으로 나가려 하지만, 할아버지를 두더지로 착각한 할머니에게 맞아 죽고 만다.

38 瀬川拓男, 『民話＝変身と抵抗の世界』, 一声社, 1976, 39쪽.

39 三浦佑之, 『昔話にみる悪と欲望』, 青土社, 2015, 204쪽.

아 가난한 생활로부터 탈출하려는 필사적인 노력이 담겨 있다. 기다리기만 한다고 해서 운이 좋아지는 것은 아니다. 때문에 어린이들은 욕심쟁이 영감에 대해 공감할 수 있었다.

이와 같은 에피소드는 매우 시사적이다. 대부분의 어린이는 상승 지향의 욕망을 가지고 있다. 그렇기 때문에 욕심쟁이 영감에게 공감하고 응원을 보내는 것이다. '꽃을 피우는 영감'의 욕심쟁이 영감은 개에 대한 비정한 처사 때문에 어린이들의 공감을 얻을 수 없었지만, 정직한 영감 역시 어린이들의 욕망을 대변해 주지는 않는다. 이미 서술한 것처럼 정직하게 꽃을 피우는 영감은 권력자나 조정에 인정받는 것을 최고의 가치로 두는 순종적인 인간상다. 이는 오늘날의 어린이들에게 어떠한 본보기나 공감, 동경의 대상이 될 수 없다. 여러 가지 사회 문제에 직면한 어린이들에게는 고난을 타파할 용기 있는 주인공이야말로 필요한 것이다.

'쥐 극락' 에피소드는 어른이 미처 깨닫지 못한 것을 어린이가 본능적으로 눈치 채고 있음을 잘 대변하고 있다. 어린이는 운을 개척할 기개가 없고 권력에 순종적이기만 한 인간 이야기를 원하지 않는다. 옛날 사람들의 지혜를 전해준다는 명목으로 무비판적으로 자발적 복종의 옛날이야기를 계속 들려준다면 지금의 어린이는 사회의 모순과 부조리에 저항하려 하지 않는, 그것을 깨닫지도 못하는 어른으로 자라버릴 수도 있다.

이야기의 힘은 크다. 에도 시대부터 제2차 세계대전까지 일본인들은 작위적으로 개변된 복종 장려 이야기에 길들여져 왔다. 이러한 길들이기의 효력은 오늘날에도 완전히 사라지지 않고 있다. 옛날이야기는 원래 서민의 이야기, 즉 민화를 말한다. 그리고 이는 사회나 사람들의 가치관의 변화와 함께 변용된다. 따라서 옛날이야기집과 민화집을 고집해서는 안 된다. 설령 전통 이야기꾼이 채록한 것이라 해도 그저 활자화 된 것을 들려주기만 해서는 이데올로기의 주박으로부터 벗어날 수 없다. 앞에서 서술한 것처럼 서전으로부터 큰 영향을 받은 구전은 더욱 심각하다. '꽃을 피우는 영감'처럼 지배자의 뜻에 맞게 변형되어 고정된 이야기를 다시 원래대로 돌리기 위해서는 어떠한 방법이 강구되어야 할까. 이에 대한 대책으로 다음과 같은 작은 제안을 하려 한다.

현대 사람들 특히 어린이들에게 의미 있는 이야기를 전달하기 위해서는 전승 이야기가 아니라 오히려 도시 이야기에서 그 가능성을 찾아야 한다고 필자는 생각한다. 예로부터 현지에 전승되는 옛날이야기는 문화유산이며, 이를 전하는 이야기꾼 역시 살아있는 박물관과도 같은 존재이다. 이러한 경우는 설령 그 이야기를 이해할 수 있는 사람이 격감했다 해도 옛날이야기를 토착 언어로 이야기하고 가능한 원래 형태를 그대로 보존하는 것이 중요하다. 그러나 도시 이야기는 좀 더 자유롭게 이야기 할 수 있다. 학교나 도서관에서 열리는 이야기 모임에서는 일본의 옛날이야기뿐만 아니라 외국의 옛날이야기나 창작 작품도 제재가 된다. 이를 통해 일본 옛날이야기에 나타나는 가치관을 상대화하는 효과를 기대할 수 있다. 현재 프로그램을 보면 여러 민족의 유사 이야기를 의도적으로 모아서 상대화를 도모하는 활동은 이루어지고 있지 않다. 앞으로 이러한 의도를 기초로 하여 프로그램을 고안한다면 듣는 이는 일본의 옛날이야기에 존재하는 부정적인 측면을 깨달을 수 있을 것이다. 이 같은 측면에서 도시 이야기가 가지는 의의와 가능성은 매우 크다. 단, 청자가 초등학생 고학년 이상이 아니면 이해하기 어려울 것이다.

또한 옛날이야기 본래의 양식과 말투를 보존하면서 현대 사회 가치관에 부적합한 부분을 개선해 나갈 수도 있다. 앞서 서술한 것처럼 옛날이야기는 사회 변화와 함께 변용되어 왔다. 그것은 민중 사이에서 자발적으로 생겨난 변용이 아니라, 의도적으로 개량을 가해 온 결과이기도 하다. 따라서 현대사회에 적합하지 않은 부분은 다시 개량해 나갈 필요가 있다. 그 개량법으로 아래와 같이 두 방법을 제안한다.

첫 번째는 모티프 삭제 또는 교체이다. 가장 간단한 방법은 문제되는 부분을 삭제하는 것이다. '꽃을 피우는 영감'에서는 '주군의 상' 모티프를 제거하는 것이다. 다시 말해 정직한 영감이 재를 뿌리자 마른 나무에 꽃이 피는 것까지로 한정할 수 있다. 이것만으로는 영감의 실패를 이야기 할 수 없으므로 주군의 눈에 재가 들어가는 것이 아니라 '기러기 잡는 영감'처럼 자기 눈에 재가 들어가는 모티프로 변경하는 것도 가능하다.

또 전국에 전승되는 유사 이야기에서 다른 모티프를 찾아 교체하는 것도 가능하다. 실제로 『일본 옛날이야기 집대성』 4의 '꽃을 피우는 영감' 갈래 항목에는 개의 사체를 묻자 감나무가 나서 집이 번성하나 옆집 영감이 빌리자 아무 일도 일어나지 않아 나무를 잘라버리고, 다시 벚나무가 나서 꽃을 피우지만 옆집 영감이 흉내 낸 뒤로는 실패하는 줄거리도 있다. 이는 그 후의 줄거리, 즉 화가 난 옆집 영감이 나무를 자른 뒤 그것을 태우고 그 재로 꽃을 피운다는 부분이 탈락된, 또는 의도적으로 삭제된 결과일 수도 있다. 후자의 경우, '주군의 상' 모티프에 불만을 느끼고 개량한 이야기꾼이 과거에 있었을 수도 있다.

'꽃을 피우는 영감'은 대륙의 '형제 갈등담'으로부터 전해진 것으로 시간이 지나면서 일본 특유의 줄거리로 변화한 것이라 알려져 있다. 따라서 대륙형 모티프를 차용하는 방법도 생각해 볼 수 있다. 앞에서 소개한 조선족의 '형제와 개'에서는 동생이 개를 매장하자 무덤에서 대나무가 자라 하늘의 창고를 뚫어 거기서 보물이 떨어져 내리지만 형이 흉내를 내자 흙과 모래가 떨어져 집이 무너지는 모티프가 있다. 보물을 내리는 것도 벌을 내리는 것도 세속적 권력기구를 초월한 하늘이다. 중국에는 줄거리가 더욱 복잡한 유사 이야기가 있다. 형이 죽인 개를 동생이 매장하여 대나무를 심자 대나무가 그에게 금은을 떨어뜨려 준다. 그러나 형이 흉내를 내자 개똥이 떨어져 그는 화가 나 나무를 베어버린다. 동생이 대나무로 바구니를 짜서 닭을 키우자 달걀을 많이 낳아 주지만, 형이 흉내 내자 닭이 죽고 만다. 결국 형은 대나무 바구니를 태우고 그 재를 동생이 밭에 뿌리니 거기에서 큰 배추가 자란다. 이를 믿지 않는 선주와 동생은 내기를 하고 그 끝에 동생은 큰돈을 얻는다. 형도 내기를 하지만 배추가 작아져서 재산을 잃는다.[40] 이 경우에도 지배자의 상을 통해 큰돈을 얻는 것은 아니다. 이러한 모티프와 대체함으로써에도 시대 이후 반복된 자발적 복종의 굴레로부터 해방될 수 있다.

두 번째로 패러디를 생각할 수 있다. 패러디에는 원화에 내포된 가치관을 웃어넘기고 전복시키는 힘이 있다. 에도 시대의 아동용 책에서 메이지 시대 국정 교과서를 거쳐 제2차 세계대전에 이르기까지 '꽃을 피

---

[40] 伊藤清司, 『中国民話の旅から―雲貴高原の稲作伝承』, 日本放送出版協会, 1985, 193쪽.

우는 영감'를 속박해 온 이데올로기의 고리를 끊기 위해서는 모티프를 대체하는 수준이 아니라 근본을 무너뜨리는 파괴력이 필요할 수 있다. 이러한 힘을 가진 패러디를 아래에 소개한다.

> **하나상까, 지지**[はなさんか、じじい][41]
>
> 어느 곳에 영감과 할멈이 있었는데, 영감이 키우던 개가 똑똑한 개라, 뒤뜰에 가서 짖는기라. 그를 팠드만 금화가 숭덩숭덩 나와갖고.
>
> 심술쟁이 영감이 또 그걸 봤네, 포치(ポチ) 빌려도라 해가, 포치 빌려 와가, 즈그 밭에 풀어두니 잠시 열심히 짖어가 팠는데, 기와랑 도자기 쪼가리 같은 게 나와가 영감이 화가 나서 개를 잡고 휘두르니까,
>
> '하나상까, 지지(안 놓나, 영감)'
>
> 했다 안하나.[42]

이는 전승 이야기꾼 야베 아쓰코矢部敦子가 우스개로 구연한 이야기이다. 야베는 할머니로부터 여러 이야기를 들으며 자랐다고 하는데, '포치'라는 개 이름으로 보아 비교적 새로운 이야기로 보인다. 짧지만 잘 만들어진 이 패러디에는 '주군의 상' 모티프는 흔적도 없고 원화에서 아무런 저항 없이 죽임을 당한 개가 여기에서는 씩씩하게 변모해 있다. 나아가 이 이야기 갈래에 담긴 '개의 신비성'까지 부정된 감이 있다. 어린이들은 개사와 같은 패러디를 선호하는 경향이 있기에 이 이야기를

---

41 '꽃을 피우는 영감'의 일본어 '하나사카지이(花咲かじい)'의 음을 빌려 '하나상카지지' 즉 '안 놓나 영감'으로 패러디한 것이다.
42 小平民話の会編, 『矢部敦子の語りの世界―和歌山の民話』, 日本民話の会, 2011, 102쪽. 이 이야기는 방언으로 되어 있어 역자가 임의로 경상남도 방언으로 번역했다.

아는 어린이라면 초등학생도 즐거워하며 들을 것이다.

또 어린이 스스로 패러디를 시도하게 만들 수도 있다. 예를 들면 일본 국내외에 존재하는 유사 이야기를 들려주고 체감시킨 다음, 어린이 스스로 자신만의 '개 / 옛날' 계열 이야기를 만들게 하는 시도 역시 가능할 것이다.[43] 미래의 전승자인 어린이들에게 옛날이야기를 직접 맡겨 보는 것도 필요할지 모른다.

이상 '꽃을 피우는 영감'을 사례로 옛날이야기를 옭아매는 이데올로기에 대해 분석해 보았다. 이와 같은 관점에서 현대 일본에 통용되고 있는 다른 옛날이야기도 비판적으로 검토할 필요가 있다. 도시 이야기꾼은 활자로 된 옛날이야기집에서 이야기하고 싶은 재화를 고른다. 이때 옛날이야기가 가진 이야기 말투나 양식을 보존한 재화를 선택해야 듣는 이에게 큰 즐거움을 줄 수 있다. 하지만 이러한 방식으로 옛날이야기를 계승하는 것은 불충분하다. '꽃을 피우는 영감'의 사례처럼 옛날이야기는 사회 요청에 따라 변용, 개량되어 왔기에 과거의 이데올로기를 내포하는 이야기는 현대 사회에 적합하도록 개선하는 것이 필요하다. 그것이야말로 살아있는 형태로 옛날이야기를 계승하는 작업이며 이는 전통에 얽매이지 않는 도시 이야기에서 더욱 그 가능성을 발견할 수 있다.

---

43 미국에서는 잭 자이프스(Jack Zipes)가 '창조적인 이야기(creative storytelling)'를 주장하고 있다. 이는 교사가 스토리텔러와 협력하여 어린이들에게 패러디를 만들게 하는 것이다. Jack Zipes, Creative Storytelling, New York and London, Routlede, 1995 참조.

참고문헌

伊藤清司 編訳,『アジアの民話 9 中国の民話』, 大日本絵画, 1981.

伊藤清司,『中国民話の旅から－雲貴高原の稲作伝承』, 日本放送出版協会, 1985.

稲田浩二・稲田和子編,『日本昔話ハンドブック』, 三省堂, 2001.

稲田浩二・稲田和子,『日本昔話百選(改定新版)』, 三省堂, 2003.

稲田浩二・大島建彦・川端豊彦・福田晃・三原幸久編,『日本昔話事典(縮刷版)』, 弘文堂, 1994.

稲田和子,『mybみやびブックレット』41, みやび出版, 2012.

＿＿＿＿,『日本昔話通観』28, 同朋舎, 1988.

＿＿＿＿,『日本昔話通観(研究篇2)』, 同朋舎, 1998.

＿＿＿＿,「殺された犬の軌跡－『花咲か爺』の国際的比較より」,『梅花児童文学』9, 2001.

鵜野祐介,『日中韓の昔話－共通話型30選』, みやび出版, 2016.

内ケ崎有里子,『江戸期昔話絵本の研究と資料』, 三弥井書店, 1999.

小澤俊夫,『こんにちは, 昔話です』, 小澤昔ばなし研究所, 2009.

小澤俊夫 監修・小澤昔ばなし大学再話研究会,『語りつぎたい日本の昔話 1 花咲かじい』, 小峰書店.

小平民話の会編,『矢部敦子の語りの世界－和歌山の民話』, 日本民話の会.

佐竹昭広,『民話の思想』, 中央公論社, 1990.(平凡社, 1973)

末吉正子,「『語りの祭り』から見た現代日本の語り手たち, そして次世代への継承を考える」,『昔
　　　話－研究と資料』36, 2008.

杉浦邦子,「昔語りは家庭から」,『昔話－研究と資料』36, 2008.

瀬川拓男,『民話＝変身と抵抗の世界』, 一声社, 1976.

関敬吾,『日本昔話大成 4』, 角川書店, 1978.

竹村佳子,「『花咲爺』の教材化についての一考察－明治から太平戦争敗戦まで」,『昔話－研究と資
　　　料』43, 2015.

立石憲利,「伝承の語りと新しい語り」,『昔話－研究と資料』44, 2016.

崔仁鶴,「韓国昔話のタイプ・インデックス」,『韓国昔話の研究－その理論とタイプ・インデッ
　　　クス』, 弘文堂, 1976.

冨田博之,「日本のストーリーテリングとしての『口演童話』」, 野村純一・佐藤涼子・江森隆子編,
　　　『ストーリーテリング』, 弘文堂, 1985.

豊島明,「教科書における昔話と口承文芸の比較研究」,『伝承文化研究』6, 2006.

ハンス＝イェイク・ウター, 加藤耕義訳,『国際昔話カタログ 分類と 文献目録』, 小澤昔ばなし研
　　　究所, 2016.

松本なお子,『これから昔話を語る人へ』, 小澤昔ばなし研究所, 2012.

三浦佑之,『昔話にみる悪と欲望』, 青土社, 2015.

山本俱子・足利の語りの会「おはなしコロリン」編,『民話の世界へ―語り手による語り手のた
　　　めの再話集』, 随想社, 2013.

Jack Zipes, Creative Storytelling, New York and London, Routlede, 1995.

도시 공간과 일상

근현대 오사카의 사회적 결합의 해체와 재편[*]

초나이카이[町內會]와 하층 노동력 공급업을 소재로

사가 아시타[佐賀朝]

1. 전통의 변용과 지속

이 글은 본 저서의 공통 테마인 '도시와 공생'에 맞추어 전통사회에서 근대사회로의 이행을 통해 기존의 공동체적 관계들이 변용 및 해체되는 한편, 그것이 근대 시민사회 안에서 재편되면서 지속되어 가는 양상을 역사학적 관점에서 논하는 것이다. 필자는 지금까지 근대 오사카의 도시 사회사를 연구해 왔다.[1] 일본 근세 도시사회사 연구의 시점과 방법[2]을

[*] 이 글은 필자가 프랑스 학술지 *Histoire Urbaine*에 기고 중인 졸고 「근대 도시 오사카의 사회적 결합과 지역사회－주민단체와 하층노동자를 소재로 하여(近代都市大阪の社会的結合と地域社会－住民団体と下層労働者を素材に)」(근대 오사카 도시사에 관한 특집호, 2017년 9월 간행 예정)와 내용상 중복이 있음을 밝혀 둔다. 아울러 후반부의 상세한 논증에 대해서는 졸고 「근대 오사카의 도시하층사회의 전개와 변용－1930년대 하층노동력 공급 문제를 소재로하여(近代大阪における都市下層社会の展開と変容－1930年代の下層労働力供給の問題を素材に)」(『桃山学院大学経済経営論集』53(3), 2012)를 참조하기 바란다.

[1] 佐賀朝, 『近代大阪の都市社会構造』, 日本経済評論社, 2007.

계승하면서, 근대도시 오사카를 구성하는 다양하고 특성 있는 지역 사회를 현지 조사지로 삼아, 도시 주민이 맺는 사회적 결합관계를 분석해 왔다. 구체적으로는, ① 도시 지역 사회의 행정 및 자치적 단체였던 초町: 일본의 지방자치단체 단위와 학구學區: 학교 설치 부담구 등 지역 주민 조직과, ② 도시의 여러 생업 및 영업과 그에 관련해서 형성된 공동조직인 나카마仲間, 동업 조합 등에 대해 그 실태와 역사적 특질을 밝혀 왔다.[3]

이 글에서는 이러한 연구를 배경으로 먼저 근현대 오사카의 초나이町内 조직과 학구의 변천에 대해 기존 공동체의 해체 및 재편 과정으로서 논하고자 한다. 이는 근세 이후 일본 도시 주민 자치의 중요한 단위였던 초町가 근대에 어떻게 변용되었는지를 논하는 작업이기도 하며, 동시에 현재 오사카부府 및 시정市政을 둘러싼 중요 과제 중 하나인 구정區政과 시민자치[4]와도 깊은 관련이 있다. 둘째로, 이 글에서는 근대 오사카의 도시 하층사회의 사회적 결합관계에 대해서도 다룰 것이다. 구체적으로는 하층노동력 공급과 그를 둘러싼 사회적 결합관계에 대해 노동력 공급 청부업자[5]로 불렸던 존재에 주목하려고 한다. 근세적 표현으로 바꾸면 야도와 구치이레宿と口入: 숙박 제공과 일자리 알선[6]는 도시로 유입하는 하층노동자들에게 생활과 노동을 보장하며, 그들을 착취한 존

---

2 필자가 근세 도시 사회사 연구 성과 및 방법에서 중시하는 것은 요시다 노부유키 (吉田伸之)씨, 쓰카다 다카시(塚田孝)씨가 활용하고 있는 도시 사회구조 분석이다. 양자의 연구 성과로는 吉田伸之, 『近世巨大都市の社會構造』, 東京大学出版会, 1991, 塚田孝, 『近世の都市社会史—大坂を中心に』, 青木書店, 1996을 비롯한 다수의 저작이 있다.

3 佐賀朝, 앞의 책.

4 砂原庸介, 『大阪—大都市は国家を超えるか』, 中公新書, 2012.

5 島田克彦, 「1920〜30年代の都市における労務供給請負業者」, 『ヒストリア』175, 2001, 『戦前期大阪築港における港湾運送業と労働者—1932年・築港沖仲仕争議を中心に』, 『ヒストリア』178, 2002.

6 塚田孝, 「宿と口入」, 『身分的周縁と近世社会3商いがむすぶ人びと』(原直史編), 吉川弘文館, 2007.

재이다. 하층노동력을 둘러싼 기존의 사회적 결합관계의 해체 및 변용에 대해 구체적으로 논함으로써 여기에서 현대 일본의 빈곤사업貧困ビジネス 문제[7]의 고찰을 위한 소재를 제공하려고 한다.

이러한 소재들을 통해 전통사회에 기원을 둔 기존의 공동체적 관계들의 해체가 신자유주의 시대인 현대에도 형태를 바꾸면서 해결해야할 과제의 일부를 이루고 있다는 전망을 얻을 수 있다고 생각된다.

2. 초町와 초나이町內 단체 및 학구와 지역사회

이 장에서는 근대 오사카의 초町 및 초나이町內단체, 학구와 지역사회에 대해 논하겠다. 구체적으로는 오사카 근세 초 해체의 구체적 양상과 근대 오사카의 새로운 초나이단체의 형성 및 재편 동향에 관해 선행언구 및 필자의 사례연구를 기초로 시론적으로 서술하겠다. 특히, 지금까지 사료와 연구 모두 많지 않았던 관계로 구체적인 상황을 파악하기 힘들었던 1900~1930년대의 전망에 중점을 두고자 한다. 이 때 유의할 점은 ① 근대가 되어 근세의 초보다 상위에 창설된 렌고초聯合町초 또는 학구의 역사적 위치 및 초와의 관계, ② 도쿄나 교토 등 타 도시에서의 초와 초나이단체의 양상과 비교를 염두에 두는 것이다.

---

7   湯浅誠, 『反貧困─'すべり台社会'からの脱出』, 岩波新書, 2008(유아사 마코토, 이성재 역, 『빈곤에 맞서다─누구나 인간답게 사는 사회를 위해』, 검둥소, 2009).

1) 세기 전환기의 초町와 초나이町內 단체

일본 근세의 초는 이에모치家持 : 이들은 정식 초닌[町人] 신분이기도 하다 라 불린 지주 단체로 재산과 영업의 공동보전을 목적으로 하는 조직으로 존재했다. 초시키모쿠町式目라는 독자적인 법이 있어, 여기에는 초나이 토지매매 시 이에모치 전원의 동의를 필요로 하는 등 토지매매를 규제하는 조항이 포함되었다. 이러한 토지매매 규제는 국가법 레벨에서는 1870년대 지조개정地租改正에 의한 근대적 토지 및 조세제도 성립에 따라 부정되었다.

지금까지 뒤떨어져 있었던 근대 오사카의 초 연구에서 최근 중요한 연구가 나타나기 시작했다. 쓰카다 다카시塚田孝는 1881년 다이호지초 히가시노초大宝寺町東之丁의 「초나이합의규칙서町內申合規則書」를 소개하면서 그 시점에 지주들이 구성하는 초가 초나이 부동산 매매에 제약을 가했다는 사실을 지적했다.[8] 이를 기초로 이다 나오키飯田直樹는 1880~1890년대 몇몇 초에 남겨진 토지매매 관계문서에서 이 시기에 초가 초나이 토지매매를 파악하여 동의를 부여했음을 밝혀냈다.[9]

사실 교토시에는 근세 이후 초가 지주의 공동단체로서의 성격을 오랜 기간에 걸쳐 견고하게 지속시켜 1920~1930년대에도 지주에 의해 초 운영이 독점되는 경우도 적지 않았다.[10] 한편, 이에 반해 오사카시

---

8   塚田孝, 「近代大阪への展開をみる一視点」, 『都市社会史の視点と構想―法・社会・文化』, 清文堂出版, 2015, 초판은 2009).

9   飯田直樹, 「明治前期大阪における家屋敷売買と町による規制」, 『大阪歷史博物館研究紀要』 13, 2015.

10   藤井正太, 「近代京都の町共同体に関する基礎的考察―西陣・妙蓮寺前町を素材に」, 『部落問題研究』 191, 2009.

에서는 전체적인 추세로 1900년 무렵을 경계로 초나이 지주 전체를 조직하는 초 공동체가 해체되고 있었다고 보인다.

이 점에 관해 중요한 사례를 제공하는 것이 기타지마 나오코北嶋奈緒子의 최신 연구이다.[11] 기타지마가 분석한 오사카 우에마치上町 지역 우치안도지마치 2초메内安堂寺町二丁目의 사례에서는 1894~1895년 사이에 일어난 청일전쟁 때 결성된 유지단체인 '아이신카이愛親会', 그리고 유사하게 1904~1905년 러일전쟁 때 결성된 유지단체인 '세이유카이誠友会'는 모두 출정 군인의 원호를 맡은 한편, 초나이 전반에 걸친 공적 업무 및 시의회 의원선거 시 후보 추천 활동을 벌였다는 사실을 알 수 있다. 두 단체는 병존했던 시기도 있었지만, 세이유카이는 1910년대까지 재결성과 재재결성을 경험했다. 1910년대 중반에는 두 단체 중 어디를 초나이 대표조직으로 볼지를 둘러싸고 협의가 열려, 세이유카이로 일원화되게 되었다. 이러한 상황은 근대 오사카 초나이 단체에 대한 중요한 사실을 제시해 준다. 첫 번째로 1890년대 이후 이 초에서는 근세 초와 같이 당장에 초나이를 대표하는 단체가 부재하게 되었다는 것, 두 번째로, 복수의 유지적인 초나이 단체가 한 초 안에 병존하면서, 그러한 유지단체 중 하나가 실질적으로 초나이를 대표하는 경우도 있었다는 점이다.

우치안도지마치 2초메는 우에마치 지역 남부에 속하며, 오사카 구시가지 주변부에 위치해 있었다. 이 때문에 이 초의 사례가 도심부인 센바船場

---

11 北嶋奈緒子, 「明治期大阪の有志的町内団体―内安堂寺町二丁目を事例として」, 『東アジア都市における集団とネットワーク―伝統都市から近現代都市への文化的転回』(仁木宏ほか編, 文学研究科叢書9), 清文堂出版, 2016. 松岡弘之, 「学区編成期の地域社会―大阪市南区・桃園尋常小学校の移転新築問題」, 『大阪市立住まいのミュージアム研究紀要・館報』8, 2009).

등을 포함한 오사카시 전체에도 적용될 지는 아직 알 수 없다. 하지만 1936년『대오사카연감大大阪年鑑』에 실린 일람표[12]를 통해 오사카시내의 각 초에는 당시 복수의 초나이 단체가 병존 및 난립하고 있었던 상황을 확인할 수 있다. 따라서 한 초 내에 친목회적 단체를 포함한 복수의 단체가 병존하거나 유지적인 단체가 초나이를 실질적으로 대표하는 등의 케이스는 오사카시에서 전체적으로 공통된 현상이었을 수 있다고 생각된다.

2) 학구와 초카이町會 정비

1920~1930년대에 들어서면 오사카시는 초나이카이町內會:지역의 주민 자치조직의 조직화가 진행된 도쿄시의 동향[13]을 참고로, 현대적인 도시정책을 형성하는 과정에서 학구의 하위에 해당하는 초 레벨 단체를 조직하고자 몇 번인가 시도했다. 그러나 이는 성공하지 못한 듯하며, 그 요인은 아마도 학구의 존재가 컸으리라 생각된다. 다음으로 오사카 시내 학구의 역사를 살펴보자.

오사카시의 학구는 1872년 이후 시행착오를 거쳐 1892년에 정식 행정조직 단위로 확정되었다. 학구는 근세의 정 10여 곳 정도가 모여 이루어진 연합 초를 모체로 하는 오사카시내(특히 근세로부터의 구시가지)

---

12 「各町内会と代表者氏名」,『昭和十二年版 大大阪年鑑』(小川市太郎), 大阪都市協会, 1936. 오사카 도시협회가 1935~1936년에 조사한 것이다.

13 竹中英紀, 「町内会体制と都市社会構造－東京市1920~1943年」, (『大都市行政の改革と理念 その歴史的展開』(東京市政調査会), 日本評論社, 1993, 大岡聡, 「東京の都市空間と民衆生活 －19世紀末~20世紀初頭の'町'住民組織」, 『都市空間と民衆　日本とフランス』(中野隆生 編), 山川出版社, 2006.

의 기초적 커뮤니티였다.[14] 학구는 심상소학교 설치 비용을 지역 주민들이 부담하는 설치 부담구이자, 학교재산을 관리하는 재산구이기도 했다. 뿐만 아니라 1900~1910년대에는 재향군인회, 위생조합, 청년단 등의 단위이기도 했다. 상술한 우치안도지마치 2초메를 포함한 도엔桃園 학구(도엔은 초등학교의 명칭)에서도 초 레벨 단체 위에는 도엔학구를 단위로 한 결속이 있어 시의회 의원 선거 때 학구나 초나이 단체가 연계하여 집표활동이 이루어졌다.

하지만, 현지 주민의 경제력에 의존한 학교 설치 부담구 제도는 학구 간 재정격차가 생겨남에 따라 특히 도시 주변부의 빈곤 학구의 학교교육에 지장이 생겼다. 또한 학구는 오랜 기간 지역 보수정치 세력의 기반이기도 했기 때문에, 제7대 시장 세키 하지메関一는 기반의 약화를 노리고 학교 설치 부담구 제도를 1927년에 폐지시켰다. 세키 시장은 정부, 내무성 및 오사카부에 대해서는 오사카시에 의한 자치 단체의 권한 강화를 주장한 것으로 알려져 있지만,[15] 행정구(히가시구[東區], 니시구[西區] 등)나 학구와 같은 도시 내부 단위가 자립성을 갖는 것(즉 주민 자치의 강화)을 달가워하지 않아, 그 단위성을 약화시키는 정책을 채택했던 것이다.[16] 한편 학구보다 하위 레벨인 초는 현대적 도시 행정의 하청적인 행정보조단체로 재인식하여 그 활용에 힘썼다. 단 위에서 서술 한대로 세키 시장 시기의 초나이카이 정비는 미완에 그쳤다.

---

14 松下孝昭, 「大阪市学区廃止問題の展開－近代都市史研究の一視角として」, 『日本史研究』 291, 1986), 籠谷次郎, 「大阪市における学区財政の展開－南区空堀町外十三ヵ町区の事例」, 『大阪の歴史』 38, 1993.

15 芝村篤樹, 『関一－都市思想のパイオニア』, 松籟社, 1989.

16 松下孝昭, 앞의 글.

<표 1> 『대오사카연감(大大阪年鑑)』에서 나타나는 미나미구(南區) 초나이카이(町內會)의 학구별 특징(1936)

No.	학구 명	町수	町內會수	구분	동일町內町內會수분포							비고
					0	1	2	3	4	5	1-5소계	
1	桃園	14	32	+		5	3	3	3		14	内安堂寺町二丁目를포함
2	金鷗	5	6		2		3				3	
3	渥美	8	3	−	5	3					3	
4	芦池	9	7		3	5	1				6	
5	御津	11	9		4	6		1			7	
6	大宝	10	16	+	1	5	2	1	1		9	
7	道仁	7	6		1	6					6	
8	高津	15	20	+	3	9		2		1	12	
9	相生	13	11		6	5	1		1		7	
합계		92	110		25	44	10	7	5	1	67	

비고: 小川市太郎, 『大大阪年鑑昭和十二年版』, 大阪都市協会, 1936 권말 '각 초나이카이와 대표자이름'을 바탕으로 작성. 학구별 소속 초의 수는 『南区志』(1928)에 따름. 구분란은 초의 수와 초나이카이의 수를 비교해서 후자가 눈에 띄게 많을 경우 '+', 눈에 띄게 적을 경우 '−'로 표기했으며, ±2 이내일 경우에는 공란으로 처리했다.

3) 전시 초카이町會 체제에서 전후로

결과적으로 오사카시에서 전역全域 조직 및 전호全戶 가입 형 초나이 단체가 정비된 것은 중일전쟁의 전면전이 시작된 이듬해인 1938년이었다. 이 해 4월 오사카시는 총력전에 따른 국민정신총동원운동의 실천망으로써 오사카시 전역에서 '초카이町會' 정비를 단행했다. 단번에 시내 모든 정 및 초메町目에서 '초카이(도쿄 등에서는 초나이카이[町內會]라는 명칭이 일반적이었으나, 오사카시에서는 '초카이'라고 불렀다)'가 결성되어, 기존의 유지적이고 친목회적인 초나이 단체는 해산되었다.[17]

---

17 三輪泰史, 「解題」, 『大阪市史史料25戦時下の民衆生活―黒右衛門町町会回覧板』(大阪市史料調査会), 大阪市史編纂所, 1989.

앞서 언급한『대오사카연감』에 게재된 '각 초나이카이와 대표자 이름'이라는 일람표에서 초카이 정비 2년 전에 해당하는 1936년 당시 오사카시내 전 지역 각 초의 유지 및 친목회적 초나이 단체 명칭과 그 대표자들의 이름을 알 수 있다. 그 중 도엔 학구를 포함한 미나미구南區 상황에 대해 학구별 초나이카이 수 및 정 1곳 당 초나이카이 수의 분포를 정리한 것이 〈표 1〉이다. 〈표 1〉로 부터 다음과 같은 점을 지적할 수 있다.

첫째, 미나미구 전체를 보면 구 내 92초에 총 110개의 초나이카이가 있었으며, 한 초에 하나 이상의 초나이카이가 존재했음을 알 수 있다. 하지만 실제로는 초나이카이가 하나도 존재하지 않는 초가 25곳이나 있는 한편, 2개 이상 존재하는 초는 23곳이나 되는 등 큰 편차가 있었다는 점이다.

둘째, 도엔을 포함한 세 학구에서는 초의 수에 비해 초나이카이의 수가 많은데, 반대로 초나이카이의 수가 초의 수 보다 적은 학구도 있는 등, 초나이카이의 많고 적음이 학구 별로 다른 경향이 있었다는 점이다.

셋째, 전술한 기타지마 논문이 검토대상으로 삼은 도엔 학구는 미나미구 내 최다인 32개 초나이카이가 존재했던 학구로, 병존 및 난립 경향이 특히 강한 학구였음을 알 수 있다.

기타지마가 밝힌 우치안도지마치 2초메의 아이신카이와 세이유카이의 병존은 이러한 경향과 잘 합치된다고 할 수 있다. 한편 도엔 학구 내 초14곳 중 1936년 현재 세이유카이로 일원화 된 우치안도지마치 2초메처럼, 한 초 내에 한 초나이카이가 있는 초는 5곳에 머물렀으며, 다른 9곳에서는 같은 초 내에 2~4개의 초나이카이가 존재하는 상황이었다는 점역시 흥미롭다. 도심부 외연에 위치한 이 지역에서는 전시체제기가 되어도 초나이 단체가 많은 초에서 난립하고 있었다는 이야기이다.

『대오사카연감』 일람표는 오사카시 전역을 다루고 있으므로, 이를 더욱 검토하여 학구별, 행정구별, 또는 구 시역 및 신 시역별 특징을 더 깊이 탐구해야 할 필요가 있다. 그렇다면 이미 1927년에 폐지된 학구는 전시체제기戰時体制期에 어떻게 되었을까. 여기서 주목할 수 있는 것은 1938년 전시 초카이 체제 성립 후에도 구 학구라는 틀 자체는 통학구역 및 단체의 단위로 남겨져, 초카이연합회, 국방부인회, 경비단 등이 변함없이 학구를 단위로 만들어졌다는 점이다. 전시 하에서는 초카이와 그보다 더 하위를 이루었던 린포한隣保班, 이후 도나리구미隣組이 전시 행정의 하청적 보조단체로 역할이 커져, 오사카시민을 억압적으로 지배하는 단위가 되었지만, 구 학구 단위 역시 학구 설치 부담구 및 재산구로서의 성격을 잃었음에도 불구하고 주민의 결속으로서 일정 기능을 수행했던 것이다.

위와 같은 초카이와 도나리구미는 1940년 이후에는 배급제도의 운용단위로 사용되는 등 전시 행정의 '상명하달上意下達'을 실행하는 조직으로, 다시 말하면 주민들에 대한 억압 수단으로 기능한 것으로 잘 알려져 있다. 하지만 한편으로는 시민 역시 부족한 생활물자 획득수단으로 초카이를 이용해서 식료품 산지 대량구매에 애쓰는 등, 초카이를 실질적으로 생활 협동체화 하려는 움직임도 나타났다.[18] 이는 제2차 대

---

18 『大阪朝日新聞』1940년 9월 18일, 1941년 6월 10일 기사 등을 통해 오사카시내의 초카이가 이 시기에 진행된 물자 부족을 배경으로, 식량 및 연료 등을 생산지에서 직접 대량 구매하기 위해 분주했던 상황을 읽어낼 수 있다. 하지만 오사카시 당국 역시 배급품의 정식 유통 루트를 어지럽히는 것으로 우려를 표명하여, 1941년 6월까지는 이러한 초카이의 생산지 직접 대량 구매 행위를 금지하였다. 이 시기 오사카시의 상황에 대해서는 佐賀 朝, 「戦時下都市における食糧難・配給・闇—大阪市の事例を中心に」, 『戦争と平和』 2(大阪国際平和

전 직후 초카이 단위 소비조합이 차례차례 결성되어 가는 전제로서의 의미가 있으며, 전시 초카이는 파쇼적 통제 조직인 한편, 주민들은 이를 생활과 생존을 위한 단체로서 재해석하여 여기에 의미를 부여한 측면이 있었다고 할 수 있다. 이러한 경과를 거쳐 오사카시에서는 전시 초카이 단위를 계승하는 초나이카이 조직이 제2차 대전 후 GHQ에 의한 금지명령에 의해 일시 해산되지만, 그 후에도 '일본 적십자 봉사단'이나 '지역진흥회', '진흥 초카이' 등 이름을 바꾸어가며 오사카시의 행정 보조 단체로서 오랫동안 지속하면서, 통학구역으로서의 결속을 유지한 학구와 함께 오사카시정의 보수적 지반을 구성하게 된 것이다.[19]

4) 소결

이상을 바탕으로 다른 도시와의 차이에 유의하면서 근대 오사카시의 초 및 초나이 단체와 학구 역사에 대해 다음과 같은 특징을 지적할 수 있다.

첫째, 근세적 초는 19세기 말 무렵에는 해체되어 갔으며, 초나이에는 전역 조직 및 전호 가입을 반드시 원칙으로 하지 않는 유지 및 친목 단체가 복수 병존하는 형태가 되었다. 이러한 유지단체 결성을 계기로 청일, 러일전쟁에 따르는 군사 원호활동이 존재했다. 이러한 양상은 이에모치 단체로서의 초 조직이 오랫동안 지속된 교토시와는 대조적으

研究所紀要), 1994)를 참조.
19 吉原直樹, 『戦後改革と地域住民組織—占領下の都市町内会』, ミネルヴァ書房, 1989.

로, 1910년대까지의 양상은 같은 시기에 유사하게 정의 해체가 진행되었던 도쿄와 비슷한 움직임을 보였다고 할 수 있다.

둘째, 1890년대에 설치된 오사카의 학구는 학교경영 및 지역 여러 단체, 집표활동 등의 단위로서 비교적 견고한 결속이었으나 1920년대 이후 현대적 도시행정을 바탕으로 그 폐해가 지적되어, 그 역할이 저하되어 갔다. 비슷한 사태가 교토, 나고야 등 도쿄를 제외한 6대 도시에서도 나타났다.[20] 또한, 도쿄의 학구는 구청区役所을 둔 단위인 행정구와 일치했으므로 교토나 오사카와 같은 학교 설치 부담구는 존재하지 않았다.

셋째, 1920년대 이후 현대적 도시 행정을 바탕으로 행정 보조 단체로서의 초나이카이 정비가 각 도시에서 진행되어, 도쿄에서는 이 단계에서 전역 조직 및 전호 가입형 초나이카이가 정비되었다.[21] 하지만 오사카시에서는 그것이 성공하지 못하고 1938년이 되어서야 겨우 전역 조직 및 전호 가입형 초카이가 한꺼번에 결성, 종래의 유지 및 친목회적 초나이 단체가 해산되었다. 오사카시의 초나이카이 정비는 총력전기까지 늦춰졌던 것이다. 또한 전시 초카이 때도 구 학구 조직단위가 일정한 의미를 가졌기 때문에, 근대 오사카의 기초적 커뮤니티로서의 학구의 중요성은 새로이 주목받을 것이다. 또한 교토에서는 근세로부터의 이에모치에 의한 초가 1930년대까지 견고하게 존속되어 이는 반대로 차가인借家人을 포함한 전시 초나이카이의 정비 시 장애가 된 모양으로, 전시 초나이카이로의 재편성은 1941년에 이루어져 오사카 보다

---

20 松下孝昭, 앞의 글.
21 高岡裕之, 「町総代制度論」, 『年報都市史研究』 3, 都市史研究会, 1995.

더 늦어졌다.

하지만 넷째로, 전시기에 정비된 초카이는 전후에도 오사카시의 보수적 정치기반으로 오랫동안 기능했다. 학구의 단위성이 약화되어, 다시 오사카시내 초와 초메가 근세적인 이에모치 단체로서 초와는 다른 행정 보조단체로 재인식 및 재정위되었던 시기가 일본 도시의 현대화 및 총력전 시대에 겹쳐졌음에 유의해야 할 것이다.

현재 오사카시에서는 '오사카 도 플랜大阪都構想'을 둘러싼 쟁점중 하나로 구정區政, 즉 주민자치강화가 과제로 떠오르고 있다. 당초 2010년부터 2015년까지 오사카 유신회大阪維新の会, 이하 유신회가 목표로 한 특별구 설치안(2015년 5월 주민투표로 부결)은 오사카시내의 행정구를 기초지자체로 재편, 의회를 두어 행정과 재정 권한을 부여하는 한편, 오사카시를 해체해서 사실상 오사카부로의 흡수를 목표로 하는 것이었다.[22] 이는 2차 세계대전 전의 역사를 떠올려보면, 세키關 시장 등이 요구했던 특별시 제도(대도시의 행, 재정권한을 강화)에 반대했던 세력이 주장했던 관치적 통제안과 공통된 것이다. 흥미로운 것은, 2차 대전 전의 관치파는 시 권한을 약화시키는 한편, 행정구의 권한은 반대로 강화시키려고 했다는 점이다.[23]

또한 이 장과의 관계에서 문제가 되는 것은 구 초카이의 계보를 잇는 진흥 초카이가 현대의 구정區政 재편문제에서 어떤 문맥에 위치하는가일 것이다. 현재 유신회에 의한 오사카부 시정이 목표로 하는 구정 재

---

22 宮本憲一, 「都市格のある街をつくろう」, 『世界』832, ('特集 橋下維新－自治なき '改革'の内実'), 2012년 7월, 岩波書店 등.

23 芝村篤樹, 「専門官僚制・市民参加, そして区政―区政問題の歴史的考察」, 『都市の近代・大阪の20世紀』, 松籟社, 1999, 초판은 1993.

편정책 하에서는 기존의 진흥 초카이는 오히려 해체위기에 놓여있다고 할 수 있다. 이와 달리 유신회의 비판세력이 제안하는 종합구 제도나 지역 주민 협의회의 강화 정책은 오히려 구정 레벨의 주민자치에 그 하위의 학구와 진흥 초카이 등 기초적인 커뮤니티를 편입시키고자 하는 측면이 있다고 생각된다.[24] 따라서 구정을 둘러싼 주민자치 강화문제는 대도시 자치 해체에 대한 옳고 그름뿐만 아니라 기존 공동체의 계보를 잇는 지역 커뮤니티에 민주주의와 문화적 다양성 등 새로운 원리를 부여하면서 어떻게 도시에서의 '공생'을 위한 장을 만들어야 할지에 대한 문제제기이기도 할 것이다.

이러한 문제를 지역 시민의 입장에서 논하려면 행정구 및 학구, 초와 초나이카이의 역사적 실태를 더욱더 상세하게 분석할 필요가 있으며, 이는 오사카의 근대 도시사 연구에 있어서도 피할래야 피할 수 없는 긴요한 과제라 할 수 있다.

3. 1930년대 초 하층노동자와 공급업 ─ 두 개의 사례로부터

이 장에서는 근대 오사카 도시 하층노동 사회의 사회적결합에 대해

---

24 실제로, 2015년 5월 17일에 열린 오사카 도 플랜(大阪都構想)의 시비를 가리는 주민 투표(오사카시를 해체하여 5개의 특별구로 재편하는 안에 대한 찬반투표. 근소한 차로 특별구 설치 안은 부결되었다)의 실시 때에, 진흥초카이의 전체 시 조직인 大阪市地域振興会는 반대 의사표시를 하였다.(「시지역진흥회가 도구상반대를 결정」『朝日新聞デジタル版』 2015年4月15日 외). 유신회 정책 비판 세력의 주장의 사례로서는, 大阪自治体問題研究所의 성명「大阪市の総合区設置概案に関する声明」(2016년 8월 31일) 등을 참조(同研究所の WEBサイト http://www.oskjichi.or.jp/modules/statement/content0017.html.

'야도와 구치이레宿と口入 : 숙박 제공과 일자리 알선' 문제, 즉 불안정 고용을 바탕으로 하는 하층노동자에 대한 직업소개와 숙박장소를 제공하는 업자들의 존재[25]에 주목하면서 논하기로 한다. 구체적으로는 하층노동력 공급실태에 대해, 시마다 가쓰히코島田克彦가 밝힌 1920~1930년대 오사카의 항만노동자 공급업에 관한 실태[26]에 기초해서 오사카의 욕장浴場, 즉 목욕탕 노동자를 제시하여 양자의 공통성과 차이를 밝히려고 한다. 이 분석에서는 ① 관련 업자들의 도시 공간으로 확장의 특징, ② 재일조선인 노동자 문제에 유의하고자 한다.

1) 역사적 전제－1870~1890년대의 숙박과 일자리 알선

먼저 전제로서 근세에서 근대로의 이행기인 19세기 후반 오사카에서의 도시 하층사회의 상황에 대해 살펴보겠다.[27]

근세~근대 이행기의 오사카에서는 나가마치長町라 불렸던, 닛폰바시스지日本橋筋 도로변을 따라 형성된 기친야도가이木賃宿街 : 저렴한 숙박업소촌가 하층민이 집주하는 장소로 알려져 있으며, 1880년대에는 일용노동이나 넝마주이, 구걸 외에도 우산이나 부채 직인, 성냥공장 노동자 등이 어떤 이는 단신으로, 어떤 이는 가족 단위로 우라나가야裏長屋 : 서민이 거주하는 연립주택인 나가야[長屋]가 뒷골목에 조성된 경우 형태의 기친야도에서

---

25 塚田孝, 앞의 글, 2007.
26 島田克彦, 앞의 글, 2001, 2002.
27 이하, 19세기 후반의 기친야도(木賃宿)와 오사카부의 숙박업 단속에 대해서는 佐賀朝, 앞의 책, 2007.

살고 있었다.

근세에는 나가마치의 기친야도는 무슈쿠 카라닌베쓰無宿空人別라 불렸던 호적없이 유랑하는 유입자를 숙박시키면서, 동시에 산카세기三稼라고 불린 쌀 도정米搗, 주조酒造, 기름짜기油絞り를 대표로 하는 일용직 단순 육체노동자에 대한 '구치이레口入'²⁸ 기능을 독점적으로 수행하고 있었다. 하지만, 근세 후기 단계에 이미 그 특권은 다양한 분야에서 비공인 알선업자들이 등장하면서 위협받고 있었으며, 1870년 초에는 오사카부의 포령布令에 의해 그 때까지 나가마치에서 이루어지던 알선의 독점적인 특권은 사라지기에 이르렀다.

그렇지만 1880년대 후반이 되어도 나가마치 주변은 일세日稅 우라나가야에 다수의 '빈민'이 집주하는 지역으로 유지되었고, 밀집 주거와 열악한 위생환경은 이 시기에 유행한 콜레라에 피해를 입었을 뿐만 아니라 확대 원인이기도 했다. 그래서 오사카부는 이들 빈민을 농촌 지역으로 이전시키는 계획을 세워 실행책의 일환으로 1887년 숙박소 단속 규칙宿屋取締規則을 제정했다. 이 규칙에서는 기친야도의 오사카시가지 내 영업을 금지시켰으며, 또한 숙박소와 일용노동자들에게 여러 업종의 일자리를 소개하는 역할을 했던 업종 형태인 고인청숙업雇人請宿業과의 겸업을 금지시켰다.

하지만 그로부터 반년도 지나지 않은 이듬해 1888년, 오사카부는 일자리 알선 영업단속 규칙雇人口入営業取締規則을 제정하여 쌀 도정, 기름짜기, 어묵반죽蒲鉾摺り, 면반죽麺打ち, 손수건 치대기手拭い打ち 등 일용직 생

---

28 구치이레[口入, くちいれ]란 노동자에게는 주로 일용 고용을, 구인자에게는 노동력을 소개, 알선하는 것을 가리키는 근세 이래의 용어이다.

계형 노동자稼入 알선업자에 한해 경찰서의 허가를 얻어 생계형 노동자 숙박을 가능하게 수정한 것이다.

이상으로부터 근세 이후 산카세기三稼 외 다양한 직종으로 광범위하게 퍼진 야도와 구치이레 기능을 함께 가졌던 노동력 중개업자[29]가 근대에도 도시화에 따라 유입되는 하층민의 수용처(동시에 착취기구이기도 했다)로서 뿌리 깊게 지속되어 가는 모습을 살펴볼 수 있다.

여기에서는 두 가지 과제를 떠올릴 수 있다. 먼저, 메이지 전기 오사카부 법령에서 볼 수 있는 '고인청숙업'에는 아마도 산카세기 외 다양한 업종의 일자리에 종사하는 노동자들에게 야도와 구치이레를 제공하는 자들이 포함된다고 생각되며, 이러한 다양한 실태를 검토할 필요가 있다는 것이다. 둘째, 현대의 불안정 고용이나 빈곤 사업 문제 역시 염두에 두면서[30] 1890년대 이후 이러한 하층노동력으로 노동자들을 흡착시키는 중개업의 실태와 그 역사적 전개를 구체적으로 추적하면서 밝혀내야 할 필요가 있다는 것이다.

다음으로는 상술한 과제, 특히 두 번째 점에 부분적으로 응답하기 위해 관련된 선행연구를 참조하면서 약간의 사례 소개 및 고찰을 하고자 한다.

2) 항만노동자와 노무 공급 청부업자

먼저 시마다 가쓰히코씨의 연구[31]의 요점을 소개하는 형태로 1930

---

29 塚田孝, 앞의 글, 2007.
30 湯浅誠, 앞의 책, 2008, 小野将, 「'新自由主義時代'の近世史研究」, 『歴史科学』 200, 2010.

년대 초 오사카 항의 항만노동자인 나카시仲仕, 짐꾼와 그 공급업자에 대해 살펴 보자.

1935년 오사카 지방 직업소개 사무국『노무공급 청부업자에 관한 조사労力供給請負業者に関する調査』[32]는 오사카시 등 다섯 시의 노무공급 청부업자와 그 유사업자(총 수 1,095 중 오사카시내 722)의 실태를 조사한 것이다. 대표적인 업자의 상세한 영업상태 조사 및 모든 업자들의 명칭, 소재, 경영 종별, 소속 노동자 수, 연간 취급 합계 건수 등 기초적인 데이터 조사를 실시했다.

먼저 공급업자의 행정구 별 분포를 보면 미나토구港區, 다이쇼구大正區, 고노하나구此花區의 행정 3구가 최다였으며, 고노하나구에서는 공장 잡역부가, 미나토구에서는 나카시가 특히 많았다. 특히 미나토구는 나카시 전문 공급업자가 짓코築港 지구에 밀집되어 오사카 항과 아지가와安治川 강 항만 하역노동의 대량 수요를 뒷받침했던 지역이기도 했다.

나카타니 구미中谷組 : 경영자는 나카타니 노스케[中谷庄之助]는 닛폰유센日本郵船의 선내 하역을 미쓰비시 창고三菱倉庫의 하청으로 담당했던 짓코의 대표적인 업자였다. 업무 기간, 하역량 등에 변동이 많은 선내 하역 업무에 언제든지 응할 수 있도록, 동 회사에서는 나카타니 밑에 있는 하청부인下請負人이 건설 인부 숙소나 하숙을 두어 많은 나카시들을 기숙시키고 있었다. 하역작업 중간 감독자이기도 한 '고가시라小頭' 등으로 불린 리더들은, 하청부인으로서 헤야部屋, 방를 두었다. 그들은 오야카타親方로부터 '방 분할'을 인정받아, 오야카타의 모토베야元部屋에 대응하는 시타베

31 島田克彦, 앞의 글, 2001, 2002.
32 大阪市立大学学術情報総合センター 소장. 자세한 것은 島田克彦, 앞의 글, 2001, 2002.

야下部屋로 독립해서 그 하청이 되는 관습이 있었다. 그들은 상용 나카시를 데리고 있는 한편, 짓코 잔교 부근에 날마다 모여드는 일용 나카시('아귀 나카시'라고도 불렀다) 역시 필요에 따라 임시적으로 고용했다. 공급업자는 이렇게 해서 모토베야 / 시타베야 관계로 맺어진 중층 구조를 가지고 있었다.

공급업자 다수는 노동하숙을 겸업하여 노동자로부터 고액 숙박료를 징수하는 한편, 소개처에서 노동자에게 지불되는 임금 10~15%를 소개료로 징수하였으며, 이에 더해 '오야카타 상납親方納' 등의 명목으로 일정 금액을 제한 후 월 2회의 임금 지불까지 전차금前借金 및 복장 대여를 포함해서 그 이자 또한 착취했다. 이 때문인지 노동자들의 체재 기간은 2~6개월 등 단기간으로, 하숙에서의 착취에 대한 노동자 불만도 높았다.

위와 같은 오키나카시沖仲仕 : 정박중인 배의 하역 인부와 그 공급업인 방에 대해 주목하고 싶은 것은 아래와 같은 점이다.

첫째로, 근세 이래 야도와 구치이레라는 양 기능이 실질적으로 그대로 나카시와 토목건축 작업원, 공장 잡역부 등의 공급업 분야에서 존속하며 그 자체로서는 근대적인 성격을 가지는 노동력 수요를 뒷받침함과 동시에 유입 하층민들에 대한 숙박 장소 제공 및 착취가 존재했다는 것이다. 이것이 행정 당국 및 노동자들로부터 문제시되었음을 주의하고 싶다.

둘째로, 숙박과 일자리 알선의 양 기능이 1930년대 시점에서 형식상으로는 분리 가능한 겸업 중 하나로 인지되었다는 것은 아마도 1)에서 서술한 19세기 후반의 변화를 전제로 한다.[33] 즉 숙박과 일자리 알선은 장기적인 추세로서는 분리되면서도 그 배경에는 양자의 일체화로 가능해지는 착취의 문제가 있었다고 상정할 수 있다.

셋째로, 시마다가 주목하는 것처럼 미나토구에는 재일조선인이 경영하는 공급업자(모두 하숙을 겸업하지 않는)가 6곳 있었으며 모두 20~30명 규모의 노동자를 데리고 있는 영세 업자였다는 것, 미나토구 외에도 조선인 경영자인 공급업자가 흔히 보이는 것에 주목할 만하다.

3) 욕장노동자의 경우

다음으로, 목욕탕錢湯에서 일했던 욕장浴場노동자에 관해 다루겠다.[34] 욕장노동자에 관해서는 오사카시 사회부 조사과『본 시의 욕장노동자의 생활과 노동本市に於ける浴場労働者の生活と労働』社会部報告146, 1931년 9월이라는 사료가 있다. 이 조사는 1930년 말 현재 오사카시내의 1,251곳 욕장에 3,568명이 있었던 것으로 보이는 욕장노동자 중 323 욕장 1,020명을 대상으로, 그 사회 구성과 노동 조건, 생활 실태에 대해 조사한 것이다. 관찰의 중점을 특히 헤야(방) 제도에 두어 쇼와昭和 공황시기 실업 문제의 관점에서 조사했다는 점이 주목된다.

---

33 여기에서 1890~1920년대의 변천을 추적해야 하지만 앞으로의 과제로 하겠다.
34 상세한 것은 佐賀朝, 「近代大阪における都市下層社会の展開と変容―1930年代の下層労働力供給の問題を素材に」, 『経済経営論集』53(3), 桃山学院大学, 2012년) 및 大阪市社会部, 『本市に於ける浴場労働者の生活と労働』(社会部報告 146, 1931年).

(1) 지역적 분포 및 사회적 구성과 노동조건

욕장노동자란 산스케三助, 보조補助, 나카시流し, 게소쿠반下足番, 반다이番台 등의 총칭이다. 그 중 산스케三助라는 호칭은 목욕탕에서 가마솥 불때기, 물 온도 조정, 반다이(카운터) 등의 세 업무를 스케, 즉 돕는 것이 그 어원으로 알려져 있으며, 욕장노동자 전체의 호칭이기도 한데, 이 조사에서는 간토関東의 산스케는 나카시(욕장 안에서 손님의 등을 씻는 사람)를 가리키지만, 오사카에서는 화부(가마솥 불때기)와 무카이반向番 : 욕조 청소 및 가게 주변 일 두 가지를 가리키는 것으로 정리하고 있다.[35] 오사카의 센토에서는 그 태반이 화부와 무카이반 두 사람을 고용했지만(일명 니마이부로[二枚風呂]), 시 주변부의 작은 목욕탕에서는 한 명만을 고용하는 '이치마이부로一枚風呂'도 있어, 그러한 목욕탕에서는 '보조'라는 이름의 견습 노동자에게 일을 돕게 했다고 한다.

이 조사에서 대상으로 한 1,020명의 남녀 비율은 남성 874명, 여성 146명으로 되어 있으며, 여성이 14%를 차지했다. 직무별로는 게소쿠반 301(그 가운데 여성은 33), 산스케 462(0), 보조 179(53), 반다이 겸 잡용 78(60)으로, 모두 남성인 산스케(화부와 무카이반)가 45%를 점하였으며, 게소쿠반 35%가 뒤를 이었다(여성은 반다이나 보조가 많았다).

또한 '내지인內地人 : 일본 본토 사람', '조선인'의 구분에서는 1,020명 중 381명(37%)을 조선인이 차지하여, 가혹한 노동이 강요되는 욕장 노동에서는

---

35 근대 일본의 공중 목욕탕에는 정면 입구의 양쪽에 남탕, 여탕의 두 개 탈의장과 욕실이 있으며, 입구 부근 중앙에는 '반다이[番台]'라 불리는 카운트가 있는데, 그곳에서 출입하는 손님들을 응대했다. 물을 끓이는 솥과 아궁이는 건물 뒤쪽에 있어, 그 곳에서 노동자가 장작을 지피며 목욕탕의 불을 피우는 작업에 종사했다. 노동자는 욕실 및 탈의실 청소를 하거나 영업 중에는 손님의 등을 씻는 등의 서비스도 했다.

〈표 2〉 오사카시 욕장노동자의 행정구별, 알선루트별 출신별 실수 및 비율(1931)

구분	합계	경유한 알선루트 구분				출신구분	
		헤야	구치이레야	기타	불명	내지인	조선인
구시역	736(72)	127(17)	146(20)	414(56)	49(7)	448(61)	288(39)
北	114(11)	9(8)	22(19)	82(72)	1(1)	71(62)	43(38)
此花	9(9)	21(23)	23(25)	49(53)		56(60)	37(40)
東	57(6)	6(11)	9(16)	23(40)	19(33)	41(72)	16(28)
西	67(7)	11(16)	20(30)	36(54)		43(64)	24(36)
港	238(23)	44(18)	46(19)	138(58)	10(4)	133(56)	105(44)
天王寺	65(6)	20(31)	5(8)	36(55)	4(6)	31(48)	34(52)
南	51(5)	11(22)	5(10)	28(55)	7(14)	44(86)	7(14)
浪速	51(5)	5(10)	16(31)	22(43)	8(16)	29(57)	22(43)
신시역	284(28)	56(20)	73(26)	109(38)	46(16)	191(67)	93(33)
西淀川	23(2)	3(13)	3(13)	13(57)	4(17)	19(83)	4(17)
東淀川	59(6)	6(10)	17(29)	23(39)	13(22)	36(61)	23(39)
東成	104(10)	17(16)	26(25)	41(39)	20(19)	66(63)	38(37)
住吉	74(7)	22(30)	22(30)	24(32)	6(8)	52(70)	22(30)
西成	24(2)	8(33)	5(21)	8(33)	3(13)	18(75)	6(25)
합계	1,020(100)	183(18)	219(21)	523(51)	95(9)	639(63)	381(37)

비고 : 大阪市社会部, 『本市に於ける浴場労働者の生活と労働』(1931)2, 13쪽을 바탕으로 작성.
왼쪽 끝 합계란의 ( ) 안은 세로축의 합계에 대한 백분율. 그 외의( ) 내는 가로축 합계에 대한 백분율.

한편으로 목욕료 인하 문제의 압력도 있어서 '임금이 저렴한 조선인을 사용하는 경향이 점점 현저'해져, 게소쿠반 등은 이미 조선인이 과반을 차지하는 상태가 되었다고 한다(표 2 참조, 행정구 별로는 미나토 구 105명이 최다).

행정구 별 사람 수를 보면 내지인과 조선인 모두 미나토구가 최다(총 238명)로 전체의 23%를 차지하여, 기타구北區 114명(11%), 히가시나리 구東成區 104명(10%), 고노하나구 93명(9%) 등이 뒤를 이었다.

또한 출신지(출생지)는 국내는 이시카와石川 101명, 도야마富山 76명, 후쿠이[福井] 49명으로 호쿠리쿠[北陸] 3현이 총 22%를 차지하여, 삼단[三丹 : 단고 [丹後], 단바[丹波], 다지마[但馬]]을 포함한 효고 92명, 교토 19명도 총 11%로 많은 편이었다. 참고로 오사카 부 내 출신자는 67명(7%)이었다.

다음으로 노동 조건을 살펴보자. 먼저 급여를 보면, 조사 대상인 욕장노동자 1,020명은 일급자 224명(22%), 월급자 796명(78%)로 구성되어 있었다(모두 숙식 제공[住込賄附]).

일급자 및 월급자를 평균한 직무 별 월급은 산스케 27~31엔, 게소쿠반 11~12엔, 보조 17~21엔, 반다이 24~26엔이었다. 산스케의 월급 30엔 전후는 호황기의 월급인 40~45엔과 비교하면 2~4할이 내려갔다고 알려져, 심각한 불황과 조선인 노동자의 진출에 의해 노동조건이 저하된 것으로 조사자는 설명하고 있다. 하지만, 조선인 노동자의 진출에 의해 노동조건이 악화되었다고 보는 견해는 사실과 다르다고 할 수 있다.

노동시간은 욕장 영업시간과 근무시간이 일치하는 상황으로 오전 5시 무렵부터 다음 날 오전 1~2시까지였다. 일부 교대제가 존재했던 산스케(화부와 무카이반)에서도 교대제가 없는 게소쿠반과 보조, 반다이에서도 15~16시간 정도는 근무했다고 한다(휴일은 월 2회의 목욕탕 공휴일).

또 취업기간(특정 목욕탕에서의 취업으로 추정되는)은 3개월 이하 31%을 포함해서 1년 이내가 6할을 차지하여, 전체적으로 유동성이 높았다. 단 3년 이상도 13%나 있었다.

이상으로 (1)에서 서술한 점을 정리하면 먼저 욕장노동자는 장시간의, 노동강도가 큰 단순노동으로 젊은 단신 남성들을 주체로 하며, 유동성이 높으며 임금수준 역시 중공업 대경영 기간 노동자(월 수입 100엔 정도)에 비해서 3분의 1정도로 불황 하에서 저조하여 전형적인 도시 하층노동 중 하나였다는 점, 둘째로 불황에 의한 임금저하 압력이 강해지는 와중에 재일조선인의 진출이 진행되어 전체 평균에서 4할 가까이를 점했다는 것에 주목할 수 있다.

(2) 공급 양태 – 헤야와 구치이레야

다음으로 욕장노동자를 공급했던 헤야部屋와 구치이레야口入屋에 주목하고자 한다. 욕장노동자의 공급방법은 1,020명 중 헤야를 경유한 자가 183명(18%), 구치이레야 경유가 219명(21%), 그 외(지인 및 동향 관계자 경유)가 523명(51%), 불명이 95명(9%)이었다(표 2 참조). 조사에서는 '전에는 산스케라고 하면 거의 대부분이 헤야에서 파견되었던 '헤야코部屋子'가 차지하고 있었으나, 현재 헤야제도는 봉건사회의 유물로서 폐해가 많은 것으로 판단되어, 시대의 흐름과 함께 점차 몰락하고 있다'고 설명하고 있다. 이에 다음으로 헤야와 구치이레야의 실태를 살펴 보자.

① 헤야部屋

조사 당시 오사카시내에 존재했던 욕장노동자 전문 헤야는 8곳 있었으며, 취업 중 403명, 스케助 : 기능공을 돕는 조공로서 취업 중 51명, 구직 중 62명으로 합계 516명의 헤야코를 데리고 있었다(표 3 참조). 그 중 반수에 가까운 249명을 데리고 있는 최대의 헤야가 니시구西區에 있었던 오사카 욕장 작업 주식회사로, 동 회사는 6곳의 헤야가 1926년에 합병해서 회사 조직화 된 것이었다.

각 헤야는 미리 시내의 욕장과 계약을 맺어 구인이 있으면 바로 필요한 사람과 그 수를 공급하였다. 조사 당시 516명의 헤야코 중 62명 (12%)이 구직 중 상태로, 취업 중인 헤야코 역시 그 태반은 2~3개월 후 목욕탕에서 헤야로 돌아오는 상태였다.

이들 헤야는 모두 소개업과 하숙업을 겸업했으며 헤야코라고 불린 노동자들을 목욕탕으로 소개하여, 그들로부터 소개료 및 스케의 하네 (후술), 월정액月掛金에 더하여 식비, 데모노出物, 축의금(헤야의 반토[番頭: 반장]에 대한 팁), 잡비 대부 이자 등을 착취했다.

헤야가 헤야코를 목욕탕에 소개한 경우, 헤야는 헤야코로부터 급여 1일분을 소개료로 징수하였으며, 소개 받은 목욕탕으로부터는 통상 1엔의 월정액을 징수했다(매월 지불하면 몇 번이고 노동자의 소개를 받을 수 있었다). 또 취업 중인 노동자가 질병 등으로 목욕탕을 쉬었을 때 등 임시

〈표 3〉 오사카시내 주요 욕탕 노동자의 헤야[部屋]와 그 개요(1931)

No.	번호 · 명칭 · 경영자등	주소	헤야코[部屋子]의 취직상황			
			취업중	助	구직중	계
1	大阪浴場作業株式会社	西区北堀江一番町19	183	39	27	249
2	天満屋こと津知田亀吉	港区東田中町6-591	70	12	7	89
3	鰻秀こと佐々木栄太郎	南区大宝寺町東之町223	35	0	8	43
4	今西松蔵	天王寺区大道4	20	0	5	25
5	加瀬太一	住吉区山王町1-24	5	0	1	6
6	槇原四郎兵衛	北区扇町公園 大阪浴場内	30	0	7	37
7	栄屋こと前田竹次郎	西淀川区南浦江2	60	0	7	67
8	椿 庄蔵	住吉区長峡町57	불명	불명	불명	불명
	합계		403	51	62	516

비고 : 大阪市社会部, 『本市に於ける浴場労働者の生活と労働』, 1931, 16~22쪽을 참고로 작성. 각 헤야와 취업 상황의 대응관계에는 일부 추정도 포함. 합계란은 椿를 제외하고 계산한 것. 椿(원사료에서는 H部屋)의 취업자는 불명이지만 적어도 140~150명에 이른다고 생각된다.

로 대리 헤야코를 소개하는 것이 스케인데, 이를 소개한 경우 스케는 원래 노동자의 일급보다 25전 증액하는 것이 관례로, 그 증액분을 포함한 스케의 일급 2할을 헤야가 징수하는 것이 '하네(핀하네[ピンハネ: 임금 가로채기]를 의미하는 것으로 추정)'였다.

또, 헤야코가 헤야에 숙박할 때는 3끼 식비와 데모노(이나리 축제나 다다미 수선비, 위생비, 이부자리 맞춤비, 세탁비, 연료비 등을 명목으로 한 징수금), 헤야의 반토番頭에 대한 축의금 및 사례, 명절에 헤야에 내는 소정의 명절비心付け 외에도 가입비 및 잡비 대부 이자(1개월 20%의 고리) 역시 착취당했다. 하지만 조사 당시에는 가입비가 한 헤야를 제외하고는 모두 폐지되고 데모노 역시 대형 헤야에서는 폐지되었으며, 식비에 관해서는 노동조합인 욕장노동자 클럽이 인하 운동을 펼치는 등, 헤야를 통한 착취는 점차 어려워지고 있었다.

② 구치이레야口入屋

구치이레야口入屋는 일반 영리 직업소개자로, 미나미구 닛폰바시日本橋, 에비스초惠美須町, 이마미야今宮, 기타 구 덴진바시스지 6초메天神橋筋6丁目 등의 업자가 주로 산스케를 소개했으며, 미나토구에서는 조선인 전문 구치이레야가 있었다.

구치이레야는 조사에 의하면 하숙을 겸업하지 않는다고 간주되어, 데모노나 월정액 등은 필요없이 소개료만을 징수하였는데, 산스케를 소개한 경우 본인과 목욕탕으로부터 일정액을 징수했다. 헤야에서 소개받은 자를 헤야코라고 칭한 것처럼, 구치이레야에서 소개 받은 자는

지마에^{自前}라고 불렸다.

위와 같은 헤야와 구치이레에 대해 소결해 보겠다. 첫 번째로, 욕장 노동자 절반은 연고나 같은 고향의 관계를 이용해 소개받고, 나머지 2할이 헤야제도, 2할이 일반 구치이레야를 통한 소개로 욕장에 취업했으나, 헤야가 데리고 있던 헤야코는 여러 명목으로 징수금 및 대부에 의해 착취되어, 그 양태는 현대의 '빈곤 사업'과 매우 유사하다고 할 수 있다. 야도와 구치이레를 통한 유입 하층민의 이용 가능 인력화와 '구제', 착취의 양태는 시대를 너머 유사했던 것이다. 두 번째로, 욕장노동자 전문 헤야는 항만노동을 비롯해서 다양한 육체 일용노동에 존재하는 노무공급 청부업의 한 형태로 분화를 거듭해 온 것이라고 보여지는데, 1931년 당시 그 점유율은 매우 한정적으로, 착취를 위한 여러 제도 역시 노동자 측의 발언력 등에 의해 약화 되고 있었다는 점도 중요할 것이다.

또한, 이 조사에서는 당시 오사카시내에 존재했던 목욕탕 1,251곳 중 1,026곳(82%)이 차탕^{借湯} 영업자로 자가탕 영업자는 225곳(18%)에 불과하여 압도적인 다수가 토지를 비롯해 목욕탕 건물까지도 임대하는 영업자였다는 것 등 목욕탕 자체에 대해서도 중요한 내용이 포함되어 있는데 지면 관계 상 여기서는 생략하겠다. 나아가 그 곳에서 저임금으로 고용되어 일하는 욕장노동자에게 부담이 전가되는 구조가 존재하여, 이러한 모순이 심화됨에 따라 임대료 인하 및 노동 조건 개선이 연동하는 형태로 사회문제화 되기 시작했음을 지적해 두고 싶다.

(3)소결

본 절에서는, 욕장노동자에 관해 검토를 가하여 도시 저변에 유동하는 하층 노동력과 그들에 대한 숙박, 소개 기능을 하던 존재의 시대를 넘은 공통적 성격을 여기에서도 재확인했다. 이러한 야도와 구치이레' 역할을 하던 업자는 근세로부터의 공통성도 가지고 있었지만, 1930년대 단계에서 그 성격이 크게 변화를 낳고 있었던 점도 중요하다. 실업문제의 일환으로서 관 역시 주시하는 가운데, 노동조건 개선을 요구하는 노동운동의 등장은 차탕이 대다수를 점하는 욕장 경영자 자체를 착취했던 건물주에 대한 비판과 함께 욕장노동자의 헤야제도는 오키나카시沖仲仕의 경우와 마찬가지로 사회문제화 되고 있었다.

마지막으로, 본 절을 정리하는 의미에서 항만노동자와 욕장노동자의 공통성과 차이, 그리고 중첩에 대해 정리하겠다.

첫째, 양자는 단순 육체노동에 주로 단신 청년 남성이 종사하는 미숙련 노동으로서 전체적으로는 공통성을 가지고 있었다.

둘째, 노동 조직과 직장에서의 결합 관계에 대해서는 오키나카시가 기숙과 업무 쌍방에서 집단으로서의 단위성을 강하게 띠고 오야분親分 ─고분乾分 관계가 나타난 것에 대해, 욕장노동자의 직장은 고립, 분산적이며 인원이 적어 양 쪽 사이에는 대조적이라고도 할 수 있는 차이도 존재 했다.

셋째, 재일조선인의 유입이 나타난 점 역시 양자에 공통되는데, 그 진전도는 언뜻 보았을 때는 욕장노동자가 더 현저했다고 볼 수 있다.

넷째, 노동자들의 고용주 대다수가 중소 경영에 속하여, 그 불안정성 및 모순이 노동자들에게 전가되는 구조의 존재 역시 양 쪽의 공통점이다. 그렇다고는 하지만, 나카시 업에는 항만 운송업무의 중층적인 체계 전체를 지배하는 상위 자본(유선, 상선 회사)이 존재했는데 비해, 욕장업에서는 경영 규모의 차이로 건물주와의 모순 관계가 존재해도 그 경영자 자체는 비교적 균등한 성격을 가지고 있어, 양 업계에는 이질적인 면도 있었다.

다섯째, 본론에서는 언급하지 않았지만 오사카 욕장 작업 주식회사 경영자는 실은 짓코築港의 나카시 공급업자인 나카타니 쇼노스케였다. 나카타니는 짓코의 나카시를 장악한 한편, 욕장노동자 공급업 분야에서는 복수의 구미組를 합병한 최대 공급 회사의 대표자이기도 했다. 이는 이러한 노무 공급 청부업에서의 분화와 공통성의 병존을 상징하는 것이라 할 수 있다.

일본에서는 제2차 대전 후 1947년 직업안정법에 따라 노무공급 청부업이 금지되었다. 오늘날의 많은 노동자들에 대한 야도와 구치이레 문제, 소위 빈곤 사업 문제는 직접적으로는 노동자 파견법 제정(1986년)과 신자유주의 정책에 의한 그 대상 직종 확대(1999 · 2004년)를 시작으로 한 비정규직의 증대로 생겨났다.[36] 따라서 법 제도 면에서는 단절이 있으며 2차 대전 전의 노무 공급업 문제가 그대로 현재로 이어진 것은 아니다. 하지만 신자유주의 정책에 의해 전후 민주주의 체재 하에서 금지 단절되었던 제도가 과거로 사실상 회귀해 가고 있는 오늘날 2차 대전 전 공급업의 변천과 그 역사적 의미의 고찰이 가지는 현대적인 의

---

36 湯浅誠, 앞의 책, 2008.

의는 퇴색되지 않았으리라 생각된다.

　도시 하층노동자의 수용처로서 역사적으로 형성된 야도와 구치이레 역할을 하는 공급업이 그 기생적 성격과 착취, 억압적인 생활 및 노동 관리를 이유로 전후 복지국가를 바탕으로 공적 직업소개로 대체된 후 해체되었음에도 불구하고, 1990년대 이후 신자유주의에 의한 복지국가 해체정책에 따라 특수한 형태로 부활해가고 있다. 이는 본 저서의 관심에 맞추어 이야기하면, 글자 그대로 해체되어야 했을 억압 및 착취를 동반하는 사회적 결합관계(공생이라기보다 기생, 흡착관계라고 할 수 있겠다)가 벌거벗은 자본주의화의 재진행과 '양극화 사회' 형성에 따라 다시금 이용되어, 문제화되는 현실이 있다고 할 수 있다. 여기에서도 우리들은 역사를 통해 그 문제성의 기원을 탐구하는 작업을 요청받고 있는 것이다.

4. 근대 오사카의 경험과 공생

　이 글에서는 근대 오사카의 초 및 초나이 단체와 학구의 전개에 대해 고찰함과 동시에, 도시 하층 노동력의 야도와 구치이레 문제에 관해 1930년대 초의 욕장노동자를 사례로 검토했다.

　초나이 사회의 실태와 하층노동자까지 포함한 도시 민중생활과 노동세계를 거대 도시 오사카 사회구조의 일환으로서 밝혀 나가는 작업은 이제 막 궤도에 올랐을 뿐이지만, 이 과제는 신자유주의의 돌풍이 불어 닥치는 현 상황과의 관계에서 더욱 더 시급하다. 2차 대전 전의 사회에서 해체했어야 할 억압적인 공동체와 노동조직을 완전히 과거의 것으로 만든 상태에서, 그 역사를 참조하며 시민 개인으로서의 자립과 문화적 다양성을 축으로 민주주의적인 '공생'의 길을 탐구하는 것이 오늘날의 과제라고 할 수 있다.

근현대 오사카의 경험이, 유사하게 신자유주의 정책의 격류에 휘말린 한국 사회와 부산 시민에게 응당 그래야 할 '도시와 공생'을 생각하는 어떤 실마리가 될 수 있다면 행복한 일이겠다.

참고문헌

『大阪朝日新聞』1940년 9월 18일, 1941년 6월 10일 기사.

「시지역진흥회가 도구상반대를 결정」『朝日新聞デジタル版』2015年4月15日.

「大阪市の総合区設置概案에 관한 성명」(2016년 8월 31일) 등을 참조(同研究所のWEBサイト
　　http://www.oskjichi.or.jp/modules/statement/content0017.html.

高岡裕之, 「町総代制度論」, 『年報都市史研究』3, 都市史研究会, 1995.

宮本憲一, 「都市格のある街をつくろう」, 『世界』832, ('特集 橋下維新－自治なき '改革'の内実'),
　　2012년 7월, 岩波書店.

吉原直樹, 『戦後改革と地域住民組織－占領下の都市町内会』, ミネルヴァ書房, 1989.

吉田伸之, 『近世巨大都市の社会構造』, 東京大学出版会, 1991.

大岡聡, 「東京の都市空間と民衆生活－19世紀末～20世紀初頭の'町'住民組織」, 『都市空間と民衆
　　日本とフランス』(中野隆生 編), 山川出版社, 2006.

大阪市社会部, 『本市に於ける浴場労働者の生活と労働』(社会部報告 146), 1931.

　　　　　　, 『本市に於ける浴場労働者の生活と労働』, 1931.

島田克彦, 「1920～30年代の都市における労務供給請負業者」, 『ヒストリア』175, 2001.

　　　　, 「戦前期大阪築港における港湾運送業と労働者－1932年・築港沖仲仕争議を中心に」,
　　『ヒストリア』178, 2002.

藤井正太, 「近代京都の町共同体に関する基礎的考察－西陣・妙蓮寺前町を素材に」, 『部落問題研
　　究』191, 2009.

籠谷次郎, 「大阪市における学区財政の展開－南区空堀町外十三ヵ町区の事例」, 『大阪の歴史』38,
　　1993.

飯田直樹, 「明治前期大阪における家屋敷売買と町による規制」, 『大阪歴史博物館研究紀要』13, 2015.

北嶋奈緒子, 「明治期大阪の有志的町内団体－内安堂寺町二丁目を事例として」, 『東アジア都市に
　　おける集団とネットワーク－伝統都市から近現代都市への文化的転回』(仁木宏ほか 編,
　　文学研究科叢書9), 清文堂出版, 2016.

砂原庸介, 『大阪－大都市は国家を超えるか』, 中公新書, 2012.

　　　　, 『大阪－大都市は国家を超えるか』, 中公新書, 2012.

三輪泰史, 「解題」, 『大阪市史史料25戦時下の民衆生活－黒右衛門町町会回覧板』(大阪市史料調査会),

大阪市史編纂所, 1989.

小野将, 「'新自由主義時代'の近世史研究」, 『歴史科学』200, 2010.

小川市太郎, 『大大阪年鑑昭和十二年版』, 大阪都市協会, 1936.

松岡弘之, 「学区編成期の地域社会－大阪市南区・桃園尋常小学校の移転新築問題」, 『大阪市立住まいのミュージアム研究紀要・館報』8, 2009.

松下孝昭, 「大阪市学区廃止問題の展開－近代都市史研究の一視角として」, 『日本史研究』 291, 1986.

佐賀朝, 「近代大阪における都市下層社会の展開と変容－1930年代の下層労働力供給の問題を素材に」, 『経済経営論集』53(3), 桃山学院大学, 2012年.

＿＿＿, 「戦時下都市における食糧難・配給・闇－大阪市の事例を中心に」, 『戦争と平和』2(大阪国際平和研究所紀要), 1994

＿＿＿, 『近代大阪の都市社会構造』, 日本経済評論社, 2007.

竹中英紀, 「町内会体制と都市社会構造－東京市1920～1943年」(『大都市行政の改革と理念－その歴史的展開』(東京市政調査会), 日本評論社, 1993.

芝村篤樹, 「専門官僚制・市民参加, そして区政－区政問題の歴史的考察」, 『都市の近代・大阪の20世紀』, 松籟社, 1999.

芝村篤樹, 『関一－都市思想のパイオニア』, 松籟社, 1989.

塚田孝, 『近世の都市社会史－大坂を中心に』, 青木書店, 1996.

＿＿＿, 「近代大阪への展開をみる一視点」, 『都市社会史の視点と構想－法・社会・文化』, 清文堂出版, 2015, 초판은 2009.

＿＿＿, 「宿と口入」, 『身分的周縁と近世社会3商いがむすぶ人びと』(原直史 編), 吉川弘文館, 2007.

湯浅誠, 『反貧困－'すべり台社会'からの脱出』, 岩波新書, 2008(유아사 마코토, 이성재 역, 『빈곤에 맞서다－누구나 인간답게 사는 사회를 위해』, 검둥소, 2009.

오사카의 도시 세그리게이션과
시민생활의 불안정화*

가와노 에이지[川野英二]

1. 시작하면서

공업도시로서 발전한 오사카는 상업중심도시에서 공업도시로 발전
하는 과정에서 '삼향三鄕'으로 불렸던 중심시가지의 상업지역과 주변부
의 공업지역, 이에 더하여 시 외곽의 주택지역이라는 삼중 구조로 재편
되었다. 그 후 오사카의 산업구조가 크게 바뀌고 고용환경이 변화해가
면서 제3차 산업에서도 도·소매업 비중이 줄어들었다. '전문직화(전문
직·기술직 종사자 증가)'와 '불안정화(비정규 고용자 증가)'가 동시에 진행된

* 이 글은 필자의 논문 「오사카시민의 노동환경과 정신건강에 미치는 영향 고찰—직업 통합의
유형분석(大阪市民の労働環境とメンタルヘルスへの影響—職業統合の類型分析)」
(2013.3)과 「빈곤층의 건강과 사회적 배제에 대한 실태 조사와 지역 사회 의료의 지향점에
관한 연구(貧困層の健康と社会の排除についての実態調査と地域の社会医療のあり方につ
いての研究」(厚生労働科学研究費補助金政策科学総合研究事業 2012年度総括研究報告書,
71~81쪽)를 수정·보완한 것이다.

것이다. 이러한 변화 속에서, 오사카시내에는 공업화 시대에 형성된 이중 도시구조가 계승된 채 전문직화 및 불안정화 구조가 공간적으로 나타나게 되었다. 특히 오사카는 실업률이나 생활보호 수급율이 전국 평균보다 현저하게 높기 때문에, '불안정화'의 실태를 상세하게 분석할 필요가 있다. 이에 이글에서는 특히 거주 환경의 불안정화와 고용·일의 불안정화를 검토할 것이다.

구체적으로 이글에서는 먼저 오사카의 세그리게이션segregation 상황을 분석하여 최근 오사카의 도시사회구조의 변화를 파악할 것이다. 다음으로, 거주환경의 불안정화에 대해, 특히 거주지구에서의 폭언이나 폭력 체험을 중심으로 고찰하겠다. 마지막으로 불안정화가 진행 중인 도시 오사카에서, 고용·일의 불안정화가 정신건강에 미치는 영향에 관해 분석하겠다.

2. 오사카시의 도시사회구조와 세그리게이션

오사카 대도시권에서는, 오사카시역市域 내에 역사적으로 피차별 부락, 일용직 노동자, 코리안, 오키나와 출신자 등 마이너리티가 집주하는 지구地區가 형성되어 왔으며, 다른 한편으로는 민간 철도 사업자에 의한 개발을 통해 중간층의 교외화 역시 일찍이 진행되었다. 이러한 분포 경향은 자연발생적인 것이 아니라 관에 의한 도시계획과 민간 사업자의 교외개발에 의해 인공적으로 형성된 것이었다.

특히 오사카시 외곽을 둘러싼 이너 링inner ring 지역은 다이쇼시대大正時

〈그림 1〉 2005년 오사카시 사회지도(전문관리직)

代: 1912~1926에 시로 편입된 구역으로 수많은 노동자와 빈곤층이 이곳으로 유입되었다. 당시 오사카시는 선진적인 도시사회정책을 도입하여 이너 링에 다수의 공영주택을 건설했다. 시영주택의 수는 고도 성장기에 급증해서 오늘날에도 임대주택 가운데 시영주택이 차지하는 비율이 대도시 중에서도 특히 높다. 또한 1960년대에 건설된 주택이 그대로 노후화가 진행 중인 것도 적지 않다.

도시화 과정에서 생겨난 이러한 직업별 거주 분포의 차이는 도시의

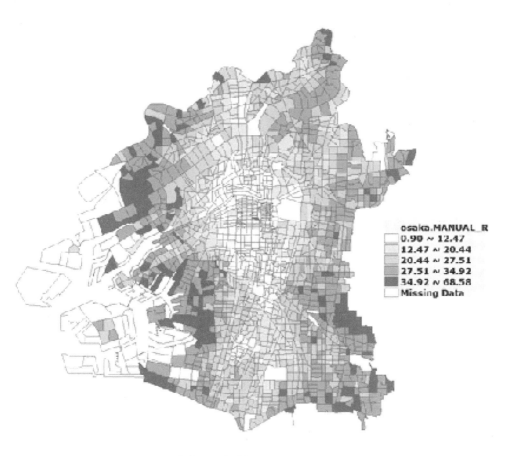

〈그림 2〉 2005년 오사카 사회지도(생산 노무직 비율)

사회적 세그리게이션을 잘 드러낸다. 〈그림 1〉을 보면, 시 중심부에서 우에마치다이치^{上町台地}에 걸쳐 전문 관리직의 비율이 높고, 〈그림 2〉에서는 시 외곽 이너 링 지역에서 생산 노무직의 비율이 높게 나타나고 있다. 이처럼 다이쇼시기의 공업화와 도시화에 의해 형성된 오사카의 도시사회구조는 현재에도 여전히 남아 있는 것이다.

〈표 1〉 오사카의 세그리게이션(세그리게이션 지수 (SI))

	2005	2010	2005~2010
전문관리/노동력인구	.155	.168	.013
사무판매/노동력인구	.097	.084	-.013
생산노무/노동력인구	.162	.176	.014
실업/노동력인구	.160	.151	-.009

〈표 2〉 오사카의 세그리게이션(비유의성 지수 (IoS))

	2005	2010	2005~2010
전문관리/전문관리	.105	.116	.011
사무판매/전문관리	.238	.267	.029
실업/전문관리	.241	.251	.010

이러한 세그리게이션 현상을 수치로 나타내 보자. 〈표 1〉과 〈표 2〉
는 2005년과 2010년 국세조사国勢調査를 바탕으로 하여 세그리게이션
지표를 계산한 후 두 시점의 변화를 나타낸 것이다.

〈표 1〉의 세그리게이션 지수(SI)의 수치는 어떤 직종이 공간적으로
집주하고 있는 정도를 나타낸다. 생산 노무직, 실업자의 순으로 수치가
높게 나타나지만, 전문 관리직에서도 집주의 경향이 보인다. 또한 표 2
의 비유사성 지수IoS의 수치는 두 가지 종류의 직종이 같은 지구에 어
느 정도 불균등하게 거주하고 있는지를 나타내고 있다. 표를 보면, 특
히 전문 관리직과 실업자에서 불균등하다는 것을 알 수 있다. 세그리게
이션 지수에서는, 2005년부터 2010년에 걸쳐 전문 관리직과 생산 노
무직에서 근소하게 수치가 높아져 양극화 경향이 더 강해지고 있음을
알 수 있다. 비유사성 지수를 보아 도, 2005년부터 2010년 사이에 전
문 관리직과 생산 노무직 간의 지수 수치가 약간 높아져 전문 관리직과

생산 노무직이 더욱 분리되어 집중하는 형태로 거주하는 경향이 강해지고 있다. 이상과 같이 오사카시내에서는 실업자나 생산 노무직과 마찬가지로 전문 관리직도 공간적으로 집중하고 있으며, 거주가 양극화하는 경향이 있음을 확인할 수 있다.

오사카시의 도심 지역inner area 가운데서도 실업률이 높은 니시나리西成구 안에는 40%를 넘는 실업률을 나타내는 '아이린あいりん 지구'도 있으며, 이 수치는 전국평균의 약 10배에 달한다. 원래 니시나리구에는 아이린 지구를 위한 특별 예산이 편성되어 있었으나, 오사카시는 이에 더해 '니시나리 특구'로 지정해 특별 대책을 강구할 것을 검토하고 있다. 어쨌든 오사카시의 사회적 격차가 특정 지구에 집중되어 있으며, 더욱 광범위한 도시재생 대책이 요구된다는 점은 부정할 수 없다.

3. 거주환경의 불안정화

1) 거주환경 불안정화의 규정 요인

그렇다면, 사회적 불평등이 공간적으로 드러나는 가운데 오사카에서는 어떠한 도시재생 대책이 가능할까? 사회적 불평등이 확대되면서 빈곤과 그에 수반하는 범죄의 증가도 현안과제가 되고 있다. 사회적 불평등의 확대와 공간적 격리가 심화될수록 실제로 범죄가 증가하는지의 여부를 여기서 검토할 수는 없지만, 거주지구내에서의 폭력이나 폭언이 어떤 지구에서 일어나기 쉬운 지, 또 어떤 지구에서 억제 가능한 지를 분석하는 것은 가능하다.

예를 들면, 로버트 샘슨R. Sampson은 시카고시 주민조사를 통해 '집합적 효능감'이 높은 지구일수록 범죄와 폭력이 낮음을 밝히면서, 지역에서의 '비공식적 사회적 통제'가 강하고 연대가 강할수록 지구 범죄를 억제하는 효과가 있다는 점을 지적하고 있다(Sampson, R.J. et.al. 1999; Sampson, 2005; Sampson, 2012). 이러한 분석이 특히 실업률이나 생활보호자의 비율이 높은 오사카시와 같은 대도시에도 적용이 가능할 것인가?

집합적 효능감의 지표를 작성할 때, 샘슨은 사회 자본social capital 지표뿐만 아니라 근처 어린이들의 비행을 목격했을 때 주민이 어떤 행동을 취하려고 하는 지 등 행동의 준비를 포함한 '비공식 사회적 통제' 지표를 포함했다. 이러한 집합적 효능감 지표는 지역의 사회적 응집성 지표와 상관관계가 높은데, 이는 상호 부조와 근린 네트워크 등 사회적 응집성 지표로 대체 가능하다(Hirschfield & Bowers, 1997). 따라서 다음으로, '불이익의 축적', '거주 불안정성', '사회적 응집성' 등이 지구 단위에서 근린 폭력에 어떤 효과를 가지는지를 분석해 보고자 한다.

2) 분석에 사용한 데이터와 변수

(1) 종속 변수

사용한 데이터는 2011년에 필자가 속한 연구 그룹이 실시한 '오사카시민의 사회생활과 건강에 관한 조사'(n=3,245)이다. 종속 변수로 사용한 변수는 근린에서 폭언이나 폭력을 당한 경험 유무이다. 조사표에서는 과거 2년간 거주 지역에서 폭력을 당하거나 폭언을 들은 경험의 유무를 묻고 있다.

(2) 독립 변수

독립 변수로는 지구 레벨의 변수로서 '지구유형' 외에 '불이익의 축적', '거주 안정성', '사회적 응집성'을 투입하고 있다.

① 지구유형

오사카시민 조사에서는 먼저 사회지도를 작성할 때, 국세조사의 소지역 통계 데이터에서 입수 가능한 복수의 변수로부터 지구유형을 작성했다. 지구유형은 12가지를 추출했는데, 그 중 한 지구는 인구가 적어 층화다단추출stratified mutistage sampling을 실행하는 것이 불가능하였기 때문에 11개 유형에 속하는 지구만을 대상으로 삼았다. 이글의 분석에서는 그 가운데 전문 관리직이 많은 3가지 유형을 '상층 지구', 중간층에 속하는 4가지 유형을 '중층 지구', 블루컬러 층이 많은 4가지 유형을 '서민 지구'로 분류했다.

② 불이익의 축적

불이익의 축적지표는 지구의 생활보호 수급율과 상대적 빈곤율을 사용했다. 상대적 빈곤율을 계산할 때, 보통은 세금 및 사회 보험료를 제외한 가처분 소득을 세대원 수의 제곱근으로 나눈 등가가처분소득

중앙값의 50%를 '빈곤선'으로 설정하고 그 빈곤선에 미치지 않는 세대의 비율을 상대적 빈곤율로 정의하지만, 이 글에서 사용한 데이터는, 조사표에서 소득에 대해 질문할 때 세금이나 사회 보험료를 포함한 수입을 물었기 때문에, 등가소득 중앙값의 50%를 빈곤선으로 정의했다. 계산 결과, 빈곤선은 135만 엔으로, 빈곤선 이하의 세대에 속하는 가족은 오사카시 평균 13.5%였다. 지구유형별 상대적 빈곤율은 상층 지구에서 9.5%, 중층 지구에서 12.5%, 서민 지구에서 16.2%였다. 지표 작성 당시, 지구의 생활 보호 수급율과 상대적 빈곤율을 표준화하여 합산하고, 전체 평균으로 중심화centering 하였다.

③ 거주 안정성

거주 안정성은, 주거 형태에서 자가自家 소유의 지구 평균과 거주 년수 5년 미만 거주자의 지구 평균을 표준화하여 합산하고 전체 평균으로 중심화 하였다.

④ 사회적 응집성

사회적 응집성 지표는 '일반적 신뢰감'과 지역주민의 '상호부조의 인지'를 바탕으로 작성했다. '일반적 신뢰감'에 대해서는 '세상 사람들은 대부분 기본적으로 정직하다', '세상 사람들은 대부분 기본적으로 선량하고 친절하다', '세상 사람들은 대부분 다른 사람을 신뢰하고 있다', '일반적으로 남을 도와주면 언젠가는 그 사람으로부터 도움을 받을 수 있는 것이다', '세상 사람들은 대부분 어려울 때 서로 돕는다.',

'일반적으로, 남에게 친절을 제공받은 경우 자신도 남에게 친절하게 하려는 기분이 드는 것이다', '남을 도우면 다음에는 자신이 어려울 때 누군가가 도와주는 것이 세상의 이치이다' 등의 질문항목을 점수화하여 각 항목의 합계 점수를 지표로 나타냈다.

'상호부조의 인지'에 관해서는 현재 살고 있는 지역과 관련해, '일상적으로 주민들이 서로 돕고 있다'는 항목을 두고, '해당 된다', '어느 정도 해당 된다', '별로 해당되지 않는다', '해당되지 않는다'의 네 가지 대답을 제시했다. 거주지구의 주민들이 서로 돕고 있다고 대답할수록 점수가 높아지도록, 역전항목invert scale으로 만들었다.

사회적 응집성 지표를 작성할 때는 일반적 신뢰감과 상호부조의 지구평균을 표준화해 합산하여 전체평균으로 중심화 하였다. 그 외에 개인 레벨의 통제변수로서는, 나이, 여성 더미female dummy, 교육 년 수, 비정규 더미, 직업 3분류를 그룹 평균으로 중심화 하여 적용했다.

3) 근린 폭력 및 폭언 피해 분석

과거 2년 동안 근린에서 폭언 및 폭력을 당한 경험은 지구유형에 따라 달랐다. 전문 관리직층이 많은 상층 지구에서는 8.6%, 중층 지구에서는 7.6%이지만, 블루 컬러가 상대적으로 더 집중된 서민 지구에서는 10.4%였다.

〈표 3〉의 결과를 보면 근린 폭력 경험은 거주유형에 따라 통계적으로 유의미한 차이가 있음을 알 수 있다(5% 수준으로 유의미). 하지만 생태

〈표 4〉

	최소치	평균	표준편차	최대치
개인레벨				
폭력및폭언경험		.089		
연령	25.0	44.5	11.7	64.0
여성더미		.550		
교육년수	9.0	13.5	2.02	16.0
비정규더미		.429		
직업				
전문관리		.251		
사무판매		.498		
블루		.179		
지구레벨				
지구타입				
상층		.172		
중층		.411		
서민		.416		
불이익의축적	-2.34	.000	1.00	7.96
거주안정성	-3.15	.000	1.00	2.38
사회적응집성	-5.51	.000	1.00	3.67

학적 오진(誤診)의 문제로서 자주 지적되고 있는 것처럼 이 차이들은 집계 레벨의 결과에 지나지 않는 것을 개인의 결과로 귀결시키는, 즉 이 경우 개인 속성에 의한 효과인지 거주 지구 그 자체의 효과인지를 식별

〈표 3〉

	상층 지구	중층 지구	서민지구	합계
있었다	48(8.6)	102(7.6)	140(10.4)	290(8.9)
없었다	511(91.4)	1,232(92.4)	1,211(89.6)	2,954(91.1)
합계	599(100.0)	1,334(100.0)	1,351(100.0)	3,244(100.0)

〈표 5〉 근린 폭력 및 폭언 피해를 종속 변수화한 멀티 레벨 로지스틱 회귀분석 결과

	coef.		S.E	coef.		S.E	coef.		S.E	coef.		S.E
(정수)	-2.37	***	.08	-2.43	***	.07	-2.43	***	.08	-2.42	***	.07
개인레벨												
연령				-.02	***	.01	-.02	***	.01	-.02	***	.01
여성더미				.31	*	.15	.30	*	.15	.31	*	.15
교육년수				-.06		.04	-.06		.04	-.06		.04
비정규더미				.33	*	.13	.33	*	.13	.33	*	.13
직업(ref.=전문관리)												
사무판매				.13		.15	.12		.15	.13		.15
블루				.16		.21	.15		.21	.16		.21
지구레벨												
지구타입(ref.=상층)												
중층				-.17		.20	-.11		.21	-.18		.20
서민				-.03		.20	.23		.21	-.03		.20
불이익의축적				.16	***	.04				.16	***	.04
거주안정성				-.01		.04				-.01		.04
사회적응-집성							-.04		.17	.08		.16
불이익의축적*사회적응-집성										.04		.08
랜덤효과												
지구간분산		.15			.04			.14			.04	
AIC		1950.45			1913.73			1929.30			1917.13	
Log Likelihood		-973.23			-944.87			-953.65			-944.56	
Num. obs.		3238			3238			3238			3238	
Num. groups : cd		100			100			100			100	

*** p〈.001, ** p〈.01, * p〈.05
주)S.E.는표준오차
주)개인레벨은집단평균센터링, 지구레벨은전체평균센터링

하는 것은 곤란하다. 오사카시 내에서의 근린 폭력 경험은 거주 지구에
의한 요인이 큰 것일까? 아니면 개인 속성에 의해 달라지는 것일까? 이

러한 질문에 답하기 위해서는 〈표 4〉와 같이 지구 레벨과 개인 레벨의 효과를 적절하게 식별할 수 있는 멀티 레벨 분석이 유효하다.

〈표 5〉는 근린 폭언 및 폭력 경험을 종속 변수로 한 멀티 레벨 로지스틱 회귀분석의 결과이다. 모델 1에서는 종속 변수만을 투입했는데, 랜덤 효과의 분산을 보면 지구들 사이의 차이가 커서, 멀티 레벨 분석을 실행하는 것이 유효함을 알 수 있다. 모델 2는 독립 변수에, 개인속성 외에도 지구유형과 '불이익의 축적', '거주 안정성'을 함께 투입한 것이다. 분석 결과, 개인 속성에서는 연령이 어릴수록, 또 여성 및 비정규직에 해당할수록 근린에서의 폭력 및 폭언 피해 경험이 더 많음을 알 수 있었다. 또 지구 레벨에서는, 지구유형과 거주 안정성에서는 유의미하지 않았으며, 불이익이 축적되는 지역일수록 유의미하게 피해 경험이 높게 나타났다.

모델 3은 사회적 응집성 지표를 투입한 것인데, 유의미하지 않았으며 사회적 응집도가 높은 지구에서 근린 폭력 및 폭언 피해에 대한 효과는 나타나지 않았다. 또한 모델 4는 불이익의 축적, 거주 안정성, 사회적 응집성 지표를 모두 사용하였다. 불이익의 축적과 사회적 응집성의 상호 작용을 투입하여, 불이익이 축적된 지구에서 사회적 응집성이 높은 경우 근린 폭력 및 폭언 피해의 억제 효과가 나타나는지를 검토했다. 그 결과 유의미한 효과가 나타나지 않아, 사회적 응집성이 폭력 및 폭언에 대한 억제적 효과를 가져 오지 않음을 알 수 있었다.

따라서 거주 지구에서의 폭력 및 폭언 피해에 대해 효과가 있는 것은 '불이익의 축적'이며, 빈곤 등의 불안정한 생활 상황이 축적된 지구일수록 근린에서의 폭력 및 폭언 피해가 높아지지만, 지구 내 주민의 사회적 응집성이 피해 억제 효과를 낳는다고는 할 수 없다. 이는 시카고사를 대상으로 조사·분석을 행한 샘슨의 '집합적 효능감'의 효과에 대해 일정한 유보를 필요로 하는 것이기도 하다. 미국처럼 국가 및 지자체보다 지역주민 커뮤니티나 자발적 조직volunteer association이 사회성립의 기반이 되는 사회에서는 지역주민의 '집합적 효력'이 유효할 수 있으나, 본 분석의 결과로는, 오사카 나아가 일본사회에서는 미국과는 달리 지역주민 커뮤니티에 기댄 문제해결에는 한계가 있음을 고려할 필요가 있을 것이다.

4. 고용과 일의 불안정화

1) 직업통합의 제 형태

알다시피 오사카시의 실업률과 생활 보호율은 전국 대도시와 비교해도 현저하게 높은 수준이다. 또한 특히 오사카시 순환선인 간조센環状線 외곽에는 역사적 과정을 통해 다양한 주변·빈곤층이 집주하는 경향이 있어, 이들 빈곤층 집주 지구에서 실업률이나 생활보호율이 현저하게 높게 나타나고 있다. 오사카시는 이러한 고유한 역사적·지리적 특징을 가지고 있지만 최근의 노동환경 변화에 의한 불안정화는 이들 특정 지구에 머무르지 않으며, 오사카시 나아가서는 일본사회 전체로 일반화되고 있다고 할 수 있다. 무엇보다도 실업률, 생활보호율, 자살률 등의 사회지표를 보아도 오사카시가 다른 대도시에 비해 현저하게 어려운 사회문제를 안고 있음은 간과할 수 없는 상황이다.

실업 및 생활보호에의 의존은 개인의 자존감을 저하시키고, 나아가서는 자살에 이르게 할 가능성이 있는데, 현재 취업한 사람들에게도 노동환경 악화는 실업 가능성을 높일 뿐만 아니라, 자신의 능력에 적합하고 만족할 수 있는 직장을 얻지 못해 불만을 갖게 된다. 이는 직업 정체성의 위기 및 자존감의 저하를 야기하고, 나아가서는 정신건강 악화나 퇴직으로 이어져 사면초가에 빠질 수도 있다. 오사카시의 자살 통계에 의하면, 2009년부터 2012년까지의 자살자들 중에서 무직자가 차지하는 비율은 약 60%를 넘었으며, 고용자의 비율은 약 23%이었다. 무직자의 자살률이 높은 것은 고용자가 실업 경험 후 자살에 이르는 사례가 많기 때문으로 생각되는데, 다른 한편으로 취업했으면서도 자살에 이르는 사례 역시 약 20%를 차지한다는 점은 무시할 수 없다. 고용과 일의 불안정을 야기하는 노동환경 악화는, 한편으로는 최종적인 자발성의 유무와 관계없이 취업자가 직장을 떠나 전직이나 실업 상태에 빠질 위험을 높인다. 다른 한편으로는, 직장을 그만 두지 못하고 계속 일한다고 해도 직장에서 여러 압력이나 불만이 쌓여 고뇌를 안고 계속 일하는 상황도 있을 수 있다. 이러한 심리적 고뇌는 극단적인 경우에는 자살이라는 결과를 초래할 가능성도 있다. 따라서 취업자는 노동환경의 불안정으로 인해 일하면서 고뇌를 품은 채, 때로는 이직이나 실업이라는 경로를 따라가며, 또는 그대로 직접 자살에 이르게 되는 정신적인 문제를 가질 수 있는 것이다.

다음으로는, 오사카시민을 대상으로 실시한 '오사카시민의 사회생활과 건강에 관한 조사大阪市民の社会生活と健康に関する調査'의 데이터를 바탕으로, 다양한 형태의 노동환경 불안정성과, 이들 형태가 정신 건강, 특히 우울증 경향에 어떠한 영향을 미치는지를 검토하겠다.

이 과제를 위해 유형분석 기법을 가져와, 다양한 노동환경의 불안정성의 정도에 따라 직업을 통한 사회통합의 형태를 네 가지로 분류한다. 먼저 노동 환경의 불안정성을 고용과 직업이라는 2가지 차원의 불안정으로 파악하여 직업통합의 유형을 구축한다. 그리고 이들 유형이 정신건강과 어떤 관계에 있는지를 분석하겠다.

2) 직업통합과 노동의 불안정

성인이 된 개인이 사회생활을 보내는 기반이 되는 것은 노동이다. 노동을 통해 개인은 사회화되어 직업을 통해 자기 자신의 정체성을 구축한다. 노동을 통해 개인은 자립된 생활기반을 형성할 수 있음과 동시에 일을 통해 사회적인 평가와 인정을 획득할 수 있다. 그런 의미에서 개인은 노동과 일을 통해 사회에 통합되는 것이다. 하지만 개인과 고용노동과의 관계가 취약하고 언제 일자리를 잃을지 알 수 없을 정도로 미래가 불안정한 경우나, 일의 내용에 불만을 가지고 직장에서의 인간관계도 좋지 않을 경우에는 일을 계속하는 것이 고통이 될 수도 있을 것이다. 이러한 경우에는 개인이 노동을 통해 사회에 통합되어 있는 정도가 훨씬 약하다고 할 수 있다. 경기악화 등을 이유로 일자리를 잃거나, 경쟁적인 환경에 있는 직장에서의 인간관계가 나빠지거나 직무 내용에 불만을 느껴 이직하는 경우도 있을 수 있다. 불안정한 취업 상태에 있다는 것은 미래에 대한 비전을 잃고 정신적으로도 불안정한 상황에 빠지기 쉬운 것이다.

직업상의 불안정한 상황을 분석할 때, 고용과 일의 두 가지 차원의 불안정을 구별할 수 있다. 먼저, '고용 불안정'은 임노동자의 고용이 위협받는 형태의 불안정이다. 카스텔R. Castel이 주로 프랑스를 대상으로 삼아 분석한 바와 같이, 전후의 선진국 사회는 정도의 차이는 있을지언정 대체로 '임노동사회'였다(Castel, 1995). 대다수의 노동자들이 복지국가 형성과정에서 노동의 대가로서 임금만이 아니라 그 사회적 지위에 뒤따르는 권리를 보유했다. 그러한 과정에서 노동자는 불안정한 노동조건이 개선되어 어느 정도의 사회적 보호를 획득할 수 있었다. 하지만 경제정세의 악화나 복지국가 축소의 압력 하에서, 노동자들 가운데 안정된 정규직이 아니라 다양한 형태의 비정규직으로 취업하는 사람들이 늘어났다. 이러한 비정규 고용형태와 그 증가의 속도는 국가에 따라 매우 다양하지만, 큰 방향성으로서는 일본의 노동환경 변화에서도 들어맞는다. 이러한 변화 속에서 많은 노동자들은 안정된 고용과 안정된 미래를 기대할 수 없으며, 자주 언급되는 '워킹 푸어'처럼, 일을 하면서도 소득 수준이 낮아 삶이 불안정한 사람들이 증가하고 있다. 카스텔은 오늘날의 이러한 상황을 '임노동사회의 위기'라고 칭하며, 복지국가 또는 사회국가의 형성과 함께 획득된 사회적 보호가 위협받아 새로운 변용을 맞이하고 있다고 진단했다. 이러한 노동환경 변화와 임노동자의 지위 변화는 최근 일본에서도 현저하게 나타나고 있다.

다음으로 '일의 불안정'은, 노동자의 고용 불안정만으로 환원할 수 없는, 더욱 일반적인 직장 환경이나 일에 대한 보람, 만족도, 스트레스 등의 주관적인 문제를 포함하는 불안정의 차원이다. 고용이 안정적인지 불안정한지에 관계없이 노동환경 전반에 대한 불만, 상사나 동료와의 양호한 관계 여부, 일에 대한 보람, 능력 향상이나 승진의 가능성,

〈표 6〉 직업통합의 이념형과 그 편차

		직업안정	고용안정
이념형	보증된통합	+	+
일탈	노고를동반하는통합	−	+
	불확실한통합	+	−
	격하하는통합	−	−

Paugam(2000 : 98)을 바탕으로 편집/수정

일에 대한 만족도, 스트레스 등 노동자는 일과 관련해 이렇게 다양한
만족이나 불만을 품고 매일 매일 일을 마주하고 있다. 이러한 일과의
관계 맺기 방식은 단순히 고용이 안정적인지 불안정한지와는 별개로
노동자에게 일에 대한 동기motive를 부여한다. 예를 들어, 고용이 불안
정한 지위에 있다고 해도 일에 대한 보람이나 상사 및 동료와의 관계가
양호하면 그것만으로도 일 할 때의 고뇌는 완화될 수도 있다. 자신의
일에 보람을 느끼고 사회적인 평가를 얻을 수 있다면, 개인의 승인욕구
를 채우는 것도 가능할 것이다. 반대로, 고용이 안정되었다고 해도 자
신의 능력을 발휘하지 못하고, 승진을 바라볼 수 없으며, 상사나 부하
와의 관계가 나쁘다면 일과의 관계는 불안정하다고 할 수 있다. 즉, 고
용 관계가 안정되어 있으면서 일과의 관계도 안정되어 있을 때 비로소
개인은 직업을 통해 사회에 잘 통합되어 있다고 할 수 있는 것이다.

이러한 고용 안정과 일의 안정을 횡축으로 삼아, 〈표 6〉과 같이 직업
통합의 4가지 유형을 생각할 수 있다(Paugam, 2000). 첫 번째 유형은 '보
증된 통합'으로, 이는 고용과 일 모두 안정된 상태이다. 두 번째는 '노고
勞苦를 수반하는 통합'으로, 이는 고용은 안정되어 있지만 일의 만족도가

낮아 불안정한 상태이다. 세 번째 유형은 '불확실한 통합'으로, 이는 일에 대한 보람과 만족도는 높지만, 고용이 불안정한 상태이다. 네 번째는 '격하하는 통합'으로, 이는 고용과 일 모두 불안정한 상태이다.

취업자에게 이상적인 상태는 어떤 직장에 취업하든 고용과 일 모두가 안정되었을 때일 것으로 생각된다. 따라서 '보증된 통합' 형태는 직업통합의 이념형(전형)이라 할 수 있으며, 다른 3가지 유형은 직업통합의 일탈(비전형)로 생각할 수 있다. 여기서 일탈 형태인 3가지 유형은 이념형으로서의 보증된 통합과의 편차를 통해 분석할 수 있다.

다음 장에서는, 이 같은 직업통합 유형을 검증하기 위해 사용할 데이터와 변수에 관해 기술하겠다.

3) 사회공간과 직업통합

본 분석에서 사용한 데이터는 2011년 시점에서 오사카시내에 거주하며 일본 국적을 가진 25세에서 64세까지의 남녀 샘플링 데이터이다. 이글에서는 취업자만을 대상으로 삼기 때문에, 총 유효사례 3,244개 가운데 취업상황에 관한 질문에 '현재 일을 하고 있다'고 답한 2,502개 사례를 분석 대상으로 하였다. 아래는 고용과 일의 불안정을 분석하기 위해 필요한 변수에 대한 설명이다.

(1) 고용 불안정

고용 안정도를 측정하는 지표로는 실업 가능성의 인지에 관한 변수를 들 수 있다. 오사카시 조사는, 실업 가능성에 관한 항목으로 '당신은 2년 이내에 실업할(도산을 포함) 가능성이 있다고 생각합니까?'라고 질문하고 그 답으로 '있다', '약간 있다', '별로 없다', '없다'는 네 가지 선택지 중에 하나를 고르게 되어 있다. 실업의 가능성이 '별로 없다'는 지금 현재 고용 불안정을 느끼고 있지 않다고 볼 수 있기 때문에, '별로 없다'와 '없다'의 두 가지를 실업의 가능성 '없음'으로, '있다'와 '약간 있다'를 실업 가능성이 '있음'으로 하여 재코딩했다. 그 결과, 실업 가능성이 '없다'가 1,288(52.4%), '있다'가 1,168(47.6%)로 나타났다.

(2) 일의 불안정

일에 대한 전반적인 만족도는 취업자의 일과의 관계가 안정되어 있음을 나타내는 지표가 된다. 즉, 현재의 보수에 대해 만족하고 있는가?, 현재의 일의 내용이 자신의 독창성을 발휘할 수 있다고 보는가? 또 스스로 주도권을 잡고 일을 수행할 수 있는가? 일로부터 성취감을 얻을 수 있는가? 자신의 일이 사회에 도움이 되는가? 자신의 능력을 꽃 피워 일을 통해 능력을 향상시킬 수 있는가? 일을 통해 자아실현이 가능하다고 느끼고 있는가? 등을 나타내는 지표가 된다.

또한, 노동시간은 적절한가? 일로 스트레스나 피로는 느끼고 있지 않은가? 직장을 떠나도 일에 신경을 써야 하는가? 고용안정에 대해 불만은 없는가? 업무에서 실수가 생길 정도로 시간에 쫓기고 있는가? 업무가 변화가 많아 재미있다고 느끼고 있는가? 직장 환경에 불만은 없는가? 등은 일 전반의 질을 나타내는 지표가 된다.

나아가서 상사 및 동료와의 관계는 양호한가? 직장에서 존중 받고 평가 받고 있는가? 회사와 직장에 대한 긍지를 가지고 있는가? 상사는 어려울 때 지원을 해 주는가? 일과 가정의 균형은 잡혀 있는가? 등은 일과 사회생활과의 균형이 양호한지 그리고 직장에서 상사와 동료 등 타자에 의한 승인을 얻고 있는지를 나타내는 지표이다.

일의 내용에 관한 이들 3가지 지표는 모두 취업자와 일과의 안정된 관계 여부를 나타낸다. 따라서 이글에서는 일의 불안정에 관한 변수로서 일에 의한 자기실현, 즉 보수, 승진전망, 능력의 발휘기회, 독창성, 자기 주도권, 일의 성취감, 교육훈련의 기회, 사회 공헌 등과, 일의 질, 즉 노동시간, 고용 안정에 대한 불만, 스트레스, 피로, 직장을 떠나도 일이 걱정됨, 직장 환경에 대한 불만, 일이 재미있음, 시간이 없어 일을 정확하게 할 수 없음, 일이 변화가 많음 등 그리고 일과 사회생활 및 타자에 의한 승인, 즉 상사나 동료와의 관계, 직장에서의 평가, 상사의 지원, 일과 생활의 조화, 직장에서의 긍지 등의 총 22가지 변수를 사용해서 분석하고자 한다.

4) 고용과 일의 불안정 점수

분석에 앞서, 각 유형에 속하는 개인의 분포를 파악하기 위해 고용과 일의 불안정 점수score를 계산했다. 먼저 고용 불안정에 대해서는 실업

	도수	%
보증된통합	1,120	44.8
노고를동반하는통합	727	29.1
불확실한통합	218	8.7
격하하는통합	437	17.5
합계	2,502	100.0

가능성의 유무에 관한 변수를 사용했다. 그리고 일의 불안정에 관해서는 앞서 설명한 바 있는 일에 의한 자아실현, 일의 질, 일과 사회생활 및 타자에 의한 승인에 관한 22가지 변수를 사용해 일의 불안정 척도를 작성했다. 신뢰성 계수를 계산해 본 바, 크롬바흐 알파Cronbach's alpha 계수는 0.79로, 합성변수 작성에 충분한 수치라고 생각된다. 작성한 합성변수의 수치는 최소치 0부터 최대치 28로, 평균이 16.6이었다. 그 다음, 수치가 16점 이하는 일의 전반적 만족도가 낮은 제1 그룹, 17점 이상은 일의 전반적 만족도가 높은 제2그룹으로 분류했다. 제1그룹의 수는 1,164(46.5%), 제2그룹 수는 1,338(53.5%)이었다.

이에 더해 위의 두 가지 지표로부터, 고용과 일이 모두 안정된 사례는 '보증된 통합', 고용은 안정되어 있지만 일은 불안정한 사례는 '노고를 수반하는 통합', 일은 만족하고 있으나 고용은 불안정한 사례는 '불확실한 통합', 고용과 일 모두 불안정한 사례는 '격하하는 통합'으로 분류했다. 각 유형에 적합한 그룹의 분포는 〈표 7〉과 같다. '보증된 통합'에 속하는 사례는 전체의 44.8%, '노고를 수반하는 통합'은 29.1%, '불확실한 통합'은 8.7%, '격하하는 통합'은 17.5%였다.

앞서 설명한 순서에 따라 작성한 유형에 따르면, '보증된 통합'이 40% 이상을 차지하고 있지만, 60% 가까이는 반드시 이상적인 노동환경이라고 할 수 없는 일에 취업 중인 것을 알 수 있다. 그 중에서도 '노고를 수반하는 통합'이 30% 이상을 차지해, 가령 고용이 안정되었다고 해도 일의 내용, 직장환경 등 주관적인 차원에서는 일에 대해 만족하고 있지 않은 사람들의 비율이 높다는 것을 알 수 있다. '불확실한 통합'이 차지하는 비율은 9% 이상으로, 예를 들어 고용이 불안정하지만 보람이 있는 일이 있으면 좋다고 하는 형태는 전체적으로는 그리 많지 않다. 마지막으로 '격하하는 통합'은 17.5%를 차지했다. 이는 고용과 일 모두 불안정해 이직의 가능성이 높으며, 또 정신건강에도 악영향을 초래할 수 있는 그룹이라고 생각된다.

5. 직업통합의 유형과 그 영향

1) 직업통합 유형을 규정하는 요인의 분석

이어서, 각 유형에 대한 개개의 변수가 가진 주 효과를 검토하기 위해, 직업통합의 유형을 종속변수로 한 로지스틱 회귀분석을 수행했다. 독립변수로는 여성 더미, 연령, 직업, 산업, 기업규모, 비정규 더미를 투입했다. 그 결과는 〈표 8〉과 같다.

'보증된 통합' 유형에서는, 직업별로는 사무·판매·서비스와 생산·운수직에서 부의 상관관계가 나타났으며 모두 0.1% 수준에서 유의미했

<표 8> 직업통합의 유형을 종속변수로 한 로지스틱 회귀분석

	보증된통합			노고를동반하는통합			불확실한통합			격하하는통합		
	coef.		S.E.	coef.		S.E.	coef.		S.E.	coef.		S.E.
정수)	.631		.345	-1.810	***	.373	-1.987	**	.650	-2.085	***	.459
여성더미	.042		.107	.036		.116	-.045		.188	-.130		.146
연령	-.008		.004	.005		.004	-.004		.007	.009		.005
직업(ref.=전문,관리)												
사무, 판매	-.698	***	.115	.540	***	.129	-.004		.198	.599	***	.170
블루	-1.040	***	.150	.895	***	.159	-.437		.281	.703	***	.194
산업(ref.=관공서)												
건설업	-.154		.284	-.118		.308	.517		.553	.146		.364
제조업	.062		.245	.053		.264	-.137		.525	-.121		.326
도·소매업	.362		.250	.028		.271	-.241		.533	-.561		.342
금융·보험업	.366		.319	.011		.341	.190		.752	-.589		.464
부동산업	-.344		.368	.464		.381	.572		.651	-.512		.535
운수업	.021		.293	.079		.307	.190		.607	-.237		.381
전기·가스·수도업	.388		.484	-.317		.538	-13.667		496.65	.173		.594
음식점,숙박업	.366		.287	-.243		.317	.186		.557	-.405		.377
신문·방송·출판·광고	-.059		.354	.131		.384	.423		.645	-.334		.490
정보통신업	-.398		.305	.245		.324	.274		.596	.168		.393
교육·연구서비스	.770	*	.344	-1.017	*	.465	.446		.606	-.725		.526
의료·복지서비스	.173		.253	.078		.277	.499		.509	-.944	*	.372
그 외 서비스	-.143		.282	-.009		.304	.210		.554	.052		.363
기타직종	-.321	***	.273	.139		.289	.631		.526	-.114		.354
기업 규모	.027		.024	.054	*	.025	-.117	**	.041	-.065	*	.031
비정규더미	-.650		.121	-.175		.127	.611	**	.188	.856	***	.144
Cox-SnellR-sq.	.077			.030			.022			.052		
Nagelkerke R-sq.	.102			.043			.050			.087		
Log-likelihood	-1461.629			-1318.768			-628.605			-960.446		
Deviance	2923.258			2637.537			1257.209			1920.892		
N	2250			2250			2250			2250		

*** p〈.001, ** p〈.01, * p〈.05
주) S.E.는 표준 오차

다. 또 산업별로는 교육·연구에서 정의 유의미한 상관관계가 나타났다. 또 비정규 더미에서는 부의 유의미한 상관관계가 나타났다. '노고를 수반하는 통합' 유형에서는, 직업별로는 사무·판매·서비스와 생산·운수직에서 긍정적인 상관관계가 나타났으며 특히 생산·쪽운수직에서는 전문·관리직과 비교해 승산비$^{odds\ ratio}$ 값이 약 2.4배 높았다. 또 산업별로는 교육·연구에서 부의 유의미한 상관관계가 나타났다. 또한 기업규모 변수에서 정의 유의미한 상관관계가 확인되었다. 이는 기업규모가 큰 기업의 종업원일수록 고용은 안정되지만 전반적인 일에 대한 만족도가 낮아 '노고를 수반하는 통합'에 속하는 경향이 있음을 나타낸다.

'불확실한 통합'의 유형에서는 기업규모 변수에서 부의 유의미한 상관관계가, 그리고 비정규 더미 변수에서 정의 유의미한 상관관계가 나타났다. 따라서 기업규모가 작을수록 그리고 비정규직일수록 일의 전반적인 만족도는 높지만 고용 불안정을 느끼는 경향이 있음을 알 수 있다.

마지막으로 '격하하는 통합' 유형에서는, 직업별로는 사무·판매·서비스와 생산·운수직에서 정의 상관관계가 나타났으며, 특히 생산·운수직에서는 전문·관리직에 비해 승산비 값이 약 2배 높았다. 또 산업별로는 의료·복지 분야에서 부의 유의미한 상관관계가 나타났다. 기업규모 변수에서는 부의 유의미한 상관관계가, 비정규 더비 변수에서는 정의 유의미한 상관관계가 나타났다. 따라서 기업규모가 작을수록 그리고 비정규직일수록, 일과 고용 모두 불안정을 느끼는 '격하하는 통합'에 빠지는 경향이 있음을 알 수 있다. 따라서 기업 규모가 작을수록, 또 비정규직일수록 일과 고용 모두 불안정을 느끼는 '격하하는 통합'에 빠지는 경향이 있음을 알 수 있다.

이상과 같이, 직업통합의 4가지 유형을 종속변수로 두고 분석했을 때, 사무·판매·서비스와 생산·운수직은 전문·관리직보다 일에 대한 불안정한 정도가 높은 '노고를 수반하는 통합'에 속하는 경향이 있는데, 이는 고용이 더 불안정해 지면 '격하하는 통합'에 빠지기 쉽다는 것을 알 수 있다. 또 기업규모가 작은 경우에는 고용이 불안정하면서도 일에 대한 전반적인 만족도가 높은 반면, 그 곳에서의 직장환경이나 일에 대한 보람이 악화되었을 때 '격하하는 통합'에 빠지기 쉬울 것으로 생각된다. 또한 비정규직은 항상 고용 불안정에 노출되어 있어 직장환경이나 일에 대한 보람이 악화되었을 때 쉽게 '격하하는 통합'에 빠질 수 있음을 알 수 있다.

2) 직업통합 유형별 우울증에 미치는 영향

이어서, 직업통합의 3가지 유형을 독립변수로 삼고, 우울증 경향을 종속변수로 삼아 로지스틱 회귀분석을 수행했다.

종속변수로 사용된 변수는 최근 1개월 사이에 '기분이 잠기거나 우울한 기분이 드는 일이 자주 있습니까?' 와 '일에 대한 흥미가 아무리 노력해도 생기지 않거나 마음 속 깊은 곳에서 즐기지 못하는 느낌이 자주 있습니까?'라는 질문에 대해, '아니오'와 '예'로 응답하는 이진 변수이다. 이들 2가지 설문 문항에 대해 모두 '예'라고 대답한 사례를 1로 하고, 그 이외의 대답을 0으로 하는 변수를 작성했다. 그 분석의 결과는 〈표 9〉와 같다.

모델 1은 성별과 연령으로 통제하였고, 모델 2는 성별과 연령, 직업, 산업, 기업규모로 통제했다. 분석결과, '노고를 수반하는 통합'과 '불확실한 통합' 그리고 '격하하는 통합' 모두에서 정의 효과가 나타났으며, 0.1% 수준으로 유의미했다. 모델 2의 승산비 값에서는, '노고를 수반하는 통합'은 '보증된 통합'의 약 1.96배, '불확실한 통합'은 약 2.05배, '격하하는 통합'은 약 4.37배 높은 것으로 나타났다.

이상과 같이, 직업통합 유형별로 우울증에 미치는 영향을 분석한 결과, '보증된 통합'에서는 우울증 경향이 현저하게 낮았으며, 다른 3가지 일탈유형에서는 유의미하게 우울증에 빠질 가능성이 높다는 것을 알 수 있다. 특히 고용과 일 모두 불안정한 '격하하는 통합' 유형에서는 '보증된 통합'에 비해 4배 이상의 확률로 우울증에 빠질 위험이 높다는

〈표 9〉 우울증 경향을 종속변수로 한 로지스틱 회귀분석

	Model 1			Model 2		
	coef.		S.E	coef.		S.E
(정수)	-1.604	***	.248	-2.151	***	.467
유형(ref.=보증된통합)						
노고를동반하는통합	.730	***	.144	.672	***	.147
불확실한통합	.699	***	.212	.722	***	.215
격하하는통합	1.503	***	.151	1.474	***	.156
Cox-SnellR-sq.	.048			.055		
Nagelkerke R-sq.	.079			.090		
Log-likelihood	-983.704			-975.828		
Deviance	1967.408			1951.656		
N	2249			2249		

*** p⟨.001, ** p⟨.01, *p⟨.05
주)S.E.는표준오차
주)모델1은성별, 연령으로통제
주)모델2는성별, 연령, 직업, 산업, 기업규모로통제

것이 확인되었다.

이상에서, 오사카시민의 노동환경과 불안정한 노동조건이 정신건강에 미치는 영향에 대해서 분석했다. 먼저 고용과 일의 안정도라는 두 가지 차원의 지표를 사용해서 직업통합의 네 가지 유형(보증된 통합, 노고를 수반하는 통합, 불확실한 통합, 격하하는 통합)을 만들었다. 다음으로, 고용과 일의 불안정 점수를 계산해서 각각의 개인을 네 가지 유형 중 하나로 분류했다. 그 다음, 네 가지 유형과 개인 속성과의 상관관계를 분석한 결과, '보증된 통합'은 전문 관리직에서 정의 유의미한 효과가 나났고, '노고를 수반하는 통합'은 생산·운수직에서 정의 유의미한 효과가 있고 기업규모가 클수록 정의 효과가 나타났다. 또 '불확실한 통합'은 기업규모가 클수록 부의 효과가 있고 또 비정규직에서 정의 효과가 있었다. 마지막으로 '격하하는 통합'에서는 생산·운수직과 비정규직에서 정의 효과가 나타났다. 이들 결과를 통해 생각할 수 있는 것은, 직종이나 직업상의 지위에 따라 고용과 일에 대한 불안정화의 패턴이 다르다는 것이다.

이에 더하여, 4가지 유형이 우울증 경향에 미치는 영향을 분석해 보면 '보증된 통합'에 비해 '노고를 수반하는 통합', '불확실한 통합' 그리고 '격하되는 통합'의 순으로 우울증 위험이 커짐이 밝혀졌다. 이로부터 알 수 있는 것은, 고용 불안정과 일의 불안정의 조합 패턴에 따라 정신건강에 대한 위험도가 다르며, 특히 고용이 불안정하고 일에 대한 만족도가 낮은 그룹에서는 고용, 일 모두 안정된 그룹보다 정신건강에 대한 위험도가 현저하게 높다는 것이다. 최근에는 비정규 고용이 증가하여 직장 내에서의 경쟁이 더욱 심해지고 있다. 이처럼 고용이 불안정하고 게다가 경쟁이 격화되는 노동환경 속에서 취업자의 정신건강이 더욱 악화되고 있다고 생각된다. 이글의 분석 결과를 통해 볼 때, 취업자의 정신건강 개선을 위해서는 노동환경의 개선, 특히 고용 안정과 동시에 직장환경을 개선하는 것이 시급한 과제라고 할 수 있을 것이다.

6. 마치면서

일본의 전통적인 공업도시였던 오사카는 산업구조 전환과 글로벌화의 흐름 속에서 저성장에 빠져, 극복하기 어려운 문제를 안고 있다. 이글의 분석에서 지적한 것처럼, 빈곤 및 불안한 취업의 증가는 거주 지역에서의 범죄 피해 위험을 높이고, 또 불안정한 취업 상황은 정신건강의 위험도를 높이는 영향을 미치고 있다. 이러한 과제를 지역주민의 힘만으로 극복하는 것은 어렵다. 오사카의 사회문제 극복을 위해서는 지역 커뮤니티나 주민의 힘에만 의존할 것이 아니라, 지자체나 국가 레벨의 산업정책 및 고용대책 나아가서는 빈곤대책을 어떻게 강화시킬 것인가를 생각해야 할 필요가 있을 것이다.

참고문헌

Bourdieu, P, 'Espace sociale et genèse des classe', *Actes de la recherche en sciences sociales*, Vol.52・53, 1984.

Castel, R, *Les Métamorphoses de la question sociale. Une chronique du salariat*, Paris, Fayard, 1995 (前川真行 訳, 『社会問題の変容』, ナカニシヤ出版, 2012).

Hirschfeld, A. and Bowers, K.J, "The Effect of Social Cohesion on Levels of Recorded Crime in Disadvantaged Areas", *Urban Studies*, (2000) Vol.34, No.8, 1997.

Kubrin, C. E. and Wo J. C, "Social Disorganization Theory's Greatest Challenge—Linking Structural Characteristics to Crime in Socially Disorganized Communities", Piquerto, A. R. (ed.) *The Handbook of Criminological Theory*, John Wiley & Sons, Inc, 2016.

Paugam, S, *Le salarié de la précarité, les nouvelles forme de l'intégration professionelle*, PUF, 2000.

_____, 'La solidarité organique à l'épreuve de l'intensification du travail et de l'instabilité de l'emploi', Paugam, S.(ed.) *Repenser la solidarité —l'apport des sciences sociales*, PUF, 2007.

Reiss, A.J, "Why Are Communities Important in Understanding Crime?", In Reiss, A. J. and Tonry, M. (eds.) *Communities and Crimes*, University of Chicago Press, 1986.

Sampson, R.J. et.al, "Beyond Social Capital—Spatial Dynamics of Collective Efficacy for Children", *American Sociological Review*, Vol.64, 1999.

_____, "Neighborhoods and Violent Crime—A Multilevel Study of Collective Efficacy", *Science*, New Series, Vol.277, 2005.

_____, *Great American City —Chicago and the Enduring Neighborhood Effect*, The University of Chicago Press, 2012.

Morenoff, J.D. et al, "Neighborhoods Inequality, Collective Efficacy and Violent Crime —and the Spatial Dynamics of Urban Violence", *Criminology*, Vol.39, No.3, 2001.

Show, C. and McKay, H, *Juvenile Delinquency and Urban Areas*, University of Chicago Press, 1942.

영화로 재현된 바르셀로나 관광 문제와 사회적 리얼리티*

〈바이, 바이 바르셀로나〉를 중심으로

조관연

1. 관광은 도시에 저주인가?

바르셀로나는 30년 전까지만 해도 인기 있는 관광 도시가 아니었지만, 현재는 대부분의 관광 종사자들이 일순위로 꼽는 매력적인 관광도시가 되었다. 세계의 많은 지역 정치인은 이 도시가 관광분야에서 이룩한 성공을 부러워하고, 벤치마킹하기 위해 노력하고 있다.[1] 도시 인구는 160만밖에 되지 않지만, 2015년 750만 명 이상의 외국 관광객이 바르셀로나를 방문했고,[2] 이는 유럽에서 런던, 파리 그리고 로마 다음

---

* 이 글은 「바르셀로나 관광 문제와 사회적 리얼리티-〈바이, 바이 바르셀로나〉를 중심으로」, 『글로벌문화콘텐츠』 27호(2017.4)에 게재된 필자의 논문을 수정·보완한 것이다.

1 Becker, Elizabeth, *Overbooked—The Exploding Business of Travel and Tourism*, New York, Simon & Schuster, 2013, pp.3~14.
2 Yuwa, Hedrick-Wong, Choong, Desmond, *2015 Global Destination Cities Index*, MasterCard, 2015,

으로 많은 숫자이다. 관광객이 가장 선호하는 람블라스Ramblas 거리는 관광 성수기인 7~8월에 정상적인 통행이 불가능할 정도로 붐비는데, 보행자의 80% 정도가 외국 관광객이다. 바르셀로나 관광산업은 지역 경제의 13%를 담당하고 있으며, 일자리 13만개가 여기서 만들어지고 있다.[3] 관광산업 덕분에 바르셀로나는 스페인에서 마드리드 다음으로 부유하게 되었으며, 시민들은 자신의 문화와 역사 그리고 예술에 대해 자부심을 품게 되었다. 하지만 적지 않은 시민은 이 도시가 단기간에 이룩한 "성공"에 대해 회의의 눈길을 보내고 있는데, 특히 매스투어리즘masstourism은 종종 저주의 대상이 되고 있다.

풀뿌리 시민활동가였던 아다 콜라우Ada Colau는 매스투어리즘 비판자들의 지지에 힘입어 2015년 5월 여성 최초로 바르셀로나 시장에 선출되었다. 그녀는 당선이 확정되자 매스투어리즘에 대한 규제를 선언하였는데,[4] 이는 바르셀로나의 사회적 분위기를 반영하는 것이다.[5] 시 의회가 2015년 가을에 실시한 설문조사에서, 응답자의 31.9%는 시의 최우선 해결문제로 실업과 노동조건을 꼽았다. 또한, 교통문제(5.5%)와 관광문제(5.3%) 그리고 가난(5.2%)이 그 뒤를 이었다.[6] 일반적으로 관광은 노동조건과 교통문제 그리고 경제적 불평등과 긴밀하게 연관되어 있다. 다수

[3] "Is tourism destroying Barcelona?", *The Local*, 2016.6.29; Yuwa, HedrickWong, Choong, Desmond, 앞의 글, p.4.

[4] Noguer, M, & Blanchar, C, "Interview ADA COLAU—"If we have to disobey unfair laws, they should be disobeyed"", *El Pais*, 2015.6.1; Matlack, Carol, "Barcelona's Mayor to Tourists—Go Away", *Bloomberg*, 2015.6.5.

[5] Edwards, Sam, "Barcelona residents in revolt over city's 'tourism monoculture'", *El Pais*, 2015.5.4.

[6] Kitching, Chris, "Barcelona residents say tourism is a bigger problem than poverty as new mayor ramps up efforts to introduce a cap on visitors", *Mail Online*, 2015.6.11; "Barcelona says tourists are worse than poverty", *The Local*, 2015.7.10.

의 관광전문가와 정치인은 이런 조사결과에 당혹감을 감추지 못했다.[7]

바르셀로나의 관광객 숫자는 25년 만에 170만 명(1990년)에서 750만 명(2015년)으로 급증하였는데, 1992년 바르셀로나 올림픽게임은 관광객 급증의 전기가 되었다.[8] 전 세계적으로 이처럼 관광객이 단기간에 급증한 사례를 찾기 쉽지 않기 때문에 바르셀로나 시는 매스투어리즘의 문제를 종합적으로 분석하고, 이해할 수 있는 장이다. 이 문제가 흥미로운 또 다른 이유는 이 도시가 가진 독점적 지위와 실험성 때문이다. 바르셀로나는 천혜의 자연조건과 변별적인 문화와 예술유산을 가지고 있어서 매스투어리즘에 대항 또는 저항하는 실험을 비교적 자유롭게 할 수 있다.[9] 또한, 이렇게 실험을 통해 도출된 성과는 유사한 문제에 시달리는 다른 도시에 새로운 사고실험과 대안 발견에 도움을 준다. 이런 의미에서 바르셀로나는 관광 분야에서 선도도시이며, 실험의 장이고, 다른 도시에게 준거의 틀이기도 하다.

에두아르도 치바스Eduardo Chibás 감독은 바르셀로나 매스투어리즘의 문제점을 다루고 있는 다큐멘터리 영화, 〈바이, 바이 바르셀로나 Bye, Bye Barcelona〉를 2012년부터 제작하였고, 2014년 5월 유튜브에 이를 공개하였다.[10] 이 영화는 매스투어리즘에 비판적인 사람들의 다양한 목소리를 소개하고 있는데, 이 영화는 관광문제를 사회적 의제로 부각

---

7 "Tourism in Barcelona—Nobody goes there any more, it's too crowded", *The Economist*, 2015.10.17.

8 Hargreaves, John, *Freedom For Catalonia? —Catalan Nationalism, Spanish Identity and the Barcelona Olympic Games*, Cambridge University Press, 2000, pp.34~89.

9 최희수, 김상현, 「역사교육을 위한 메타버스 콘텐츠 연구」, 『글로벌문화콘텐츠』 26호, 2016, 209~226쪽.

10 이 영화를 유튜브 다음 주소에서 시청할 수 있음.
   https://www.youtube.com/watch?v=kdXcFChRpmI

했을 뿐만 아니라 시민의 사회적 실천도 촉발하였다. 이 영화에는 강한 당파성이 있어서 바르셀로나 매스투어리즘 문제를 종합적으로 이해하기가 쉽지 않다. 영화 내용분석뿐만 아니라 상충하는 자료를 통한 비판적 점검은 바르셀로나 매스투어리즘 문제를 더 심층적으로 이해할 수 있게 한다. 특히, 이 영화에서 주요하게 다루어지고 있는 매스투어리즘과 공유숙박 문제를 총체적holistic 시각과 민족지적ethnographic 방법론을 통해 새롭게 분석할 것이며, 이를 통해 영화와는 결이 다른 사회적 리얼리티를 찾아내고자 할 것이다. 저자는 바르셀로나를 1988년과 2016년 두 차례 방문했는데, 이 경험은 이 문제 해석에 많은 도움이 되었다. 한국에서도 일부 진보적인 매체를 중심으로 매스투어리즘과 공유숙박 문제가 점차 비중 있게 다루어지고 있는데, 본 글은 이 문제를 또 다른 시각에서 이해하는데 도움을 줄 것으로 기대한다.

2. 영화에 재현된 바르셀로나 관광 문제

2008년 스페인 경제위기 이후 분노한 시민들이 거리에 나와서 정부의 무능과 부패를 한창 토로하였는데, 독립영화제작자인 치바스 감독은 이때 영화 제작을 시작하였다. 전국적인 이들의 분노는 관광분야로도 옮겨갔는데, 바르셀로나에서는 2011년부터 매스투어리즘에 반대하는 시위가 벌어지기 시작했다. 베네수엘라 출신의 치바스 감독은 자신이 사는 바르셀로나에 대해 각별한 애착이 있는데, 자신의 진정성을 보여주기 위해 영화를 제작했다. 영화가 제작되자 그는 상업적 상영을 포기하고, 2014년 초 유튜브에 이를 공개했다. 서구의 주요 일간지는 이 영화를 소개하면서 바르셀로나 관광문제의 심각성을 다루는 기사들을 실었다.[11]

이 영화의 주제는 바르셀로나 관광이 정치인과 행정관료 그리고 대자본에 의해 지나치게 상업화되고 있으며, 매스투어리즘 때문에 지역 공동체와 지역 주민의 삶이 파괴되고 있다는 것이다.[12] 그는 이런 주제의식을 구체적으로 전달하기 위해 7가지 소재를 선택했는데, 이는 람블라스La Ramblas, 관광 붐El auge del turismo, 단일문화 경제Monocultivo económico, 구도심 이용계획Pla d'Usos de Ciutat Vella, 사그라다 파밀리아Sagrada Familia, 구엘 공원Parque Güell 그리고 공유숙박Pisos turísticos이다.

바르셀로나의 대다수 관광 전문가와 시민단체 그리고 매스미디어도 시의 관광문제를 다룰 때 치바스와 거의 같은 소재들 선택하고 있다. 이 영화의 특이점은 다양한 등장인물들이 자신의 경험과 생각을 이야기하는 것인데, 영화는 자막과 인터뷰로만 구성하였다.

11 Gordon, Sarah, "Mass tourism is ruining Barcelona and turning it into a 'theme park', claims controversial new documentary", *Dailymail*, 2014.4.22; "Has Barcelona been spoilt by tourism?", *Telegraph*, 2014.4.28; Ashifa Kassam, "Barcelona Has Identified New Kind of Tourist Problem—Too Many of Them", *The Guardian*, 2014.6.16.; Finnigan, Chris, "Is Barcelona suffering from an overdose of tourism?", *El Pais*, 2014.5.12.; 신희완, 「하나둘 사라지는 이웃들… 북촌'괴담' 머지 않았다」, 『오마이뉴스』, 2014.10.29; 신희완, 「'디즈니랜드' 되어버린 서울, 머지않았다」, 『오마이뉴스』, 2014.12.2.
12 영화의 자세한 구성에 대해서는 영화 홈페이지 참조. http://www.byebyebarcelona.com

1) 자막내용

이 영화에서 자막의 역할은 시청자가 등장인물의 이야기를 이해하는 데 필요한 맥락정보의 제공이다. 인터뷰 대상자 12명은 각자 자신의 지식과 직접경험을 토대로 바르셀로나 관광의 문제 원인과 양상 그리고 대안에 관해 이야기한다. 주제와 소재 그리고 구성들을 통해서 알 수 있듯이, 이 영화는 바르셀로나 관광을 비판적인 시각에서 접근하고 있다.

자막들을 종합하면, 감독이 바라보는 바르셀로나 매스투어리즘 문제의 대략적인 윤곽이 그려진다. 자막은 바르셀로나 관광객의 증가 추세에서 시작한다. 1990년에 170만 명이던 관광객이 2000년에는 310만 명, 2006년에는 630만 명 그리고 2012년에는 740만 명으로 급증했는데, 2013년에는 800만 명이 넘을 것으로 예측한다. 또한, 바르셀로나는 유럽에서 런던, 파리 그리고 로마에 뒤이어 네 번째로 많은 관광객이 방문하는 도시이자, 유럽과 지중해 최대 크루즈 항구를 가지고 있다. 카탈루냐 총생산의 12%를 담당하고 있으며, 10만 개의 일자리가 여기서 만들어졌다. 또한, 바르셀로나는 구글에 전 세계 세 번째로 많은 사진이 업로드되는 도시이기도 하다.

구도심에는 105,000명이 살고 있으며, 이곳의 인구밀도는 외곽보다 두 배나 많다. 구도심 안에만 17,000개의 호텔 베드bed와 1,000~8,000곳의 "불법illegal" 공유숙박이 있다. 시 정부는 구도심 주민의 강력한 반대에도 불구하고 2013년 7월 24일 '새로운 도시이용계획'을 통과시켰다. 이 계획은 "B"등급 이하의 문화재 보호 건물도 호텔로 용도 전환할 수 있도록 허용하는 내용을 담고 있다. 수변공간에만 이런 건물이 300~400채나 있고, 엄격한 규제 때문에 비어있었는데, 호텔이나 레스토랑으로 바뀌고 있다.

스페인에서 가장 많은 관광객이 방문하는 장소는 가우디의 사그라다 파밀리아 성당인데, 연간 방문객이 320만 명에 달한다. 하루 평균 25,000명이 구엘 공원을 방문하고 있는데, 관광객이 몰리자 문제들이 발생했다. 시 의회는 공원 일부를 "기념물 지구"로 정하고, 입장료를 징수하고 있다. 2013년 9월 25일 그라시아Gracia 지구에서는 구엘 공원의 입장료 징수와 사유화에 반대하는 시위가 열렸다. 구엘 공원은 입장료 8유로를 받고 시간당 800명만을 입장시키는데, 공원 주변 거주민만 무료입장이 가능하다. 하지만 이를 위해서는 시청에서 신상등록을 하고, 복잡한 행정절차를 거친 다음에 예약된 시간에 입장해야 한다.

구도심 '새로운 도시이용계획'은 공유숙박의 문제점을 개선하기 위해 수립된 계획이다. 이에 따르면, 행정당국은 향후 몇 년 동안 시내에 산재한 공유숙박 시설들을 단일 건물들 안에 강제 입주시킬 예정이다. "세계에서 가장 큰 크루즈 선박인 '얼루어 오브 더 시즈The Allure of the Seas'호가 2015년부터 바르셀로나를 모항母港으로 취항할 예정인데, 일 년에 16만 명이 이 배를 타고 올 것이며, 이 숫자는 구도심 인구의 두 배"라는 자막으로 영화는 끝맺는다.

2) 인터뷰 내용

영화 속에는 총 12명의 인물이 자신의 전문지식이나 개인적 경험을 바탕으로 바르셀로나 관광의 문제점을 이야기한다. 이들은 바르셀로나 자율대학교Universitat Autònoma de Barcelona 교수 3명, 4개 지구(구도심, 사그라다 파밀리아, 보른 그리고 구엘 공원)의 주민 4명, 주민연합 활동가 3명, 사진작가와 관광가이드 그리고 바Bar주인 각 1명이다.

역사학 전공 대학교수인 에릭 빌라 델크로스Eric Vila Delclos는 『람블라스 거리의 역사』의 저자인데, 19세기 이후 람블라스 거리의 경관과 장소성 형성 과정 그리고 현재의 변화를 설명한다. 또 다른 역사학자인 호세 페르세발Jose Maria Perceval 교수는 주민의 요구와 필요성에 따라 도시가 만들어졌는데, 관광으로 인해 이것이 심하게 변형되고 있으며, 시민이 적극적으로 개입해서 올바른 장소로 되돌려 놓아야 한다고 주장한다. 관광전문가인 산티아고 테헤도르Santiago Tejedor 교수는 매스투어리즘의 여러 가지 문제점을 나열하고, 관광산업의 지속 가능한 모델을 제시한다. 그는 관광객tourist이 아니라 "진정한 경험"을 추구하는 여행자voyager를 유치하는 것이 필요하다고 주장한다.

주민 4명은 각기 다른 지역에 살고 있는데, 이들은 각자 고유한 매스투어리즘의 문제점을 설명한다. 구도심 주민은 관광객 때문에 지역이 단일문화화하고 있는데, 기존 골목상점이 기념품 상점, 바 그리고 레스토랑으로 바뀌고 있다. 주민 상당수는 상승하는 임대료를 감당하지 못해서 쫓겨나고 있으며, 남은 주민도 소음과 임대료 인상에 시달리고 있다. 보른 지역 주민은 19세기 전성기에 만들어진 지역의 매력이 관광 때문에 점차 사라지면서, 지역이 테마파크가 되어가고 있다고 이야기한다. 또한, 젊은 관광객들이 해변에서 술을 마시고 시끄럽게 총각파티를 하는데, 자신이 이 지역에서 얼마나 버틸 수 있을지 걱정하고 있다. 이런 변화는 대자본의 투기 프로젝트 때문이므로 해결책을 찾는 것이

어렵다고 이야기한다. 사그라다 파밀리아 지역 주민은 공유숙박 서비스와 그룹 관광객 때문에 주택이 부족해지고, 거리는 혼잡해졌는데, 정부의 대처는 무능력했다고 비판한다. 그녀는 한 시간 정도 머무는 관광객을 위해 주민이 쫓겨나는 현실이 정당한지 되묻고 있다. 올림픽 게임 이후 행정당국의 공격적인 관광 마케팅 때문에 현재의 혼란이 만들어졌다고 구엘 공원 주민은 이야기한다. 이런 식의 관광은 미친 짓이며, 지속 가능하지 않으며, 현재 구엘 공원에서 벌어지고 있는 관광은 "영토의 매춘" 행위라고 강하게 비판한다. 그는 관광객 숫자가 아니라 질을 우선하는 대안을 찾아야 한다고 주장한다.

지역 주민 연합 구성원들은 매스투어리즘에 대해 가장 강하게 비판한다. 특히 고딕 지구의 레메 고메스Reme Gomez는 영화에 가장 긴 시간 등장하는데, 그녀는 시의 관광정책에서부터 대자본의 논리와 행동 그리고 지역사회와 주민에 끼치는 사회적 파장에 대해 자세하게 설명한다. 관광호텔과 공유숙박이 범람하면서 골목상권이 무너지고, 임대료는 상승하고, 상점들은 기념품 가게로 변하고, 주민들은 소음과 사생활 침해에 시달리다 하나둘 떠나가고, 지역에는 단일문화만이 남게 된다. 지역 공동체가 이렇게 붕괴하고 있지만, 정책당국은 오직 대자본의 이익만을 대변하고 있다. 뉴욕, 파리 시드니 등지에서도 이런 일이 벌어지고 있지만, 이 도시에서는 해결 방안이 논의되고 있다. 하지만, 바르셀로나 지방정부는 주민을 위해 아무런 일도 하지 않으며, 부작용을 합법화하는 일에만 골몰하고 있다고 그녀는 주장하고 있다.

구도심 지구연합 회원, 마리아 마스Maria Mas는 대자본에 의한 공공공간의 사유화 현상을 비판하면서 주민의 삶을 우선하는 공간 이용계획을 요구하고 있다. 사그라다 파밀리아 지구연합 회원은 관광객 때문에 주민의 이동권이 심각하게 침해당하고 있는데, 시 당국은 주민이 아니라 관광객을 위한 교통과 보행시설 확장에만 투자하고 있다고 비판한다. 각종 편법과 탈법이 관광숙박시설을 둘러싸고 벌어지고 있는데, 지방정부와 관광업계 그리고 주민이 합심해서 이 문제를 해결해야 한다고 주장한다.

사진작가인 마르크 하비에레Marc Javierre는 람블라스 거리에서 주민과 관광객이 보이는 행동 차이를 관찰해서 『여행자 산책Tourist Walk』이라는 책을 출간하였다. 그는 관광객이 벌이는 일탈 행위에 수치심을 느끼고 있는데, 몇몇 사람에게 경제적 혜택이 돌아가는 비즈니스 대신 새로운 관광모델 수립을 요구하고 있다. 공식 관광가이드인 마리아 마르티네스Maria Martinez는 관광객 급증 현상과 원인 그리고 이로 인한 혼잡을 소개하고 있다.

영화의 내용이 다층적이고 복합적이지만, 자막과 인터뷰 내용을 종합하면 다음과 같다. 인구 160만 명이 사는 바르셀로나에 지난 20년 동안 관광객 숫자가 급속히 증가해서 740만 명에 이르렀고, 많은 문제가 이로부터 발생하고 있다. 시 당국이 구도심과 일부 주거지역에서 호텔과 호스텔 그리고 공유숙박을 무분별하게 허가해주면서 많은 사회적 문제들이 발생했다. 주민들은 관광객이 내는 소음에 시달리고, 주민의 필요에 따라 형성된 골목상권은 관광상점으로 대체되고, 임대료는 상승하고 있다. 이를 견디지 못한 주민들이 하나둘 떠나면서 이 지역의 "단일문화"는 강화되고 있으며, 바르셀로나는 베네치아와 같은 테마파크로 점차 변하고 있다. 행정당국은 지역 주민의 일상적 삶보다는, 시와 대자본의 경제적 이익에만 관심이 있으며, 매스투어리즘 문제를 개선하려고 하지 않을 뿐만 아니라 오히려 대자본과 결탁해서 문제를 더 심각하게 만들고 있다. 일부 시민은 매스투어리즘 문제와 당국의 관광 정책에 저항하고 있지만, 대자본과 지방정부의 결탁 그리고 일부 시민의 경제적 이익 때문에 해결은 요원하다.

3. 매스투어리즘 문제와 사회적 리얼리티

〈바이, 바이 바르셀로나〉가 그린 관광문제는 바르셀로나에만 국한된 현상이 아니므로 다른 도시에서도 이에 관해 관심을 가졌다. 독일 브란덴부르크대학교BTU와 영국 런던대학교UCL는 베를린에서 2014년 11월 27~29일 '관광도시에서의 시위와 저항Protest and Resistance in the Tourist City'이라는 주제로 국제심포지엄을 개최했고, 그 결과가 책으로 발간되었다.[13] 이 국제심포지엄에서 〈바이, 바이 바르셀로나〉 영화는 비중 있게 다루어졌는데, 한국에서도 이 영화를 기반으로 공유숙박 문제에 관한 세미나가 개최되었다.[14]

〈바이, 바이 바르셀로나〉는 매스투어리즘의 문제를 상당 부분 투어리스티피케이션touristification 시각에서 파악하고 있다. 투어리스티피케이션 개념은 "관광지화 되다"라는 투어리스티파이touristify와 젠트리피케이션gentrification의 합성어인데, 기존의 관광이나 도시연구 분석틀이 가진

---

[13] Colomb, Claire/Johannes Novy, *Protest and Resistance in the Tourist City*, Routledge, 2016.
[14] 신희완, 앞의 글, 2014.10.29; 신희완, 앞의 글, 2014.12.2.

한계를 극복하기 만들어졌다. 얀센-베르베케Myriam Jansen-Verbeke[15]가 1998년 이 개념을 처음 사용한 이래 다양한 학자들이 이를 사용하면서 그 외연도 확대되었다.[16] 보리스는 "투어리스티케이션은 여태까지 관광지로 덜 매력적인 도시지역이나 장소들이 관광객에 의해 발견되고, 이 지역이나 장소들이 이들 관광객을 위해 개발되는 것이다. 이 장소에는 구매력 높은 관광객이 필요로 하는 것을 제공하는 카페, 바, 슈퍼마켓, 기념품 상점 등이 들어서서, 단일구조적 경제가 정착되고, 주민의 요구는 무시된다. (…중략…) 여기서는 매력지구Szeneviertel를 가진 넓은 문화정경처럼, 도시의 역사도 상품화 된다"라고 정의하였다.[17]

보리스는 덜 매력적이었던 장소들이 관광지가 되고, 이런 과정에서 단일 경제가 만들어지는 것을 투어리스티피케이션의 핵심으로 보았지만, 투어리스티피케이션이 어떤 과정을 거쳐 진행되는지에 대해서는 관심을 두지 않았다. 그는 다양한 행위자들, 서로 상충하는 경제적, 도시 정책적 이해관계 그리고 경합하는 담론들이 서로 어떻게 투어리스티피케이션을 추동하고 있는지에 대해서는 분석하지 않았다. 또한, 그는 단일경제 또는 단일문화가 실제로 만들어지는 것인지 아니면 멋진

---

15 Jansen-Verbeke, Myriam, "Touristification of historical cities—a methodological exercise", *Annals of Tourism Research*, Vol.25 No.3, 1998, pp.739~742.

16 Graeme, Evans, "Living in a world heritage city. Stakeholders and dialectic of the universal and particular", *International Journal of Heritage Studies*, Vol.8 No.2, 2002, pp.117~135: Foljanty, Lukas/Kappus, Michael/Pfeiffer, Verena/Oehlkers, Wolf, *Touristification —Nutzungswandel durch Tourismus in großstädtischen Altbauquartieren*, Arbeitspapier, Berlin, Institut für Stadt- und Regionalplanung der Technischen Universität Berlin, 2006: Wöhler, Karlheinz, *Touristifizierung von Räumen —kulturwissenschaftliche und soziologische Studien zur Konstruktion von Räumen*, Wiesbaden, VS Verlag für Sozialwissenschaften, 2011.

17 von Borries, Friedrich, *Berliner Atlas paradoxaler Mobilität*, Berlin, Merve Verlag, 2011, p.161.

cool 장소에서 서비스 산업이 다양화되는 것인지도 구분하지 않았다. 투어리스티피케이션이라는 개념 안에는 살기 좋아진 지역에서 가난한 주민이 쫓겨나는 것을 포함하고 있는데, 젠트리피케이션과 투어리스티피케이션은 각기 다른 사회적 현상이기 때문에 행위자들도 서로 다르다. 투어리스티피케이션이라는 개념은 상당히 설득력 있게 현대 도시에서 벌어지는 관광현상을 해석하고 있지만, 앞서 살펴본 약점들도 있다. 치바스 감독은 영화 속에서 투어리스티피케이션이라는 개념을 명시적으로 사용하지 않지만, 이 영화의 전반적인 시각은 이 개념을 토대로 구성되어 있다. 따라서 투어리스티피케이션이 가진 약점을 이 영화도 가지고 있어서 이를 중심으로 재검토하는 것이 필요하다.

영화 속 몇몇 등장인물은 관광객이 작은 도시에 너무 많이 오기 때문에 심각한 사회문제가 발생한다고 주장하며, 다수 시민은 이에 동감하고 있다. 마스터카드의 자료에 의하면, 전 세계 숙박 방문객 숫자 상위 20개 도시 중에서 런던은 부동의 1위이다. 2014~2015년 사이에 이스탄불만이 7위에서 5위로 두 계단 상승하였는데, 다른 도시들은 별다른 순위 변동이 없다. 상위 20개 도시 중에서, 이스탄불(11.4%), 두바이와 방콕(8.0%), 런던(6.0%), 쿠알라룸푸르(5.6%), 서울(5.2%), 도쿄(5.1%), 로마(5.0%) 그리고 로스앤젤레스(5.3%)가 5% 이상의 성장세를 보인다. 이에 반해 바르셀로나는 2014~15년에 2.9% 성장했으며, 이는 전혀 높은 수치가 아니다.[18]

영화는 바르셀로나 관광의 문제점으로 저가관광 또는 매스투어리즘을 꼽고 있는데, 이들 저가 여행객은 지역 사회에 별다른 경제적 혜택을 주지

---

18 Yuwa, Hedrick-Wong/Choong, Desmond, 앞의 글, pp.4~7.

않으며, 오히려 사회적 혼란과 갈등만 야기한다고 주장한다. 관광객이 해당 도시에서 지출한 금액을 살펴보면, 런던(202억 달러)은 2위인 뉴욕(172억 달러)보다 16%나 더 많다. 여기에 시민 숫자를 고려한다면, 런던은 뉴욕보다 관광객 1인당 지출액이 더 높아진다. 숙박 방문객 숫자 부문에서 방콕은 2위이지만, 낮은 물가 때문에 지출액 부문에서는 7위이다. 2014~15년 도쿄, 시드니, 바르셀로나, 대만, 마드리드, 로마에서 지출액이 약간 감소하였는데, 이는 달러 강세 때문이다. 바르셀로나의 총 지출액 순위는 6위이다. 하지만 방문객 지출액을 도시 주민 일 인당 나누면, 1위는 두바이(4,668$), 2위는 바르셀로나(2,793$), 3위는 싱가포르(2,639$), 4위는 런던(2,480$) 그리고 5위는 쿠알라룸푸르(1,933$)가 된다.[19] 영화나 일부 시민단체가 주장하는 것과 달리 바르셀로나 관광은 상당히 고급화되어있다.

〈바이. 바이 바르셀로나〉는 대형 크루즈 선박 입항 장면으로 시작하는데, 이는 크루즈 관광객이 매스투어리즘 문제의 주요한 원인이라는 사실을 암시한다. 2015년 약 250만 명의 크루즈 관광객이 바르셀로나를 방문했는데, 일반적으로 기항지는 크루즈 선박 여행으로부터 큰 경제적 혜택을 받지 못하는 것으로 알려져 있는데,[20] 크루즈 선박은 여행에 필요한 물건을 출항지에서 일괄 구매하기 때문이다. 하지만 상당수 크루즈 선박은 바르셀로나에서 출항하고 있으며, 기항하면 거의 모든 관광객이 하선해서 주요 관광지나 음식점, 상점 등을 방문한다.[21] 사그라다 파밀리아. 구엘공원,

---

19 위의 글, pp.8~10.
20 Field, Michael, "With cruise ships comes air pollution", Travel, 2015.1.6; "Barcelona breaks cruise record as 60,000 sail into city over weekend", The Local, 2015.9.14; "Is Cruising any greener than flying", *The Guardian*, 2006.12.20.

피카소박물관 등의 입장객 90% 이상이 관광객인데, 이곳의 입장료는 다른 도시의 유사한 시설에 비해 상대적으로 비싸다. 이들 관광객은 비싼 입장료와 기념품 구매로 지역 문화와 예술 그리고 역사자원 보존과 발전에 커다란 기여를 하고 있다. 또한, 바르셀로나 관광의 문제점을 이야기할 때 빠지지 않는 부분은 작은 도시에 너무 많은 관광객이 온다는 점이다. 2009년과 2015년의 관광객 대 주민 숫자를 비교하면, 상위 20개 도시 중에서 두바이가 4.9(2009)에서 5.7(2015)로 증가해서 수위를 차지했다. 암스테르담은 1.9(2009)에서 2.7(2015), 프라하는 1.8(2009)에서 2.5(2015), 그리고 런던은 1.8(2009)에서 2.3(2015)으로 각기 증가하였다. 이에 반해 바르셀로나는 1.0(2009)에서 1.5(2015)로 6년 동안 50% 증가해서 다른 주요 도시들에 비해 높은 편이 아니다.[22]

바르셀로나 주민 중 상당수는 람블라스 거리, 고딕 지구, 사그라다 파밀리아 성당 그리고 구엘 공원과 같은 도시의 일부 지역에 관광객이 몰리기 때문에 문제가 더 심각하다고 주장하고 있다. 하지만 대부분의 서구 관광도시에서 관광명소는 거의 예외 없이 도시의 일부 지역에 밀집해 있으며, 이것이 바르셀로나만의 특수성은 아니다. 흥미로운 사실은 방문객의 출신국에서 나타난다. 상위 20개 관광도시 중에서 이스탄불은 가장 다양한 국가 출신의 관광객이 오는 것으로 나타나고 있다. 이 도시의 상위 50% 방문객은 33개 도시, 2위인 런던은 26개 도시에서 왔다. 하지만 바르셀로나는 10개 도시에서 상위 50%의 관광객이 왔으며, 관광객의 국가

21 Halley, Nicky, "Fat cats—Cruise passengers put on a POUND A DAY during two-week break", *Mailonline*, 2012.5.2.
22 Yuwa, Hedrick-Wong/Choong, Desmond, 앞의 글, 2015, p.24.

별 편중 현상이 심하다.[23] 실제로 바르셀로나 관광객의 절대다수는 프랑스, 영국, 미국, 독일 그리고 이탈리아 관광객이다.

바르셀로나 일부 시민 사이에 매스투어리즘에 대한 걱정과 불만이 쌓여있는 것이 사실이며, 도시 일부 지역에서는 시위와 저항으로 나타나고 있다. 영화에서 제시한 매스투어리즘의 양상과 문제점 분석은 상당한 설명력이 있지만, 이외에 또 다른 요인들이 바르셀로나에서 작동하고 있음을 추론할 수 있다. 왜냐하면, 빠른 관광 성장세를 기록하는 다른 도시들에서는 바르셀로나에서처럼 매스투어리즘에 대한 강한 시위와 저항이 없기 때문이다. 이와 같은 점을 고려해서 바르셀로나에서의 공유숙박을 다시 분석하고자 하는데, 공유숙박은 매스투어리즘 문제의 근간이 되고 있기 때문이다.

4. 공유숙박 문제와 사회적 리얼리티

런던, 파리, 로마 등의 시민도 관광 문제 때문에 일상생활에서 많은 어려움이나 불편을 겪어왔으며, 최근에는 프라하, 부다페스트, 베를린 시민도 이런 고통을 토로하고 있다. 하지만 이들은 매스투어리즘에 대해 극단적인 반감을 표출하지 않는데, 바르셀로나 시민은 강한 반감을 보인다.[24] 이 문제를 이해하기 위해 영화 속 공유숙박 문제를 되짚어볼 것이다. 이를 통해 〈바이, 바이 바르셀로나〉가 간과한 부분을 찾아보고자 한다.

---

23 위의 글, p.37.
24 Pellicer, Lluís, "Barcelona's crackdown on Airbnb renters", *El País*, 2014.7.16.

1) 영화 속의 재현된 공유숙박

〈바이, 바이 바르셀로나〉는 공유숙박 문제를 마지막 에피소드로 다루고 있는데, 이는 공유숙박 문제가 중요할 뿐만 아니라 복합적인 성격을 가지고 있기 때문이다. 다섯 명의 등장인물은 각자 공유숙박에 대한 자신의 경험과 생각을 이야기하고 있는데, 이를 다음 세 가지로 요약할 수 있다. 우선 공권력의 공유숙박에 대한 관리와 통제 문제이다. 공유숙박이 일반 거주지에 들어선 것 자체가 문제인데, 시는 주민의 삶을 고려하지 않고 공유숙박을 무분별하게 도시 전역에서 허가했으며, 이를 제대로 관리하지 않고 있다. 또한, 시는 주민이 아니라 관광 에이전시의 이해관계에 따라 공유숙박 문제에 접근하고 있어서 문제가 더 심각해지고 있다. 시의 관리와 통제 부재는 공유숙박에서 홀리데이 파티 holiday party를 조장하며, 주민은 이로 인해 심각한 고통을 받고 있다.

두 번째 문제는 공유숙박의 상업화와 거주지에서의 주민 축출이다. 원래 취지와는 달리, 공유숙박이 돈벌이 수단이 되고 있다. 일부 주민은 아파트를 임차해서 공유숙박으로 재임대해서 많은 돈을 벌고 있다. 일부 건물 소유주는 온갖 방법을 동원해 세입자를 쫓아내고, 이를 공유숙박으로 임대해서 많은 수입을 거두고 있다. 이들 호스트는 다른 주민이 공유숙박 때문에 겪는 고통에 관심이 없으며, 이들이 신봉하는 이윤 지상주의는 "영토의 매춘행위"이다. 쫓겨난 세입자는 경제적, 사회적으로 소수자이기 때문에 삶의 기반을 잃게 되며, 지역 공동체는 붕괴한다.

마지막 문제점은 지방정부의 무능과 사회적 비용의 불공정 분담이다. 뉴욕, 샌프란시스코, 파리, 시드니 등지에서도 공유숙박이 문제지만 여기서 시 의회는 해결 방안을 적극적으로 모색하고 있다. 하지만, 바르셀로나 시는 이 문제를 방치하고 있으며, 공유숙박은 지역 공동체를 붕괴시킬 뿐만 아니라 주민의 안전도 위협하고 있다. 또한, "불법" 공유숙박에서 발생하는 사회적 비용의 분담도 문제이다. "불법" 공유숙박 이용객은 사회기반 시설을 무료로 이용하고 있는데, 이는 주민이 낸 세금으로 만든 것이며, 이를 유지하는데도 세금이 사용되고 있다. 공유숙박의 혜택을 받지 못하는 일반 시민이 사회기반 시설 건설과 이용료를 분담하고, "불법" 공유숙박 이용객이 이를 무료로 이용하는 것은 공정하지 않다. 이런 불만과 비판은 시민들 사이에서 상당한 공감대를 형성하고 있는데, 이 때문에 바르셀로나 매스투어리즘 문제의 한 가운데 항상 공유숙박이 있었다. 하지만 다른 모든 문제와 마찬가지로 공유숙박 문제도 복합적으로 얽혀 있어서 에어비앤비의 자료를 통해 영화 속 내용을 검토할 것이다.

2) 에어비앤비의 공유숙박과 사회적 리얼리티

공유숙박 서비스가 샌프란시스코, 베를린, 암스테르담, 시드니 그리고 바르셀로나 등지에서 사회적 문제로 주목받자, 많은 시민과 시민단체들은 에어비앤비 회사에 자료 공개를 요구하였다. 이 회사는 이들의 요구를 개인 정보 보호라는 명분으로 거부하였고,[25] 시민들과 언론은

---

25 Croft, Adrian, "Barcelona mayor's tourism crackdown puts Airbnb in firing line", *Reuters*, 2015.8.26.

공유숙박 현황을 자체 조사하였다. 하지만 이 조사는 시간과 기간의 제한을 받는 데다 호스트와 게스트의 관계 파악이 힘들어서 정확성에는 한계가 있었다. 에어비앤비의 공유숙박에 대한 비판과 당국의 규제가 가시화되자,[26] 이 회사는 일부 정보를 공개했다. 2016년에 바르셀로나에 관한 자료도 일부 공개되었는데,[27] 이 자료는 정보도 많지 않고, 회사 입장을 옹호하기 때문에 공유숙박에 대한 종합적인 그림을 그리는 데 한계가 있다. 하지만 다수의 시민과 시민단체 그리고 매스미디어들이 공유숙박 현황을 이미 파악해서 발표하였기 때문에 회사가 발표한 자료는 주민이 자체 조사한 자료 그리고 필자가 현지에서 관찰한 바와 상당히 일치한다.

에어비앤비 회사의 2016년 바르셀로나 공유숙박 현황 자료에 따르면, 바르셀로나에서 2009년 공유숙박 중개서비스가 시작되었고, 빠른 증가세를 보였다. 2013년에는 277,000명이 바르셀로나 공유숙박을 이용했으며, 공유숙박이 지역사회에서 끼친 경제적 효과는 1억2천8백만 유로였고, 새로운 일자리 4,310개가 만들어졌다. 2015년에는 공유숙박 서비스 이용객이 거의 90만 명으로 증가했으며, 경제 유발 효과는 7억4천만 유로로 거의 6배 증가했다.[28]

2016년 현재 바르셀로나에서 에어비앤비에 등록된 공유숙박 호스트는 9,200명이며, 이들 중 상당수는 구도심 이외 지역에 거주하고 있

---

26 "Barcelona draws up battle lines to curb Airbnb type tourism boom", *The Local*, 2015.8.28; "Airbnb fined for offering lodgings without permits in Barcelona", *The Local*, 2015.12.22.

27 Airbnb Action, *Airbnb community boosts Barcelona economy by €740 million*, 2016.

28 위의 글, p.3.

〈표 1〉 구도심과 나머지 지역에서의 에어비앤비 공유숙박 등록 변화 추이(Airbnb Action, 2016, p.2)

연도	구도심	나머지 지역	연도	구도심	나머지 지역
2011	37%	63%	2014	30%	70%
2012	35%	65%	2015	30%	70%
2013	31%	69%	2016	25%	75%

다. 〈표 1〉에서 볼 수 있듯이, 전체 공유숙박 가운데 구도심에 위치한 비율은 2011년에는 37%였는데, 2016년에는 25%로 감소하였다.[29] 구도심의 공유숙박 비율이 지난 5년 동안 거의 12%나 감소했는데, 이런 감소세가 구도심 공유숙박의 절대적 감소를 의미하는 것은 아니다. 공유숙박에 대한 관광객의 수요가 급증하였지만, 구도심의 공유숙박 주택이 제한적이라 외곽에서 공유숙박이 늘어났고, 구도심의 비율이 줄어든 것이다. 제시된 통계자료가 제한적이라서 정확한 숫자나 비율을 파악할 수 없지만, 구도심에서도 어느 정도 완만하게 공유숙박이 증가한 것 같다. 공유숙박이 외곽 지역으로 확대되면서 이전에 관광 혜택을 별로 누리지 못한 지역주민들도 혜택을 어느 정도 볼 수 있게 되었다.

공유숙박 혜택이 구도심 이외의 주민에게 돌아가고 있다는 증거는 전체 게스트 분포에서 추론할 수 있다. 전체 공유숙박 가운데 구도심 소재 공유숙박의 이용률이 차지하는 비중이 2009년에는 86%였는데, 2015년에는 36%로 대폭 감소했다.[30] 외곽 지역의 공유숙박 이용률이 증가한 이유는 저렴한 가격과 작은 도시 규모 그리고 양질의 대중교통

---

29 위의 글, p.4.
30 Airbnb, *Airbnb Economic Impact*, 2013, p.4.

기반시설 때문이다. 다른 대도시에 비해 바르셀로나의 도심은 작으며, 대부분의 관광명소는 구도심에 집중되어 있다. 온라인 공간에 공개된 공유숙박 요금을 살펴보면 구도심의 공유숙박은 비슷한 숙박조건에서 외곽의 공유숙박에 비해 2~3배 이상 비싸다. 바르셀로나에는 지하철과 버스와 같은 대중교통수단이 상당히 잘 갖추어져 있어서 외곽에서도 쉽게 도심으로 진입할 수 있다. 저자도 이런 점 때문에 사그라다 파밀리아 근처의 공유숙박을 선택하였다.

공유숙박이 외곽으로 확산하면서 호스트들만 경제적 혜택을 받는 것은 아니다. 게스트는 자신들이 묵는 지역 근처의 식당이나 술집 또는 상점에서 어느 정도 소비활동을 할 수밖에 없다. 외곽의 공유숙박은 밀집되어 있지 않으며, 이용객 또는 관광객도 상대적으로 적다. 이 때문에 치바스의 영화 속 등장인물이 주장하는 것처럼, 이곳에서는 단일문화 또는 단일경제가 만들어지지 않는다. 이런 경제적 효과 때문에 외곽 주민은 상대적으로 공유숙박 또는 매스투어리즘에 대해 호의적이다. 하지만 직접적 피해를 보고 있는 도심 주민의 상당수는 매스투어리즘에 대해 비판적 태도를 보이는데, 이들의 비율은 조사에 따라서 60% 정도에 이르기도 한다.[31] [32]

에어비앤비 자료는 얼마나 많은 호스트가 공유숙박을 상업적으로 이용하고 있는지 이야기하지 않는다. 즉, 독채 공유숙박 비율, 지역별 장기 임대 비율, 임대료의 차이, 게스트의 유형별 차이 등에 대한 정보

---

[31] "Has Barcelona been spoilt by tourism?", *Telegraph*, 2014.4.28.
[32] 텔레그라프 신문이 "관광으로 바르셀로나가 망가졌는가"라는 온라인 설문조사를 하였는데, 총 217명의 응답자 중에서 135명(62.15%)이 이에 대해 긍정, 82명(37.79%)은 부정 답변을 하였다.

〈표 2〉 구도심과 나머지 지역에서의 에어비앤비 공유숙박 전체 게스트 숫자 변화 추이
(Airbnb Action 2016, p.3)

연도	구도심	나머지 지역	연도	구도심	나머지 지역
2009	86%	14%	2013	50%	50%
2010	57%	43%	2014	43%	57%
2011	55%	45%	2015	36%	64%
2012	51%	49%			

가 이 안에는 없다. 이 자료는 다만 바르셀로나의 공유숙박 호스트의 압도적인(vast majority) 숫자가 공유숙박을 비상업적 목적으로 이용하고 있다고 밝히고 있는데,[33] 이는 호스트 대부분이 독채가 아니라 자신의 집 일부를 공유숙박으로 임대하고 있다는 것을 의미한다.

또한, 이 자료에 의하면 호스트의 평균 나이는 38세이다. 호스트는 공유숙박 서비스를 제공하기 위해서 대부분의 게스트가 외국 관광객이므로 상당 수준의 영어와 인터넷 소통 능력을 갖추어야 하므로 상당수 호스트는 고학력의 청년들이다. 공유숙박의 연간 평균 임대일은 58일인데, 주로 7~8월에 집중되어 있다.[34] 외곽 지역의 공유숙박은 비성수기에는 게스트가 오지 않을 가능성이 높은데, 이런 시기별, 지역별 편차도 외곽 지역의 젠트리피케이션을 방지하고 있다. 통상 지역민에게 임대했을 때보다 공유숙박을 통해 얻을 수 있는 이익은 2~3배 정도인데,[35] 반짝경기는 이런 이익을 보장하지 않기 때문이다.

일 년 평균 58일 동안 게스트를 받아서 얻는 평균소득은 5,100유로

---

[33] Airbnb Action, 앞의 글, 2016, p.1.
[34] "Mass tourism can kill a city—just ask Barcelona's residents", *The Guardian*, 2014.9.2.
[35] O'Sullivan, Feargus, "Is Tourism Ruining Barcelona?", *Citylab*, 2014.4.21.

(약 600만 원)이다. 하루 평균 공유숙박 이용료는 90유로인데,[36] 이는 바르셀로나 저가 호텔 수준이다. 만일 이와 같은 액수가 한 달 평균 열흘 이상, 즉 일 년에 120일 정도 보장된다면 현지 세입자에게 임대하는 것보다 경제적으로 유리할 수도 있다. 하지만 이와 같은 조건을 충족시킬 수 있는 공유숙박은 그다지 많지 않은데, 공유숙박의 관리와 유지를 위해 적지 않은 노력이 필요하므로 구도심에서조차도 공유숙박이 빠르게 퍼지지 않는 것으로 추정된다. 호스트의 73%는 단 한 건의 공유숙박만을 에어비앤비 온라인 공간에 게시하고 있는데,[37] 나머지 27% 호스트에 대한 구체적인 정보는 없다. 바르셀로나에서 특히 문제가 되는 것은 이들 27%가 운영하는 '기업형' 공유숙박일 가능성이 높은데, 이들 호스트는 공유숙박 여러 채를 운영해서 많은 이익을 거두지만, 이에 부응하는 사회적 책임을 회피할 가능성이 높다. 또한, 이들 호스트는 대부분 공유숙박을 통째로 임대하기 때문에 게스트는 독립적이고 자유롭게 생활할 수 있는데, 문제가 되는 홀리데이 파티의 상당수가 이런 공유숙박에서 벌어진다.

공유숙박 게스트의 평균 연령은 34세로 비교적 젊은 편인데, 이들 이용자도 인터넷과 일정 수준의 영어 구사 능력을 갖추어야 이를 이용할 수 있기 때문이다. 게스트는 주로 1~2인이 공유숙박을 이용하고 있는데, 전체 예약의 90%는 4명 이하의 그룹관광객이다.[38] 3명 이상의 그룹관광객이 한여름에 독채로 공유숙박을 이용할 경우 홀리데이 파티가 벌

---

36 Airbnb Action, 앞의 글, 2016, p.2.
37 위의 글.
38 위의 글, p.3.

어질 가능성이 있는데, 제시된 자료만을 놓고 추론한다면 대부분의 공유숙박 게스트는 홀리데이 파티를 할 수 있는 상황이 아니다. 크루즈 관광객처럼 바르셀로나 방문객의 상당수가 1~2일 정도 머물지만, 공유숙박 이용자는 평균 4.4일을 체류한다.[39] 이런 숫자를 통해 공유숙박 이용자의 전체적인 윤곽을 그려볼 수 있는데, 이는 〈바이, 바이 바르셀로나〉에서의 주장과 약간 그 궤를 달리한다.

우선 공유숙박이 도시 전역으로 퍼져가는 것은 사실이지만, 이 덕분에 기존의 소외된 일부 지역도 경제적 혜택을 받고 있다. 또한, 세입자를 축출하고 독채로 공유숙박 임대를 하는 숫자는 그다지 많지 않다. 관광객은 주로 7~8월의 성수기에 바르셀로나를 방문하고 있는데,[40] 일부 인기 지역을 제외한다면 이런 반짝 경기 때문에 공유숙박을 전업으로 하는 것이 현지인에게 임대하는 것보다 더 많은 소득을 얻기 힘들다. 또한, 공유숙박이 외곽으로 확산하면서, 일부 인기 지역에서의 문제가 그대로 이식되는 것은 아니다. 즉, 골목상권이 붕괴한다거나 관광지화되고 있다는 주장이 그다지 설득력이 없는데, 공유숙박 이용자들 덕분에 외곽 지역에서는 골목상권이 붕괴하지 않고 유지되고 있기 때문이다.[41] 바르셀로네타나 보른 지역과 같은 도심의 인기 지역에서는 실제로 골목상권이 붕괴하고, 단일문화 경제가 만들어지고 있으며, 많

---

39 위의 글, p.2.
40 "Barcelona struggle with rising tide of tourists", The Local, 2015.6.5; "Is tourism destroying Barcelona?", *The Local*, 2016.6.29.
41 Degen, Mónica, *Sensing Cities —Regenerating public life in Barcelona and Manchester*, London, Routledge, Routledge Studies in human geography 24, 2008; Gordon, Sarah, "Mass tourism is ruining Barcelona and turning it into a 'theme park', claims controversial new documentary", *Dailymail*, 2014.4.22.

은 주민이 관광객으로 인해 사생활 침해를 당하고 있는 것은 사실이다. 하지만 이를 전부 매스투어리즘의 문제로만 간주하기도 힘든데, 전 세계적으로 구매력 증대와 소비 취향의 변화는 이런 경향을 추동하고 있기 때문이다. 소비자의 구매력이 향상되고, 취향이 변하면서 쿨cool한 지역에서의 "소비의 예술화" 현상이 강화되고 있는데, 이 때문에 관광산업이 전혀 없는 곳에서도 골목상권이 붕괴되고, 도심의 정경이 단일화되는 경향이 나타나고 있다.[42] 다른 국제도시에서와 마찬가지로, 경제적 발전이 지체되었다가 폭발적으로 성장하기 시작한 바르셀로나의 일부 지역에서도 "소비의 예술화" 현상이 나타나고 있는데,[43] 관광객 급증은 단지 이런 지역의 변화를 가속하거나 심화하고 있을 뿐이다.

영화 속 등장인물의 주장처럼 공유숙박이 지역사회에서 부정적 역할을 하는 것만은 아니다. 공유숙박과 게스트는 소외된 지역경제를 활성화하는 것 이외에 문화 상호교류와 이해를 촉진하기도 하며, 고등교육을 받았지만, 경제적으로 취약한 상태의 사람들을 부양하는 역할을 하기도 한다. 에어비앤비 사이트를 조사하면, 호스트 중에서 대학생이나 예술가 또는 전문직 종사자 그리고 외국 이주민의 비율이 특히 높은데, 이들에게 공유숙박은 부분적으로 사회적 안전망의 역할을 하고 있다. 특히 대학생 상당수는 계속 인상되는 대학 등록금과 생활비 때문에 학업을 중단하거나 노동시장으로 내몰리고 있는데, 공유숙박은 이들의

---

42 Degen, Mónica, *Sensing Cities —Regenerating public life in Barcelona and Manchester*, London, Routledge, Routledge Studies in human geography 24, 2008, pp.48~67; von Borries, Friedrich, *Berliner Atlas paradoxaler Mobilität*, Berlin, Merve Verlag, 2011, pp.11 2~134.

43 Featherstone, Mike, *Consumer Culture & Postmodernism*, London, Sage, 1991, p.45 ff.

경력중단을 막아주고 있다. 스페인 경제위기 여파로 바르셀로나의 실업률은 아직도 9%를 웃돌고 있는데, 일부 계층과 지역민에게 공유숙박은 중요한 경제적 안전망이 되고 있다. 하지만 일부 인기 관광지역 주민에게는 공유숙박이 저주의 대상이기도 한데, 이것이 바르셀로나의 리얼리티이다. 영화에서처럼 공유숙박에 대한 일부 주민의 저주를 이해하기 위해서는 또 다른 차원에서의 접근이 필요하다. 바르셀로나에서 기존 정치인이 자본과 결탁해서 벌인 일방적인 관광 정책 그리고 바르셀로나에서 오랫동안 지속되어온 억압과 탄압에 대한 연구가 더 필요하다.

5. 관광과 공생

현재 바르셀로나는 지구 상에서 가장 매력적인 관광 도시의 하나가 되었다. 하지만 일부 주민은 급격한 관광객 증가와 사생활 침해 그리고 치솟는 물가와 임대료에 강한 불만을 드러내고 있다. 에두아르도 치바스 감독의 〈바이, 바이 바르셀로나〉는 이런 사회적 분위기를 잘 대변하고 있다. 그는 바르셀로나 관광 문제를 투어리스티피케이션 개념을 전유해서 비판하고 있는데, 이 영화 속의 등장인물은 감독의 시각을 대변하고, 보완하는 역할을 하고 있다. 이 영화는 적지 않은 시민의 매스투어리즘에 대한 걱정과 분노를 담고 있는데, 현재 이 도시의 관광 문제에 대해 상당한 진실을 담고 있다. 하지만 영화 속에서 재현된 바르셀로나의 관광 문제를 실제적인 자료와 비교하면 적지 않은 부분에서 차이들이 나타나고 있다.

우선 이 지역 매스투어리즘 비판자들이 주장하는 것과는 달리 바르셀로나에는 저가 관광객이 아니라 서구의 경제적 여유층이 이 도시를 방문하며, 이들이 지출하는 비용은 전 세계 관광도시 중에서 최상위에 속한다. 또한, 관광객 대부분은 7~8월에 주로 온다. 이들은 이 도시에서 홀리데이 파티가 아니라 지중해성 기후와 뛰어난 풍광 그리고 피카소와 가우디 등의 예술 작품 그리고 다양한 문화 행사들을 즐기고 있다. 이들 관광객으로 인해 도시의 고급 레스토랑과 바, 박물관 그리고 다양한 문화행사들이 활기를 찾았으며, 지역 문화와 전통 그리고 경제가 활기를 띠고 있다.

하지만 영화 속의 주장처럼, 관광객이 일부 인기 있는 구도심 지역에 집중되면서 이 지역 주민의 삶이 심각하게 침해받고 있다. 경제적 약자들이 치솟는 임대료를 감당하지 못해서 도시 외곽으로 쫓겨나고 있으며, 성수기에 붐비는 관광객으로 인해 이곳 주민 중 상당수는 정상적인 일상생활을 하기 힘들어졌고, 오랫동안 유지되어온 지역 공동체도 차츰 붕괴하고 있다. 영화는 이런 문제의 중심에 에어비앤비의 공유숙박이 있다고 주장하고 있다. 일부 구도심에서 공유숙박이 이런 문제의 원인이기도 하지만, 이는 정치인이 행정당국의 관리와 통제에 그 원인이 있다. 전체적으로 본다면 공유숙박은 관광의 혜택을 도시 주민 전체에게 이전보다 골고루 분배하는 역할을 하고 있다. 특히 청년 실업률이 높은 이 도시에서 경제적으로 취약한 고학력 청년층들은 도심에서 축출되지 않고 미래를 위한 자기 계발에 필요한 돈을 공유숙박을 통해 마련하고 있다.

바르셀로나에는 영화에서 주장하는 것처럼 일부 주민이 매스투어리 즘에 대해 분노하고 있는데, 이는 관광 자체가 아니라 기존 정치권과 자본과 결탁해서 벌인 일방적인 관광 정책 때문이다. 또한, 이런 저항을 가능하게 하고, 유지한 것은 이 지역에서 오랫동안 지속한 중앙 독재정권의 억압과 탄압에 대한 저항의 역사이다. 바르셀로나 일부 주민에 대한 분노와 저항은 이런 요소들을 함께 고찰함으로써 심층적으로 이해할 수 있으며, 주민의 눈높이와 요구에 부응하는 정책을 수립할 수 있다. 하지만 이런 시각에서 바르셀로나의 관광문제에 접근하는 연구는 아직 없다.

참고문헌

논문

최희수, 김상현, 「역사교육을 위한 메타버스 콘텐츠 연구」, 『글로벌문화콘텐츠』 26호, 2016.

Becker, Elizabeth, *Overbooked — The Exploding Business of Travel and Tourism*, New York, Simon & Schuster, 2013.

Colomb, Claire, Johannes Novy, *Protest and Resistance in the Tourist City*, Routledge, 2016.

Degen, Mónica, *Sensing Cities — Regenerating public life in Barcelona and Manchester*, London, Routledge, Routledge Studies in human geography 24, 2008.

Featherstone, Mike, *Consumer Culture & Postmodernism*, London, Sage, 1991.

Foljanty, Lukas, Kappus, Michael, Pfeiffer, Verena, Oehlkers, Wolf, *Touristification — Nutzungswandel durch Tourismus in großstädtischen Altbauquartieren, Arbeitspapier*, Berlin, Institut für Stadt- und Regionalplanung der Technischen Universität Berlin, 2006.

Graeme, Evans, "Living in a world heritage city. Stakeholders and dialectic of the universal and particular", *International Journal of Heritage Studies*, Vol.8 No.2, 2002.

Hargreaves, John, *Freedom For Catalonia? — Catalan Nationalism, Spanish Identity and the Barcelona Olympic Games*, Cambridge University Press, 2000.

Jansen-Verbeke, Myriam, "Touristification of historical cities, a methodological exercise", *Annals of Tourism Research*, Vol.25 No.3, 1998.

von Borries, Friedrich, *Berliner Atlas paradoxaler Mobilität*, Berlin, Merve Verlag, 2011.

Wöhler, Karlheinz, *Touristifizierung von Räumen — kulturwissenschaftliche und soziologische Studien zur Konstruktion von Räumen*, Wiesbaden, VS Verlag für Sozialwissenschaften, 2011.

보고서

Airbnb, *Airbnb Economic Impact*, 2013.
    http://blog.airbnb.com/economic-impact-airbnb/, 검색일자 : 2017년 3월 8일.

Airbnb Action, *Airbnb community boosts Barcelona economy by €740 million*, 2016.
    http://blog.airbnb.com/economic-impact-airbnb/, 검색일자 : 2017년 3월 8일.

Yuwa, Hedrick-Wong/Choong, Desmond, *2015 Global Destination Cities Index*, MasterCard, 2015,
    http://newsroom.mastercard.com/wp-content/uploads/2015/06/MasterCard-

GDCI-2015-Final-Report1.pdf, 검색일자 : 2017년 3월 8일.

신문 자료

신희완, 「하나둘 사라지는 이웃들… 북촌‘괴담’ 머지 않았다」, 『오마이뉴스』, 2014.10.29.
　　　http://www.ohmynews.com/NWS_Web/View/at_pg.aspx?CNTN_CD=A0002046
　　　527, 검색일자 : 2017년 3월 8일.

_____. 「‘디즈니랜드’ 되어버린 서울, 머지않았다」, 『오마이뉴스』, 2014.12.2, ‘디즈니랜드’ 되어
　　　버린 서울, 머지않았다, 검색일자 : 2017년 3월 8일.

Ashifa Kassam, "Barcelona Has Identified New Kind of Tourist Problem—Too Many of
　　　Them", *The Guardian*, 2014.6.16.

Croft, Adrian, "Barcelona mayor's tourism crackdown puts Airbnb in firing line", *Reuters*,
　　　2015.8.26.

Edwards, Sam, "Barcelona residents in revolt over city's 'tourism monoculture'", *El Pais*,
　　　2015.5.4.

Field, Michael, "With cruise ships comes air pollution", *Travel*, 2015.1.6,
　　　http://www.stuff.co.nz/travel/news/64689243/with-cruise-ships-comes-air-
　　　pollution, 검색일자 : 2017년 3월 8일.

Finnigan, Chris, "Is Barcelona suffering from an overdose of tourism?", *El Pais*, 2014.5.12.

Gordon, Sarah, "Mass tourism is ruining Barcelona and turning it into a 'theme park',
　　　claims controversial new documentary", *Dailymail*, 2014.4.22.

Halley, Nicky, "Fat cats—Cruise passengers put on a POUND A DAY during two-week
　　　break", *Mail Online*, 2012.5.2.

Kitching, Chris, "Barcelona residents say tourism is a bigger problem than poverty as new
　　　mayor ramps up efforts to introduce a cap on visitors", *Mail Online*, 2015.6.11.

Matlack, Carol, "Barcelona's Mayor to Tourists—Go Away", *Bloomberg*, 2015.6.5.

Noguer, M. & Blanchar, C, "Interview ADA COLAU—"If we have to disobey unfair laws,
　　　they should be disobeyed"", *El Pais*, 2015.6.1.

O'Sullivan, Feargus, "Is Tourism Ruining Barcelona?", *Citylab*, 2014.4.21,
　　　http://www.citylab.com/work/2014/04/tourism-ruining-barcelona/8918/, 검
　　　색일자 : 2017년 3월 8일.

Pellicer, Lluís, "Barcelona's crackdown on Airbnb renters", *El Pais*, 2014.7.16.

Telegraph, "Has Barcelona been spoilt by tourism?", *Telegraph*, 2014.4.28.

The Economist, "Tourism in Barcelona—Nobody goes there any more, it's too crowded", *The Economist*, 2015.10.17.

The Guardian, "Mass tourism can kill a city - just ask Barcelona's residents", *The Guardian*, 2014.9.2.

The Local, "Bacelona struggle with rising tide of tourists", *The Local*, 2015.6.5.

_____, "Is tourism destroying Barcelona?", *The Local*, 2016.6.29.

_____, "Barcelona says tourists are worse than poverty", *The Local*, 2015.7.10.

_____, "Barcelona draws up battle lines to curb Airbnb type tourism boom", *The Local*, 2015.8.28.

_____, "Barcelona breaks cruise record as 60,000 sail into city over weekend", *The Local*, 2015.9.14.

_____, "Airbnb fined for offering lodgings without permits in Barcelona", *The Local*, 2015.12.22.

인터넷 자료

〈바이, 바이 바르셀로나〉홈페이지

http://www.byebyebarcelona.com/, 검색일자 : 2017년 3월 8일.

〈바이, 바이 바르셀로나〉유튜브 페이지

https://www.youtube.com/watch?v=kdXcFChRpmI, 검색일자 : 2017년 3월 8일.

2015년 4월 29일 바르셀로나 관광전문가 학술회의

http://www.hosteltur.com/110846_turismo-tema-estrella-polemico-eleccion es-barcelona.html, 검색일자 : 2017년 3월 8일.

브란덴부르크대학교와 런던대학교 공동 국제 학술심포지움 :

https://www.geschundkunstgesch.tu-berlin.de/fileadmin/fg95/Veranstaltungen/2014 /Event_Flyer.pdf, 검색일자 : 2017년 3월 8일.

2011년 '점령하라' 운동의 경과

공간점거와 직접행동 민주주의*

장세룡

1. '우리는 99%'

도시를 가장 도시답게 만들고 인간에게 희망을 제공하는 역할은 무엇인가? 도시의 공간규모와 성격에 따라 다르지만 도시공간에서 지속적으로 벌어지는 정치 활동 그 가운데서도 정치적 '저항' 행위와 그것의 가장 중요한 방식으로서 공간점거와 시위에 주목한다. 그 사례로서 필자는 2011년 9월 금융자본 종사자들이 사사화privatized 시킨 공간, 뉴욕 월 가Wall Street 주코티 파크Zucoti Park를 비롯하여, 디트로이트, 더블린, 런던, 마드리드, 오클랜드, 시애틀, 워싱턴 등 전지구 주요 도시 금융 중심지를 포함한 1,500여 장소에서 '점령하라'occupy는 구호 아래

---

* 이 글은 「도시공간점거와 직접행동 민주주의—2011년 9월 뉴욕 월 가 '점령하라' 운동에 관한 성찰」(『역사와 경계』 99호, 2016)을 수정·보완한 것이다.

벌어진 점거와 시위 사건에 주목한다. 이들은 1%에 불과한 전지구적 금융자본가 계급의 박탈에 맞서 99%의 연대와 공간재소유를 선언하고 '사건적 장소'[1]를 조직했다. 사건의 직접 배경은 흔히 신자유주의 '카지노' 금융자본이 초래한 2008년 서브프라임 사태를 꼽는다. 참여자들은 경제적, 사회적 및 문화적 자본이 결핍된 저임금 과잉노동 서비스 분야 노동자들을 프리케리아트precariat 계급화 하는[2] 체제기득권자들에게 '우리는 99%'라는 구호로서 분노를 표시했다. 많은 시민들이 돈과 책, 옷과 음식을 기부하며 호응했지만 11월 15일 시민 참여와 언론의 관심이 약화된 틈을 탄 뉴욕경찰이 200여명의 항의자들을 체포하면서 2개월에 걸친 점거는 일단락되었다.

'점령하라' 운동처럼 신자유주의 정치에 도전한 행동주의는 이미 1999년 11월 30일 반-WTO 시애틀 전투 이래로 세계 도처에서 발생했고 투쟁전술과 지향점을 두고 논쟁이 벌어지고 있었다.[3] 일반적 선입견과는 달리 '점령하라' 운동은 지도자가 없고 강령이 없으며, 조직체계가 없으며 운동의 방향을 설정하지도 않았다. 따라서 사건 전개의 이해에서

---

1   Alain Badiou, *L'hypothèse communiste*, Lignes L Scheer, 2009.*The Communist Hypothesis*, D. Macey and Steve Corcoran tr, Verso, 2010, pp.208~221. Stephen Squibb, "What was occupy", *The Monthly Review*, feb, 2015, pp.39~46. 사건적 장소(site évènementiel)에서 '사건'은 이전에 존재하지 않았던 것이 폭발적으로 나타나서 불확실하고 영광스런 결과를 새로 시작하게 만든 것을 말한다. 사태의 발단은 그해 7월 13일 캐나다 밴쿠버에서 발행되는 반소비주의 친환경잡지 에드버스터즈(*Adbusters*)가 중동의 민주화 사태와 스페인에서 '분노한 자들'(indignados)의 천막시위를 소개하며 오는 9월 17일 맨하탄에서 천막과 주방을 차리고 평화롭게 바리케이드를 치자고 제안했던 일이다. 그날, 몇 차례 예행연습을 거친 시민 수백명이 남부맨하탄에서 시위를 벌이다 통행금지에 묶여 브룩필드 재단 소유 33,000평방피트 면적의 주코티 파크(Zucoti Park)에서 야영에 들어가면서 '점령하라' 운동이 시작되었다.

2   Guy Standing, *Precariat —the new dangerous class*, London, Bloomsbury Academic, 2011.

3   Ingar Solty, "The crisis Interregnum—From the new right populism to the occupy movement", *Studies in Political Economy*, Vol.91, 2013, pp.85~112.

특별히 더 비중 있는 준거로 삼아야할 증인이 있는 것도 아니고 모두가
동등하다. 있다면 참가자들을 맑스주의 좌파 수직론자verticalist가 아닌 아
나키스트 수평론자horizontalist라고 자평했던 참여관찰자 데이비드 그래
버David Graeber를 대변인 격으로 꼽을 수 있을 정도이다.[4] 이들은 자본과
국가에게 구체적인 요구사항을 표명하지도 않았고, 선거 참여나 정당 결
성도 모색하지 않았다. 오직 서구 민주주의가 전지구적인 경제적 필요성
의 압력, 기술공학적 전문가에 맹목적 복종, 반복적이고 피상적인 여론조
사 정치공학의 관철로 '탈정치화'되면서 자유민주주의 대의정치 체제가
실패한 사실을, 주디스 버틀러의 말을 빌리자면, '수행적'performative으로
'표현'했을 뿐이다.[5] '점령하라' 운동은 발생과 거의 동시에 사건의 발생
과 경과를 소개하는 저술들이 발간되었다. 첫째는 사건 그 자체를 참여자
개인의 장소 경험을 언론 인터뷰와 저술로 소개하는 형식으로 운동의 활
동을 분석하는 방향이었다. 둘째는 당시에도 일부 학자들이 시도하였고
최근 다시 논의되는 바와 같이 사건을 추상화시켜 운동의 본질을 사유하
는 성찰적 방향이 그것이다.[6] 이 연구는 '점령하라' 운동의 사건적 전개
과정에 관심을 갖지만 사건 자체를 물신화하지 않고, 도시공간의 중요한

---

4 David Graeber, *Inside Occupy*, Frankfurt/M−Campus Verlag, 2012; *The Democracy Project
−a history, a crisis, a movement*, N.Y, Spiegel & Grau, 2013. 정호영 역, 『우리만 모르는 민주
주의』, 이책, 2015.

5 Simon Tormey, "Occupy Wall Street−from representation to post-representation",
Journal of Critical Globalization Studies, Vol.5, 2012, p.134.

6 전자는 Writers for the 99%, *Occupying Wall Street −The inside story of an action that changed
America*, Chicago, IL−Haymarket, 2012. 임명주 역, 『점령하라』, 북돋움, 2012. 등. 후자
는 Noam Chomsky, *Occupy*, Penguin, 2012 강주헌 역, 『촘스키, 점령하라 시위를 말하
다』, 수이북스, 2012. Slavoj Žižek *et al*, *Occupy*, Verso, 2011. 유영훈 역, 『점령하라』,
RHKKorea, 2012. 전지구적 사건이라는 평가, Michael A. Gould-Wartopsky, *The
Occupiers −The Making of the 99% Movement*, Oxford U.P, 2015.

속성으로서 점거행위자와 직접행동 집단이 구현하는 공간의 성격을 탐구하며, 그것이 내포한 의미와 가능성 및 한계를 성찰하는데 목표를 둔다.

논의의 출발점은 사건 자체의 발생 원인과 경과의 구체적 분석이 아니라 그 당시 현장에 참여했거나 또는 현장을 예의 주시한 슬로보이 지젝, 노엄 촘스키, 주디스 버틀러, 자크 랑시에르, 안토니오 네그리 등이 '점령하라' 사건을 추상적으로 평가한 성찰들이다. 곧 정치적 사건으로서 '점령하라' 운동을 '사건'을 넘어서 '사상적 성찰'로 접근한 것이다. 당시 슬로보이 지젝은 '점령하라' 운동 자체가 조직과 전투적 기강이 결여되었기에 사회정치적 변화를 위한 최소한의 긍정적 프로그램으로도 변화될 수 없는 치명적인 약점을 지녔다고 비판했다.[7] 필자는 운동의 구체적 성과와 연관시킨 지젝의 비판을 일단 수긍하지만, 무엇보다 당시에 새로운 공간이 출현했다는 자각이 제시된 사실[8]에 주목한다. 물론 당시에도 도시이론가 피터 마쿠즈는 '점령하라' 운동이 공간을 물신화하고 심지어 경찰과의 대결을 물신화했으며, 미래의 대안 사회를 예시prefigure하는데 몰두하느라 정작 실현해야할 사회 정의의 목표를 비롯한 운동의 광범한 당면 목표들을 희생시켰다고 비판한[9] 점도 염두에 둔다. 그러나 필자는, 조셉 스티글리츠가 '점령하라' 운동은 선거 절차에 관한 좌절을 표현하는 바, 적어도 '길거리'의 강력한 압력이 없다면 민주주의적 선거과정을 정당하게 설정하지 않을 것이라는 판단에서 비롯되었다는 진단[10]에 주목한다. 이

---

7 Slavoj Žižek, *The Year of Living Dangerously*, Verso, 2012, p.78.
8 Sarah Heck, "Space, politics and Occupy Wall Street", Thesis, Georgia State University(2014)http://scholarwork.gsu.edu/geoscience- theses(2015.12.8)
9 Peter Marcuse, "The purpose of the Occupation movement and the danger of fetishizing space",〈http//pmarcuse.wordpress.com/2011/11/15...〉(2015.12.8)
10 Joseph Stiglitz, "Of the 1%, by the 1%, for the 1%", *Vanity Fair*, May 2011, availlable at

것은 자크 랑시에르가 민주주의를 정치체제나 구성유형 또는 사회형식이 아니라 '구성적 권력'으로 규정하고, 대의민주주의라는 형용모순어 '형식' 뒤에서 정치가 자본의 경영과 절대 동일시되며 정당성을 확보하는 현실을 고발한 것과[11] 같은 맥락이다. 안토니오 네그리와 마이클 하트 역시 '점령하라' 운동을 '다중'의 정치적 분노와 열망, '진정한 민주주의'를 위한 투쟁의 '표현'으로 평가했다.[12] 아울러 '점령하라'의 반-엘리트주의 수사에 주목하고 엘리트 통치를 자각한 시민들이 자율적 의사결정으로 대체하려는 반-정치 운동으로 평가한다.[13] 그런 점에서 '점령하라' 공간에서는 '표현의 정치'politics of expression가 작동했다. 참여자와 지지자들은 '표현' 방식으로서 활동 상황을 온라인 관계망으로 전세계로 확산시키며 전지구적 영토 의식을 고조시키는 모바일 공학을 이용한 리좀적 관계망 저항운동으로 크게 주목 받았다.[14] 그러나 대척점에 선 티파티Tea Party 운동도 모바일 공학을 적극 이용하므로[15] 그것을 독자적 양상으로

http://www.vanityfair.com/features2011/05/top-one-percent-201105(2015.12.30)

11 Jacques Rancière, "L'élection, ce n'est pas la democratie", *La Nouvel Obserbateur – Bibliobs* 28 May. 2012.

12 Michael Hardt and A. Negri, "The fight for 'Real Democracy' at the heart of Occupy Wall Street–The encampment in Lower Manhattan speaks a failure of representation",
https://www.foreignaffairs.com/articles/north-america/2011-10-11/fight-real-democracy (2015.10.16)

13 Michael C. Dorf, "Could be Occupy movement become the realization of democratic experimentalism's aspiration for pragmatics politics', *Contemporary Pragmatics,* Vol.9 No.2, 2012, pp.263~271.

14 Manuel Castells, *Networks of Outrage and Hope –Social Movements in the Internet Age* Cambridge, Polity, 2012. 김양욱 역, 『분노와 희망의 네트워크』, 한울, 2015.

15 Jarret T. Crawford and Eneda Xhambazi, "Predicting political biases against the occupy wall Street and Tea Party Movements", *Political Psychology* Vol.36 No.1, 2015, pp.111~121.

꼽기는 어렵다. 필자는 '점령하라' 운동에서 국경과 문화를 넘어서는 연대의 공동체를 새롭고도 낯설게 표명하는 무정형적인 '액체 저항'의 갈등과 협력의 행동주의가 실현되면서[16] '전지구적 차원에서 사고하고 로컬차원에서 행동하라'는 로컬리티 연구의 선언적 명제를 구성적 헤게모니 공간에서 실천한 점에 착안한다. 그것은 뉴욕 월 가 야말로 전지구성을 표상하는 대표적인 공간이지만 '점령하라'를 통해서 새로운 '로컬리티' 공간을 생성하고 상호연동해서 영향을 끼치는 과정을 잘 보여준다고 판단하기 때문이다. 그 과정에서 필자는 공간과 자본의 '박탈적 축적'이 가져오는 윤리 문제, 직접행동과 행위자 공간, 후기자본주의 정치의 양상에 관심을 기울이는 '공간의 정치지리학'으로부터 다양한 지적 자극을 받고 다음의 주제에 관심을 기울인다.

첫째, '점령하라' 운동이 특정 장소에 고도로 집중성intensification을 유지한 점은 민주주의에서 공적 공간 점거활동이라는 사건적 주제로 관심을 전환시키는 계기를 제공했다.[17] 점거자들은 지배계급의 사적 공간을 점유해서 대안적 공유공간을 생성시키고 상호 간의 견해 차이를 소집단 회의나 총회에서 조율하며 유대감을 확인했다. 이 양상을 앙리 르페브르의 사회적 공간 생산 개념과 연계시켜서 점거공간이 생성되는 양상과 그것이 정당성을 확보하는 이론적 배경을 검토한다.

두번째, 주디스 버틀러는 일정한 장소에서 우연적 행위 또는 권력의

---

16 Sarah L. Augusto, "Liquid Resistance—The Politics of Collaboration and Conflict in the UC and Occupy Movements" University of California at Davis, Diss. of Philosophy, 2014.

17 Margaret Kohn, "Privatization and protest—Occupy Wall Street, Occupy Toronto, and the occupation of public space in democracy", *Perspective on Politics*, Vol.11 No.1, 2013, pp.99~110.

수행적 표명이 반복적 재현representation과 비재현non-representation 과정을 거치며 장소성locationality을 형성하고 의미화를 가져오는 지점에 착안했고, 그 연장선에서 '점령하라' 운동이 공간을 생성시키는 양상을 긍정했다.[18] '점령하라' 운동은 조직과 권력의 유지에 필요한 동원 구조의 지속적인 확보보다는 수행성performativity의 극적 순간에 관심을 더 기울인 측면이 두드러진다.[19] 점거행위위자들이 구호와 기호로서 차이와 반복을 수행하며 새로운 사회적 장소성placeness과 공간성spatiality을 생산하는[20] 정치적 수행성의 지리학을 성찰한다.

세 번째, '점령하라' 운동은 촘스키나 네그리가 강조하듯 '진정한 민주주의' 실현을 축약된contraction 목표로 삼았다. 그러나 운동은 조직과 지도력과 이념적 방향이 결핍되고 실천적 개혁의 천명에 실패했을 뿐 아니라 내부적으로 인종과 종족, 계급과 성별에서 분열 공간을 생산했다. 점거공간에서 활동가들의 비판과 저항, 이념과 실천 행동을 검토하여 일상과 정치적 행위에서 실천 규범의 반복이 민주주의적 주권과 정치적 주체성을 생성하는 방식을 탐색할 실마리를 발견하는 것을 마지막 목표로 삼는다.

---

18 Judith Butler, "The state of things—The politic of the street and new forms of alliance", (http://www.oca.no/programme/audiovisual/the-state-of-things-an-excerpt-from-the-politics-of-the-street-and-new-forms-of-alliance)(2011.9.16) : "Bodies in alliance and the politics of the street" (http://eipcp.net/transversal/1011/butler/en/print)(2011.9); *Bodies that Matter—On the discursive limits of 'sex'* (Routledge, 1993), p.x; *Exitable Speech—A Politics of the Performative,* Routledge, 1997, pp.16~17.

19 Craig Calhoun, "Occupy Wall Street in perspective", *The British Journal of Sociology,* Vol.64 No.1, 2013, pp.35~36.

20 Michael R. Glass and Reuben Rose Redwood eds, *Performativity, Politics, and the Production of Public Space,* Routledge, 2014, p.2.

2. 공적공간의 점거와 공간생산

전지구적으로 전개된 '점령하라' 운동의 주요 공간 가운데서 주코티 파크에 특별히 주목하는 이유는 무엇인가? 물론 그것이 세계금융 자본의 중심지인 월 가에 소재한다는 점이 첫째로 중요하지만, 또한 공간조직과 그것의 표상에 관한 분석에서 개인과 기업이 소유하는 생산과 소비의 공간인 사적 공간의 확장이 공적공간을 퇴위시키는 양상을 둘러싼 논쟁과도 연관 있다. 주코티 파크는 본래 사기업에게 건축증축을 허가하는 조건으로 공적공간의 확보를 요구한 용도변경 지구로서 사유지를 공적공간화한 경우이다. 주로 금융지구 직장인들이 출퇴근 통로로 사용한 개성이라곤 없는 추상공간이며 사설 안전요원을 채용하여 뉴욕시장의 통제와 규제를 회피하는 공간이기도 했다. 경찰이 이 공간에 진압을 위한 습격을 미룬 것도 법적인 침해가 저지되는 사유재산 공간이라는 혼종성에서 비롯했다.[21] 주코티 파크 점거자들은 부유한 국가의 계급지배에 항의하는 내용을 모바일 공학을 이용한 새로운 의사소통 방식으로 확산시키며 찰스 틸리가 말한 '상징적 지리학의 공간'을 생성시켜 전지구적 반향을 불러 일으켰다. '점령하라' 운동 또한 공적인간이 공적공간을 점거한 정치적 행위의 전술을 넘어서 공간의 점거가 저항의 수단이 되는 동시에 운동 정체성의 구성 요소가 되는 점에서 독특하게 복합적 의미를 전개한다.[22] 점거자들은 공적공간의 공적이용권을

21 Stuart Schrader and David Wachsmuth, "Reflections on Occupy Wall Street, the state and space", *City*, Vol.16 No.1/2, 2012, p.244.

22 John Hammond, "The significance of space in occupy Wall Street", *Interface; a Journal for and about social Movements*, Vol.5 No.2, 2013, pp.499~524.

주장하며, 경찰당국이 담화와 공적 의사소통의 권리를 저지하여 민주주의 실천 원리를 위반하고 있다고 비판했다. 공적공간이란 무엇인가? 엔디 메리필드의 설명을 들어보자.

서로 말하고 서로 만나 공적 대화를 할 수 있을 때 아주 축자적으로 말해서 공적담론이 가능할 때 공적공간이 된다. 사람들이 단순히 도시 중심의 개방된 장소에 있어서가 아니라, 이 사람들이 그들 도시 안에서 서로 만남으로써 공적으로 된다.[23]

그러면 '점령하라' 공간은 과연 어떤 공간규모scale를 말하는가? 일차적으로 공개적 점거 행동에 돌입한 청중들이 발언자의 말을 직접 들을 수 있는 공간을 중심으로 유동하는 지점들, 이차적으로는 그 지점들을 중심에 두고서 이루어진 도시를 말한다.[24]

"공간이 운동에 의해서 점거될 때, 그것은 운동에 물리적 현존, 위치적 정체성, 방문자들이 올 수 있고 추종자들이 만날 수 있는 운동과 동일시될 수 있는 장소를 제공한다." "또한 두 번째 기능으로서 다른 형식의 자치를, 공간의 경영을 시도할 기회를 제공하고 특히 물리적 점유가 밤 세워 계속되면 서로 같이 어울려 살게 된다."[25]

23 Andy Merrifield, *The Politics of the Encounter —Urban Theory and Protest under Planetary Urbanization*, University of Georgia Press, 2013, p.66. 김병화 역, 『마주침의 정치』, 이후, 2015.

24 Lilian Radovac, "Mic Chec—Occupy Wall Street and the space of audition", *Communication and Critical/Cultural Studies*, Vol.11 No.1, 2014, pp.34~41.

25 Peter Marcuse, "Keeping space in its place in the Occupy movements", *Progressive Planning*, Vol.191, 2012 spring, pp.15~16.

'점령하라' 결과 주코티 파크는 공간의 성격이 급변했다. 특히 과거의 사회운동과 달리 비폭력을 '강조한'[26] '지도자 없는 운동'으로서 참석자가 생목소리 발언을 입에서 입을 거쳐 전달하며 사용한 '민중확성기'people's mic로 공개총회에서 의결을 도출하는 독특한 청취 공간으로서 해방된 공적공간을 창조했다.[27] 그렇다고 점거 공간 내부에 구분이 없었던 것은 아니다. 언덕 높은 곳에는 총괄조직기구가 있었고 총회가 열렸다. 중간 지점은 활동 공간으로서 숙소인 천막과 보건진료소가 있었고, 주방도 있지만 화재 위험 탓에 조리는 금지되었다. 가장 아래쪽에는 드럼밴드가 자리 잡았고 점거자들은 작업단들을 구성하여 법률적 쟁점을 자문하고 의료치료 등을 수행했다. '점령'은 일상적 삶과 유기적 관계로 진행되었고 그것은 항의활동의 진행과 사회적 생산 행위는 모두 일상생활을 유지할 필요가 있다는 사회운동 전략에 바탕을 둔다. 그 결과 기존에 익숙한 '현실정치'로부터 이탈을 감행한 것은 대중적 호소력과 광범한 지지를 끌어내었고 참가자들에게 크나큰 안도감을 제공했다. 그러나 항의 캠프가 일상성만 유지한 것은 아니다. 결정적 순간에는 공통의 반감을 행동주의로 전이시켜 투쟁에 나서는 '예외적 공간'이었다. 거기서 참가자들은 국가와 자본의 지배논리에 맞서면서 '재생산 노동과 하부구조'가 유지되는 구조를 가시적으로 폭로하며 '상징적 항의를 넘어 움직이는' 순간을 잽싸게 포착할 기회를 노렸다.[28]

---

26 '점령' 과정에 폭력이 없지는 않았지만 비폭력을 지향했다. Shon Meckfessel, "Contentious Subject—Non/violence as Tropic and trope in the Occupy Movement", University of Washington, Doctor of Philosophy Diss, 2014, p.99.

27 Lilian Radovac, "Mic check—Occupy Wall Street and the space of audition", *Communication and Critical/Cultural Studies*, Vol.11 No.1, 2014, pp.34~41.

28 W. Mitchell, "Image, space, revolution—the arts of occupation", *Critical Inquiry*,

전지구적으로 전개된 '점령하라' 운동은 저항의 기지로서 도시의 역할에 관심을 촉발시켰다. 도시야말로 표현과 조직의 전략 공간이었다. 저항의 우산 아래 서로 연계했고 새로운 형식의 정치적 항의를 잠재적으로 배양하는 토대로 부각 되었다. 사스키아 사센은 '점령하라' 운동에서 사회적 투쟁의 중요한 단계인 '영토의 귀환'을 목격하고 정치활동이 도시에 집중되는 동시에 이 활동들로 말미암아 도시들의 속성이 재형성되는 '새로운 형식의 정치'가 출현했다고 평가했다.[29] 데이비드 하비는 정치적 행동주의 형식으로서 도시공간 점거의 급속한 확산이 "도시의 공기에는 표현할 것을 두고 투쟁하는 어떤 정치적인 것이 있다는 자신의 오랜 주장을 명료하게 한다"[30]고 자평했다. 그는 '점령하라' 운동을 도시에서 발생하는 정치적 항의의 행사 스케줄에 위치를 부여하여, 권력의 공적공간 장악에 맞서는 반란 행위로 무한 신뢰를 표명하고 공간점거 행위야 말로 최종 심급에서 궁극적인 항의 행위라고 주장한다.

공적공간에서 신체들의 집단적 권력은, 모든 접근 수단이 봉쇄 되었을 때 여전히 가장 효과적인 대항수단이다" "권력이 무엇을 하고 있으며 어떻게 최선을 다하여 반대할 수 있는지 공개적 논의와 토론의 장소인 정치적 공통체(commons)가 되었다.[31]

Vol.39, 2012, pp.8~32. A. Feigenbaum, F. Frenzel and P. McCurdy eds, *Protest Camp*, London, Zed, 2013, pp.12, 206~207.

29 Saskia Sassen, "The global street comes to Wall Street" *Possible/Futures —a Project of the Social Science Research Council*(2011.11.22)

30 Davis Harvey, *Rebel Cities —from rights to the city to the urban revolution*, Verso, 2012, p.117. 한상연 역, 『반란의 도시』, 에이도스, 2012.

31 Harvey, *Rebel Cities*, pp.161~162.

우리가 '점령하라' 운동에서 목격하는 것은 공적 공간 개념이 사회적 미디어의 광범한 사용으로 더욱 확장되어 버린 것이다.[32] 도시공간 점거와 사이버공간 점거 사이의 관계 역시 데이비드 하비의 말을 빌려 '박탈에 의한 축적accumulation by dispossession'을 겪고 있는 전지구적 현실에서 정의실현 운동에 관심을 공유했기에 관심을 끌었다. 공간에 대한 권리는 공적공간을 정치적 항의의 장소이자 항의자들을 위한 장소로 만든다. 물론 과거에도 공적공간은 정치적 항의를 창조하는 공간이었기에 '점령하라'는 기시감을 준다고 평가할 수도 있다. 그러나 그런 공간들이 차이를 횡단하는 교환의 기대에 부응하거나 또는 단일한 공공성을 형성하는 역할을 그다지 충족시키지는 못했다. 게다가 사적소유 공간의 확장은 물론이고, 공공안전의 이름으로 공적공간에 규제 강화가 더욱 심화되어온 것이 사실이다.

공적공간에 관심은 민주주의의 일상적 실천과 관련 있다. 시민들은 공통이익을 규정하고 항의에 결합하고 도시계획가 테크노라트에게 이의를 제기하며 '공적'인 배출구를 요구했다. 그것은 공간의 생산, 정치행동에서 공간의 역사적 진화 문제와 연관된 공간투쟁이다. 박탈을 겪는 자들의 공간투쟁, 요컨대 사회운동에서 공간에의 접근과 조종 및 통제를 모색하는 공간투쟁은 공적인정을 획득하는 강력한 전략이다. 공간투쟁에는 저항활동 뿐 아니라 메시지 전달, 역사적 인물과 최우선적으로 추구해야할 정책에 관한 교육활동이 포함된다. 공간에 관한 메시

---

32 Justus Utermark and Walter Nicholls, "How local networks shape a global moment —Comparing Occupy in Amsterdam and Los Angeles", *Social Movement Studies*, Vol.11 No.3/4, 2012, pp.295~301.

지는 시민들에게 참여의 상상력과 그것이 인종, 경제 및 환경정의를 성찰하고 영향을 끼치는 능력에 자극을 준다. '점령하라'가 도시공간 이해에 제기하는 도전은 다름 아닌 공간과 시민행동의 관계에 관한 역사적 이해를 확장시킬 방법의 모색 문제이다. '점령하라'는 사회적 분열과 정치적 분리가 공적인 것을 자주 배제시키는 시대에 이들을 통합시킬 새로운 가능성을 제공했다. 그러나 염두에 둘 것이 있다. '점령하라' 공간 투쟁에는 한편 생생한 경험이 강화된 시공간 파열의 순간moments of rupture과, 그 순간을 통해서 사회적 삶이 재생산되는 반복적 리듬의 일상 사이에 예민한 긴장을 포함한 것도 또한 사실이다.[33]

이 긴장을 어떻게 설명할 것인가? 앙리 르페브르의 사회적 공간생산론 관점과 연관시켜서 설명을 모색해 보자. 르페브르에 따르면 이 긴장은 사회적 생산물인 공간에서 도시공간 계획자와 도시공간 이용자 사이에서 각자가 공간에 관한 특수한 기호를 촉구한데서 유발된 갈등의 산물이다. 이것을 그의 저술『공간의 생산』에서 말한 세 가지 공간과 연관시켜 설명이 가능하다. 곧 ① 일정 수준의 결속과 연속성을 제공하는 지식의 생산과 재생산을 수반하는 지각공간'espace perçu ② 도시계획가와 테크노라트들이 지식과 기호 및 부호를 부과하는 '공간의 표상들'representations de l'espace ③ 그에 맞서 전복적이고 은밀하게 꿈과 상상력을 포함한 '생명을 지닌 공간'으로서 '표상 공간들'espaces de représentation에서 전개하는 '공간적 실천'pratique spatiale을 말한다.[34] '공간의 표상들'은 공간적 세계의 지각과

33 Sam Halvorsen, "Taking space—moments of rupture and everyday life in Occupy London", *Antipode*, Vol.47 No.2, 2015, p.402.

34 Henri Lefebvre, *La production de l'espace* (1975), Anthropos, 2000, pp.42~43. 양영란 역, 『공간의 생산』, 에코 리브르, 2011.

실천에서 놀이하는 다수의 사회적 실천 보다는 더 균일한 방식으로 관철된다. 한편 사회적 재생산은 카를 맑스적 의미에서는 노동력의 재생산이지만, 동시에 '일상생활의 살내음, 지저분하고, 애매한 것들'의 총합이다. 그것은 자본주의의 가치가 궁극적으로 생산되는 대다수의 노동을 표상하는 동시에 자본에 맞서거나 넘어서 새로운 가치를 생산한다. 이런 측면에서 주코티 파크 '점령하라' 캠프는 파열의 순간 새로운 정치경제학의 출현 가능성을 열어주는 반counter-시 / 공간의 장소이자 일상의 사회적 재생산을 실천하는 사회적 배려의 장소로서 틈새 곧 사이in-between공간의 기능을 수행했다. 파열의 순간은 가능성주의자possibiliste 르페브르가 『일상생활 비판』에서 설명한 '가능성-불가능성'의 변증법에서 '불가능한 가능성'의 순간과 같다.[35] '점령하라' 공간 점거자들은 일상생활의 사회적 재생산 공간에서 정치로부터 소외시키는 '공간의 표상들'을 비판했다. 손작업한 펼침막을 들고 종이카드 뒷면에 구호를 써서 지배 권력이 장악한 '공간의 표상들'에 반대하고 생활공간에서 새로운 욕망과 희망의 '표상 공간', '불가능한 가능성' 공간을 실현하기를 강력히 요청했다.

염두에 둘 것은 어떤 혁명적 변화에서는 큰 역할을 하는 그 '순간'이 일상생활보다 앞서거나 일상생활의 지리학 바깥에 놓이거나 분리된 것으로 이해하는 것은 바람직하지 않다는 점이다. 르페브르는 일상생활의 명백한 진부함에 숨겨진 힘, 그것의 시시함 아래 놓인 심연, 그것의 지극한 일상성 안에 숨겨진 어떤 특별한 것을 강조했다. 이것은 '점령하라' 공간이 리듬분석rhythmanalyse에서 말한 일선적 시간의 '축적적 과정'에 도전하

---

35 Lefebvre, *Critique de la vie quotidienne II —Fondements d'une sociologie de la quotidienne*, L'Arche, 1980, pp.347~348.

고, 심지어 역습을 가하는 공간이며, 순환적 리듬의 사회적 재생산이 '비축적적 과정'이라고 부른 것에서 수행하는 중요한 역할을 부각시킨 것이다.[36] 그러면 그 공간이 유지되는 '계기'는 무엇인가? 그것은 생활공간을 우위에 두는데서만 비롯되지 않고 점거에 어떤 결속과 연속성을 제공하는 공간적 실천을 통해서 확보된다. "전유된 사회적 공간을 발생(생산)시키는 것은 한 사회에서 한 순간적 작업의 산물이 **아니다**."[37]

'파열의 순간'과 일상생활은 내부적으로 상호연관 되어 있다. 그런 점에서는 이들의 관계는 더 광범한 공간점유의 과정으로 이해할 수 있다. 그러나 그것은 모순되고 적대적 과정도 내포한다. 예컨대 '점령하라' 공간에서 안전보호 정책들에 내재한 모순을 들 수 있다. 그것은 비록 원칙적인 선언에 가까웠고 합의로 채택되었지만, 반사회적이거나 편견을 가진 차별적 행동을 명백히 거부하는 도구적 역할을 감당하면서 역설적으로 일종의 제한을 확립시켰다. 한편 캘리포니아 오클랜드에서는 '점령하라' 명칭이 제국주의를 연상시켜 부적절하다는 이유로 '해방decolonize 오크랜드'가 억압받아온 원주민들의 권리에 더 적합하다는 이의가 제기되었다. 이 제안은 절대다수로 통과되지는 않았지만 다수가 명칭 변경을 지지한 것을 보여준다.[38] 그러나 그런 행동은 어의semantics에 너무 민감하다는 느낌을 제공했고, 그 제안은 일반 서민 유색인들에게 큰 반향을 일으키지 못했다. '점령하라' 공간은 매우 포용적이었다. 그 결과 의사결정은 느렸고 정치적 관점과 개성이 자주 충돌

---

36 Lefebvre, *Critique de la vie quotidienne II*, p.340.
37 Lefebvre, *La production de l'espace*, p.43.
38 Anna Szolucha, "Real politics in Occupy—Transcending the rules of the day", *Globalizations*, Vol.12, 2015, p.76.

했다. 특수한 관심과 공통목표들 사이에 모순이 수시로 노출되었고, 때로는 개별 행위자들의 일탈과 혼돈의 공간이 될 수도 있었다. 이 경우 유경험자들이 의결 과정이 작동하고 생산적이도록 남용되는 목소리와 음모이론 등을 침묵시켜야 했다. 이것은 민주적 토론을 막고 참여자의 열정을 급속히 분산시킬 우려가 있었지만, 민주적 토론을 유지하고 운동 자체를 유지하려면 어떤 목소리들은 삭제되어야했다. 그런가하면 예기치 않은 좌절을 경험하는 이들도 발생한다. 지지자나 반대자들 가운데서 시민정신을 표상하는 쟁점으로 예민하게 부각되었던 쓰레기 처리를 비롯한 소비자원의 순환 재생 문제를[39] 담당하고 복지 그룹에서 힘을 보탰지만 다른 참가자들에게 소중한 취급을 받지 못하고 좌절을 겪은 경우가 바로 그렇다.

주코티 파크 공간은 정치란 도시공간 어디에서나 작동한다는 사실을 상기시켰다. 심지어 상황을 관찰하는 연구 행위조차도 그러하다.[40] 그 결과 르페브르가 말한 '공간의 표상'들이 다중공간성multi-scalar을 내포한다는 사실을 상기시켰다. 그 다중성은 다음과 같은 요소를 포함한다. ① 신자유주의 질서의 담지자인 금융자본의 중심지를 점거목표로 삼는 타격target 공간 ② 항의 행동이 광범한 장소에서 널리 전개된 편재遍在하는 everywhere 공간 ③ 점거를 실천하면서 새로운 종류의 공간으로 전환하는 행동주의적activistic 시공간 ④ 점거자들의 공유shared공간 ⑤ 세계 이해를 심화시키는 토론과 교육teaching공간 ⑥ 문제를 기회로 전환시키는 감동

39　Max Liboiron, "Tactics of waste, dirt and discard in the Occupy movement", *Social Movement Studies*, Vol.11 No.3/4, 2012, pp.393~401.

40　Sandra J. Schmidt, Chris Babits, "Occupy Wall Street as a curriculum of space", *The Journal of Social Studies Research*, Vol.38, 2014, pp.79~89.

과 영향을 끼치는 정동affect공간이 그것이다. 이 공간은 '파열의 순간'을 제공한 탓에 비록 비실체적이기는 하지만 새로운 정치적 상상력을 자극했고 상상적 대안의 유토피아를 모색하는 계기를 제공했다.⁴¹ 또한 비록 주변화 되고 또한 단기적 경험에 그치기 쉽다는 한계에 직면했지만, 새로운 단계의 시간 곧 생생한 장악과 실행이 소용돌이치는 시공간성 경험으로 이끌었다.⁴² 이 공간들은 각 공간의 문화지리를 포함하는 의사소통과 표현의 복잡성을 나타낸다.

3. 수행성과 (비)재현 공간 행동주의

'점령하라' 운동의 점거공간에서 참여자 개인의 경험에 주목하는 이유는 무엇인가? 그것이 '행동주의' 공간이기 때문이다. 주코티 파크에서는 거의 매일 시위가 조직되었다. 9월 24일 경찰은 시위에 개입하여 80명을 체포하고 연좌한 여성시위자에게 최루가스 스프레이를 사용했다. 10월 1일 경찰은 시위대를 브루클린 다리로 토끼몰이 하여 7백여명을 체포했다. 경찰의 공권력 남용은 비디오와 인터넷으로 생생하게 전달되었고 시위대가 겪는 고통에 공감하는 목소리가 높아졌다. 시위대들은 기존 질서를 거부하고 현실을 고발하는 무수한 구호와 슬로건

---

41 Matthew Sparke, "From global dispossession to local repossession—Towards a worldly cultural geography of occupy activism", N. C. Johnson, R. Shein and J. Winder eds, *The New Companion to Cultural Geography*, Oxford, Wiley-Blackwell, 2013, pp.387~408.
42 Halvorsen, "Taking space—moments of rupture and everydaylife in Occupy...", pp.410~411.

을 제시했다. 점거자들의 구호는 오랫동안 사회경제적으로 억압받아온 계급과 집단들의 의견을 전적으로 열려 있고 함축적인 태도로 표현했다. 그러면 99%를 대변한다는 유명한 구호는 어떻게 평가할 것인가? 그것이 집단적 정체성을 표방하는 것은 결코 아니었다. 내부에는 수많은 인종, 종족, 성별 및 성적 지향성을 포함한 구호가 언표 되었다. 도리어 변화하는 기표를 따라서 횡단하고 생산되는 수많은 파편화 된 개인들의 행위가 존재했다. 그런 의미에서 그들의 행동은 수행적이었고 '나는 99%'라는 선언은 상식을 표현하는 구호일 뿐 이었다.[43]

이들의 점거와 시위 자체는 무엇을 목표로 삼았는가? 사실 그것은 공동 목표가 없는 행동이었다. 문제는 그럼에도 그들이 행동하는 공통체 commons를 생성시켰다는 사실이다. 그들은 시민들에게 '지지하기'를 넘어서 행동으로 '가담하기'를 촉구했다. "쳐다보지 말고 가담하라"(Don't look at us, join us!"는 초기에 사용된 가장 흔한 구호였다. 가담자들의 행위와 의견들은 분리된 동시에 서로 연결되어 시위와 항의 구호의 선언에만 머물지는 않았다. 점거공간은 독서, 명상, 블로그 업데이트, 렌틸콩 요리. 쓰레기 줍고 치우기, 부상자 상처 치료, 북치기, 권련 말기, 체스두기, 토론, 예술품 만들기, 접시 닦기, 성생활 등의 행동하는 일상적 커뮤니티로 변화해 갔다. 그것은 점차 '체험공간'(l'espace vécu))에서 재현된 수행성으로 작용했다.[44] 그 결과 점거공간은 지배 권력의 직접통제를 벗어나 하나의 커뮤니티로서 정치적 동원을 수행하는 문화적 도전의 장을 발생시키는 '자유로운 공간'이 되었다.[45]

---

43 W. J. T Mitchell, Bernard E. Harcourt, Michael Taussig, *Occupy —three inquiries in disobedience*, The University of Chicago Press, 2013.

44 Jan Rehmann, "Occupy Wall Street and the question of hegemony—a Gramscian analysis", *Socialism and Democracy* Vol.27 No.1, 2013, p.9.

점거자들이 '자유로운 공간'을 생성시킨 이유는 무엇인가? 그것은 기존 정치질서를 부정하고 자율적 자치를 욕망했기 때문이다. 그들은 공권력의 개입을 거부하고, 기존에 우리가 보아온 국가권력 메커니즘 과 뒤얽힌 항의 형식과는 과격한 단절을 지향하고 국가기관 특히 경찰을 공격목표로 삼았다. 기존 정치의 수용을 거부한 이들은 심지어 정치 당파나 노조와 행동의 공동조직 및 협력까지도 거부했다. 그렇다고 노동조합이나 정당의 '관념' 그 자체를 거부 한 것은 결코 아니다. 물론 그 가운데는 좌파 그룹이나 노동조합과는 입장을 달리 한 참여자들도 있었고, 이들 조직과의 관계 맺기를 둘러싼 예민한 갈등도 적지 않았다. 핵심은 국가를 비롯한 기존의 정치적 실체들과는 거리를 두고 사회 현실에 무관심을 상징적으로 표현하고, 그것이 부과하는 규칙에 따른 역할을 거부했을 뿐이다. 사실 그것 자체가 이미 충분히 경계횡단적이었다. 이런 거부 행위는 자신의 행동을 초래한 신념을 급진적이고 윤리적인 책임을 지는 선행조건으로 도약시킨다.

'점령하라' 참가자에게 가장 공통적인 궁금증이 있다. 그들은 국가를 부정하면서도 국가를 타격 대상으로 삼지 않았다. 국가를 공격하거나 과거와는 광폭으로 다른 무엇을 기대도 않은 이유는 무엇인가? 그것은 점거공간에서 일상의 삶을 영위하며 미래에 출현할 사회를 행동으로 '예시prefigure' 했기 때문이다. 참여자들은 명백한 방향을 설정하고서 행동하지 않았다. 오직 발언과 투표로서 의사결정을 전개했고, '한걸음 전진-한 걸음 후퇴'라는 참여의 평등화 원리를 지지했다. 총회

---

45 Francesca Poletta and Kelsey Kretschmer, "Free spaces", *The Wiley-Blackwell Encyclopedia of Social and Political Movements*, Wiley-Blackwell, 2013.

에서 의사소통은 뉴욕시가 공원에서 확성기 사용을 금지한 탓에 'open mic^{확성기 열기}'와 'mic check^{확성기 끄기}'라는 구호를 따라서 발언을 반복해서 합창하는 '민중 확성기' 형식으로 진행되었다. 이는 정치적 의사결정에 보완적인 분할을 통해서 '타자를 타자로' 인정하는 다원주의를 부과하여, 새로운 민주적 카리스마를 가진 담화 형식을 제공했다.[46] 그러나 '점령하라' 캠프에서 표방한 '99%'는 하나의 개체로서는 삶의 현실태와 직접민주주의적 절차를 실행하는 역량에서 전혀 동종적이지 않았다. 인종과 종족, 계급과 성별에 따라 서로 다른 견해는 격렬하게 충돌했고 소집단회의와 달리 전체총회는 의사결정 과정에 난관에 난관을 거듭했다. 가장 큰 약점은 만장일치(95% 이상) 합의를 목표로 삼았기에 누구든 투표에 영향을 끼치고 의사진행 과정을 뒤흔들 수 있었던 점이다.

그럼에도 점거공간에서 주목할 사실은 그곳에 윤리적 담화와 투쟁의 삶이 공존했던 점이다. 참여자들은 상호교육을 제공하며 새로운 능력 발휘를 자극했다. 수십 개의 작업단들이 숙식용 도구를 마련하고 시위활동에 사용할 구호판을 손수 만들고 먹고 난 핏자 박스는 예술가의 캔버스로 사용하는 등 모든 것을 말하고 듣는 권리^{parrhēsia}가 행사되는 공통체가 창조되었다.[47] 일상생활 자체가 숙련기술, 경험 및 항의와 논쟁하는 행동으로 움직이고 개인의 창의성을 실현하는 모습을 갖추는

---

46 Chris Garces, "People's mic and the democratic charisma—Occupy Wall Street's frontier assemblies", *Focal —Journal of Global and Historical Anthropology*, Vol.66, 2013, pp.88~102. John Jones, "Compensatory division in the Occupy movement", *Rhetoric Review*, Vol.33 No.2, 2014, p.159.

47 Jennifer L. Eagan, "Withholding the red ink—Occupy, Foucault, and the administration of bodies", *Administrative Theory and Praxis*, Vol.36 No.2, 2014, pp.240~258.

궤적을 보이는 것은 어느 정도 후기자본주의에서 포스트 정치의 양상을 드러낸다. 이것은 일상적인 것에서 특별한 것으로 그리고 다시 일상적인 것으로 되돌아가는 가교에 관해서 성찰할 계기를 제공한다.[48] 일상은 행위동기로 중요할 뿐 아니라 행동주의 실천 자체의 통합적 부분으로 작용했다. 사회운동의 추동에서 일상적 행동주의는 중심 요소이며 또한 행동주의자 공간의 계속적인 생산에 중심적인 역할을 한다.[49] 그러므로 파열의 순간과 일상생활을 같은 과정의 내부적 요소들로 작용하는 역할을 인정하는 것이 필요하다.

해방의 미래는 평등주의 원리를 실행하는 남녀의 자유로운 결합으로 만들어진 공통 공간의 자율적 성장을 의미 한다.[50]

점거공간에서 활동가들의 일상적 상호접촉은 고조되었다. 특히 총회에서 거의 제례의식적ritual 재현을 거듭한 민중확성기로서 의견을 전달하고 찬성과 반대 등을 나타내는 수신호를 사용하는 의사소통 과정에서 강화되었다. 그 결과 실제 시공간의 정치활동에서 얼굴을 맞댄 의사소통을 회복시켜 집단정체성을 강화시켰다. 최근 많은 사람들의 행동주의는 전자우편과 페이스북을 읽고 온라인 청원에 서명하는 행위로

---

48 Javier Auyero, "When everyday life, routine politics, and protest meet", *Theory and Society*, Vol.33, 2004, pp.417~441.

49 P. Chatterton and J. Pickerill, "Everyday activism and transitions towards post-capitalist worlds", *Transactions of the Institute for British Geographers*, Vol.35, 2010, pp.475~490.

50 Rancière, "Communists without communism", C. Douzinas and S. Žizek eds, *The idea of Communism*, Verso, 2010, p.176.

한정하는 분위기가 확산되었다. 인터넷은 사람 관계의 본질에서 의사소통을 개인주의화로 추상화시키거나 심지어 제거시켜서 시민참여를 비롯한 민주정치의 잠재력을 위축 시켰다.[51] 흔히 알려진 것과 달리 '점령하라'에 참여자들은 전자의사소통이 직접 참여를 대체할 수 없다고 인식했다. 마우스를 클릭하고 청원서에 서명으로 참여의 의무를 다 했다고 생각하는 것을 두고 '느슨한 행동주의slacktivism'라고 비판했다. 물론 이 '점령하라' 운동이 조율자 역할을 하는 코디네이터 논의를 활성화시키고, 개인 블로그에 지지를 표명하는 견해를 올린 이들의 후기 산업주의 전자사회 연결망에 크게 의존한 것도 사실이다.[52] 그러나 점거자들은 전자매체를 비계서제적이고 평등주의적 특히 활동적인 참여를 촉진하는 경우에만 사용했다. 중요한 것은 점거공간을 직접경험하는 것이었다. '점령하라' 경험자들 특히 주코티 파크 공간 경험자들은 자신이 거주하는 도시로 돌아가 점거를 조직하거나 참여했고, 월 가 총회는 다른 도시들의 점거 공간에 자문단을 파견하여 공간 형성의 패턴에 관한 지식을 제공했다.[53] 이들은 '점령하라' 운동의 대표자들인가? 그렇지 않다. 이들은 우연적이고 비-의도적non-intentional인 실천 행위자일 뿐이다.

---

51 Giovanna Mascheroni, "Online participation—new forms of civic and political engagement or just new opportunities for networked individualism", Brian D. Loader and Dan Mercea eds, *Social Media and Democracy —Innovations in participatory politics*, Routledge, 2012, pp.207~223.

52 Cheng-Jun Wang *et al*, "Discussing Occupy Wall Street on twitter—longitudinal network analysis of equality, emotion, and stability of public discussion", *Cyberpsychology, Behavior and Social Networking*, Vol.16 No.9, 2013, pp.679~685.

53 John Hammond, "The significance of space in Occupy Wall Street", *Interspace —a journal for and about social movements*, Vol.5 No.2, nov. 2013, pp.507~508.

'점령하라'에 참여자 개인들을 실천가로 거듭나게 만든 동인은 무엇인가? 그것은 민주주의를 내세워 민주주의를 공격하는 신자유주의 지배 집단의 승리가 금융자본주의의 경제적 불의를 용인하는 현실에 대한 분노이다. 무엇보다 그것을 용인하는 중층적 모순의 최종심급에서 작동하는 대의제도의 취약성과 실패를 절감한 것이다.[54] 대의제도는 출구가 없고 민주주의는 정치적 당파 형식의 전문가의 경영에 맡겨진 채로 사회적 상호적대감을 강화시키는 현실을 절감한 것이다. '점령하라'가 자본주의와 대의제도라는 대타자大他者로부터 급진적 분리를 시도한 것은 그것의 중심에서 환멸을 확인하고, 급진 행동 및 직접 행동으로 현상유지의 정당성에 의문을 제기한 것이다. 사실 '점령하라' 운동을 논리적으로 설명하려는 시도가 힘들다. 그 이유는 사회구조를 정확히 분석하여 묘사하거나 설명하고 대안을 제시한 것이 아니기 때문이다. 따라서 분석과 비판과 결론이라는 기존 논증방식으로 '점령하라'를 설명하기는 어렵다. 그들은 다만 자신들이 보유한 반-헤게모니적 잠재력과 능력들을 자유롭게 드러내는 방식으로 사회 현실을 적절한 차원에서 표명했을 뿐이다. 본래 참여자들이 99%를 대표한다고 주장했을 때 자신들이 기존 대의제도representative system 곧 정치적 재현 representation의 질서에서 배제되었고 재현되지 않는 자들, 곧 대표되지 않는non-representative 자들을 대표한다는 뜻이었다. 그러나 한편 실제로는 이들이 점거 공간 참여자들의 수행성을 재현한 것에 불과하다는 평가도 가능하다. 그 결과 이들 또한 차이를 내포한 99%를 표방한 소수

54　Mattew S. May and Daniel Synk, "Contradiction and overdetermination in Occupy Wall Street", *Communication and Critical/Cultural Studies*, Vol.11 No.1, 2014, p.80.

의 대표에 불과하기 때문에 반-대의제도, 또는 포스트 대의제도적이라고 보기 힘든 측면이 생겨난다. 그러나 대의제도란 것도 끊임없이 가변적이고 다원적이라는 전제에서 '점령하라' 운동이 기존의 재현 곧 정당과 선거제도에 바탕을 둔 대의제도의 실패에 따라 새로운 재현 곧 새로운 형식의 급진적 대표제도[55]를 비-의도적으로 모색했다고도 평가할 수도 있다. 이 말은 행동은 비-의도적이었지만 깊은 의미를 함축한 정치적 행동으로 출현했다는 말이다. 행동이 결정적이고 단호하면 사회적 적대감을 깊이 정치화한다. 그들의 정치적 행동은 현재의 지배체제를 넘어서는 입장, 다른 체제가 낡은 체제의 장소에 도입될 수 있다는 것을 아는 입장에서 수행된 것이 아니므로 비-의도적이다. '점령하라' 운동이 내포했던 힘은 비-의도적 행동과 가장 광범한 정치적 주장 사이의 설명 불가능한 연계로서 사회정치적 체제 그 자체의 본질에 의문을 제기한데 있다.

'점령하라' 공간과 민주주의는 이중적인 역할을 한다. 민주주의의 이름을 표방하는 상징화의 내적 한계를 드러내는 동시에 비록 예상하지는 않았지만 새로운 재현 가능성에 열린 자세로 도전을 요구한다. 그것이 새로운 재현의 가능성을 열은 것은 과격한 놀이를 넘어 체류권이 도전받는 대결의 공간space of confrontation인데 있다. 랑시에르가 말한 감각의 분할이 공간 분할을 초래하고 공안police의 논리와 평등주의 논리 사이에 충돌이 발생했다.[56] 점거자들은 공적 공간에서 '공적'인 것

---

55 Jodi Dean, "Occupy Wall Street—forcing division", *Constellations* Vol.21, No.3, 2014, p.387.
56 Rancière, *Le partage du sensible —esthétique et politique,* la Fabrique, 2000, p.12. 『감성의 분할 —미학과 정치』, 도서출판 b, 2008, pp.13~14; *La Mésentente,* Galilée, 1995. 진태원 역,

의 의미를 확장시키려 모색했고 시당국은 한사코 이를 제약하고 붕괴시키고자 노력했다. 그 결과 점거자와 지지자들이 '사실상'의 소유 공간을 방어하고자 더욱 발 벗고 나서는 치열한 대결 양상이 전개되었다. 뉴욕시장 마이클 블룸버그 또한 천막촌의 건강과 안전에 위험을 강조하는 전략으로 '점령하라' 공간을 위협했다. 그러나 참여자들은 기존 질서의 법규를 위반한 집단적 점거에 참여하면서 일종의 주체적 권력감을 느꼈고 마음이 바뀌는 경험을 겪었다. 점거행동에 참여는 위험했지만 평등주의적 커뮤니티를 형성하고 금지와 억압의 대상이 된데서 신념을 위한 행위가 정상규칙을 넘어설 수 있다는 자각으로 이끌었다.

한편 어느 경우에든 점거 행위는 경찰의 행동에 부분적으로 의존한다. 공간장악은 점거자들의 활동계획과 연관되어 있다. 11월 15일 한밤중에 경찰은 주코티 파크를 습격하여 리포터와 합법적 관찰자들을 내몰고 약 200명의 점거자를 체포하여 수천권의 책과 컴퓨터를 비롯한 개인장비와 공동장비를 파괴했다. 11월 17일 뉴욕 유니온 광장에 모인 4천명의 학생들은 5가 중간으로 행진하다가 경찰의 봉쇄에 직면하여 스크럼을 짜고 맞섰지만 역부족이었다. 이들은 '우리는 99%다'라고 구호를 외치며 도로변을 걷고, 달리며, 하이파이브 하고 자동차 이용객들과 서로 지지표시를 나누며 함께 함성을 올리는 위법과 준법 사이에서 카니발적 시위 놀이를 전개했다.[57] 시위자들은 재현과 비재

『불화─정치와 철학』, 길, 2015, p.145. 민주주의는 개인의 사적 행복이나 삶의 형식이 아니라, 공적인 것의 사사화와 공 · 사 구분의 약화에 맞서는 투쟁 과정이다. *La dissensus ─ esthétique & politique*, Labyrinthe, 2004, pp.31~32; *La haine de la démocratie*, La Fabriques, 2005, pp.69~70; 백승대 역, 『민주주의에 대한 증오』, 인간사랑, 2007, pp.118~119.

57 Schrader and Wachmuth, *Reflections on Occupy Wall Street*, p.245.

현이 교차하는 행위수행성을 끊임없이 표현했다. 그런 작업들은 억압받아온 몸의 해방을 표현하는 것이었다. 물론 많은 이들이 시위놀이에 겁먹고 불편해하며, 일상의 사회적 재생산의 순환 리듬이 전개되는 더 점잖은 시간을 원한 것도 사실이다. 이것은 파열의 순간을 원하는 점거자와 일상의 공간적 실천을 모색한 점거자들 사이의 긴장 관계로 말할 수도 있다. 그 당시에 '점령하라' 운동이 직면했던 긴장과 난관은 그것이 막다른 궁지에 도달했다는 말인가? 그렇지는 않다. 도리어 거기서 지배적인 상징적 구성이 정치영역의 현실 곧 정치적 현실의 긍정적인 행동양식에서 배제된 한계를 드러낸다. 점거운동이 결핍 곧 지배적인 사회정치적 구조들의 혼란이 초래한 결핍과, 배제의 상기자이며 결핍된 주체로서 재출현했기 때문이다. 그 주체는 항상 지배적 담론, 권력 균형 그리고 언어 그 자체의 구조와 자격에서 소외된다. 결핍은 모든 시기 사회구조에 불안전하고 탈구dislocation될 때에 재출현하고 그것은 사회변화를 추동 한다. '점령하라' 운동 공간에서 전개된 수행적 행동주의는 민주적이며 급진적인 공간을 생성시킨 점에서 차이를 보였다. 그 결과 수행적 공간점거를 넘어 추상적 의미를 확보했기에 언제든 새로운 전술로 재출현이 가능하다.

4. 공간적 실천과 직접민주주의

점거공간 캠프에서는 공간성과 사회성sociality을 결합하고 급진적 평등 개념에 바탕을 둔 활동적이고 집단적인 투쟁이 전개되었고[58] 다중의

'진정한'real 참여 민주주의 실천을 모색했다. 그러면 '점령하라' 운동이 유토피아 공간을 실현했다는 말인가? 그 말은 결코 아니다. 점거공간에서 발행한 잡지OWAS journal에서 보듯 그들은 기존 정치의 통제가 아니라 대체 방식에 관심을 기울이며 총회 절차와 참여 및 직접민주주의 의사결정 과정에 관심을 기울였다. '점령하라' 운동의 구호와 상징들에서 중심 주제는 신자유주의가 초래한 경제적 불평등의 심화가 많은 이들을 희망 없는 밑바닥 현실로 변덕스럽게 내모는 현실에 분노와 비판이었다.[59] 그들의 분노는 정책을 보완하거나 보완할 의지를 가진 행위자로서 국가-자본 제도가 표방하는 민주주의의 정당성을 인정하기조차 거부하는 형식으로 표출되었다.[60] 그들은 미국의 공적기록물들을 불신하며 현존하는 의사소통적 자본주의communicative capitalism가 민주주의를 명분으로 삼아 의사소통연결망을 착취하는 현실을 자각하고 새로운 의사소통을 모색하면서 균열의 장을 만들었다.[61] 이것은 금융자본주의의 의사소통 구조와 민중의 현실적 요구 사이의 양립불가성을 지극히 비정치적 형식으로 나타낸 것이다.

주디스 버틀러는 '점령하라' 운동에서 참여자들이 '변덕에서 벗어나 살기에 알맞은 삶을 영위할 가능성'의 추구로 이끌리는 동시에 변덕스러운 현실의 본성을 전반적으로 이해하고 구체적 요구의 제시는 삼갔다

58 Iván Arenas, "Assembling multitude; material geographies of social movements from Oaxaca to Occupy", *Environment and Planning D —Society and Space* Vol.32, 2014, p.443.

59 M. Pino, "Politics of indignation", *Rethinking Marxism,* Vol.25, 2013, pp.228~241.

60 Jenny Pickerill and John Krinsky, "Why dose occupy matter", *Social Movement Studies,* Vol.11 No.3/4, 2012, pp.279~287.

61 Christopher Leary, "Occupy Wall Street's challenge to an American Public Transcript", The City University of New York, Diss. of Doctor of Philosophy, 2014.

고 진단한다. 비록 그 핵심에는 정의의 실현을 요구하지만, 정의의 개념화에 있어서는 공교육이나 건강관리 제공 개선과 같이 신속한 입법으로 표명될 수 있는 것보다는, 훨씬 종합적 쟁점을 제안했다는 바로 그 말이다. 이는 당면한 권력의 변화 보다는 미래에 도래해야할 자율적이고 상호부조적 사회의 예시에 초점을 더 맞춘 점을 지적한 것이다.[62] 반면 사이민 페이데이와 세트 쉰들러는 견해가 좀 다르다. 곧 더 심도 깊은 민주적인 사회를 성취하려는 노력은 변덕스러울 수도 있고 공적 공간을 점유할 수도 있기 때문에 변덕스러움과 알맞은 삶의 가능성이 서로 모순되는 말은 아니라고 본다. '점령하라'에 참여자들은 새로운 기술공학과 시스템의 변화가 초래한 위기와 위험에 직면했고, 정치경제적 변화가 초래한 몰락의 충격과 스트레스를 겪었다. 그러므로 이 운동을 두고 내면에 온갖 이종성이 들끓으며 존재하는 정치행위자들이 취약성 vulnerability의 개념을 둘러싸고 동맹했던 시기로도 설명할 수도 있다.[63]

'점령하라' 운동은 신자유주의 정치의 정당성을 거부하는 과정에서 포스트 정치 시대의 가장 중요한 요소, 곧 평범한 사람들의 생생한 경험의 중요성을 각인시켰다. 포스트 정치 현상의 특징은 우리의 삶은 불완전하고 어떤 문제들은 모든 개혁가들과 자애로운 인도주의자의 개입을 넘어선다는 것을 인정하는 것은 물론이고 오래 지속된 시스템에서 탈출을 의미했다. 그러나 세상의 치유를 시도했던 많은 이들은 깊은 상실감과 결핍을 경험했고 그것의 해소 노력은 '진정한' 민주주의의 갈구

---

62 J. Buttler, "The state of things...", p.12.
63 Simin Fadaee & Seth Schindler, "The occupy movement and the politics of vulnerability", *Globalizations*, Vol.11 No.6/7, 2014, p.780.

로 나타났다. 그들이 인터넷, 트위트, 페이스북, 유튜브, 실시간 인터넷 서비스Livestream와 같은 새로운 전자 사회연결망의 중요한 역할을 인정하면서도, 그것의 한계도 역시 자각하고 비계서제적이고 평등주의적일 뿐 아니라, 활동가들의 능동적 참여를 증진시키고자 점거 장소나 거리에서 시민과 직접적인 접촉을 추구했던 배경이 여기에 있다.[64] '진정한' 민주주의의 상실은 또한 현재의 사회정치 시스템의 한계 안에서 완전한 정체성을 구성하는데 실패를 반복하는 주체들의 고립감과 연결되어 있다. 이것은 두 가지 결핍으로 설명 가능하다. 하나는 지배적인 사회시스템 곧 실제 민주주의를 방해하는 포스트 정치적 상징공간의 결핍, 다른 것은 주체의 결핍과 관련이 있다. 이런 현실에서 정치적 영역의 고찰은 라캉주의 심리학과 데리다 사상의 적합성을 드러낸다. 이들 사상의 정치적 전유는 주체와 사회적 시스템의 '공허함' 뿐 아니라 이 결핍을 채우려는 지속적인 시도와 심지어 최선의 노력에도 불구하고 결핍은 계속 재출현한다는 주장과 연관 있다.

'점령하라'운동은, 출발은 물론이고 전지구적 확산도 개인들의 미시적인 활동이 유발시킨 비의도적인 현상의 산물이었다. 거대한 사회변화의 청사진 제시를 거부하며 ― 비록 그것을 조직하려는 노력이 없었던 것은 아니지만 ― 99%의 다양한 요구에 개방성을 유지하며 비계서제적 직접민주주의 절차를 실천했다. 그렇다고 '점령하라'에 지도력이 전혀 부재했던 것은 아니다. 실재로는 소규모의 핵심core 집단들이 많은 토론을 거치며 사전 정지 작업을 수행하며 지도력을 형성했다.[65] 그

64 John L. Hammond, "The significance of space in occupy wall street", p.507.
65 Robert J. Wengronowitz, "Lessons from Occupy Providence", *The Sociological Quarterly,*

럼에도 '구조적'이기보다는 상호의존적이고 일시적인 선택항 사이에서 '표현적'인 정치적 행동을 수행했고 무엇보다 국가권력의 인수를 원치 않았고, 자신들의 활동방식이 사회적 구제의 유일한 방식이라고 주장하지도 않아서 포스트 이데올로기적 운동으로 평가가능하다.[66] 그러나 운동의 일상은 복잡했고 많은 참여자들은 적극적인 사회변화 플랜의 발전을 모색하기를 촉구했다. 그 결과 전략적 절차의 이행 요구에 부응하려는 노력이 유동적인 성찰들을 폐쇄시키고 정치적 절차로 돌입을 지원하는 비형식적 계서제가 발생하는 경향이 대두했다. 이 과정에서 이상ideal과 비-이상non-ideal, 폐쇄와 개방성 사이에서 난관aporia이 생겨났다. 직접민주주의의 강경한 실천 약속과 그것이 지향한 이상에 대한 강박적 고착 사이에서 협상한 것은 운동을 좌절시킬 수도 있었다. 난관에 처한 운동은 준봉주의를 거부했지만 유토피아주의도 또한 거부하는 상황으로 이끌렸다. 그 결과 돌파구로서, 살아있는 현재 순간의 시간성에 주목하는 미시 정치micro-politics로 이끌렸다. 캠프파이어 잡담정치 같은 의사소통 구조들은 일상의 정서와 정치적 행동주의의 결합[67]에 기여했다.

주코티 파크 야영지는 안토니오 그람시의 헤게모니 이론과 연관시키면 대안적 헤게모니 도구의 공간적 '배치'dispositif로 이해하는 것도

Vol.54 No.2, 2013, p.215. Sarah Jaffe, "Occupy as a humbling experience", *The Sociological Quarterly*, Vol.54 No.2, 2013, p.201.

66 Saul Newman, "Postanarchism—a politics of anti-politics", *Journal of Political ideologies*, Vol.16, 2011, pp.313~327.

67 Anna Feigenbaum, P. McCurdy and Fabian Frenzel, "Towards a method for studying affect in (micro) politics—The campfire chats project and the Occupy movement", *Parallex*, Vol.19 No.2, 2013, pp.21~37.

가능하다. 이것은 다시 랑시에르가 말한, 유동하는 주체의 신선한 출현 가능성에 개방된 공간, 르페브르가 말한 '공간적 실천'practique spatiale[68] 의 요청과 연관된다. 천막촌에서 생활한 활동가들은 협력과 연대의 새로운 방식의 실천을 모색했다. 비록 내부에 긴장과 일부 고립된 불쾌한 행동이 있었지만 전반적으로 반헤게모니적 기능과 역량의 효과적 결합과 결집은 참여자의 정서적 밀집성을 창조했고 도시 권력에 의미심장한 위험 요소로 등장시켰다. 이와 같은 반헤게모니적 기능은 '점령하라' 공간이 리좀적 관계망의 허브였기 때문에 상정하는 것이 가능했다. '점령하라' 운동은 반-빈곤 행동, 이민권리 조직, 교회 커뮤니티, 특히 노동조합과 같은 많은 커뮤니티 집단들과 관계를 맺었다.[69] 비록 활동 스타일 차이에서 오는 갈등도 없지 않았지만, 베리존Verizon 전화회사 노동자 파업을 지지하고 본사로 활동가를 파견하는 등 많은 노동운동 조직과 연대를 맺고 반자본주의 운동과 투쟁정신을 고취 시켰다.

'점령하라' 공간은 기본적으로 주류 사회와는 다른 삶을 시험할 자유와, 상호관계에서 소외와 착취 없는 대안적 사회의 가능성을 시험하고 증명하는 수평적 민주주의의 실현과 그것의 예시를 지향한 자유공간이었다.[70] 일차적으로 식량, 의료치료, 안전을 제공했지만 이것들이 완전히 새로운 것은 아니었으며 오랫동안 사회운동에서 실험해 오던

---

68 Rancière, *Aux bords du politique,* Gallimard, 1998. p.110. 양창렬 역, 『정치적인 것의 가장 자리에서』, 길, 2008, p.110.

69 Gabriel Thompson, "Labor+Occupy—a match made in..." *The Nation,* 2012, April, 2, pp.29~31.

70 Marianne Maeckelbergh, "Horizontal democracy now—From alterglobalization to occupation", *Interspace —a Journal for and about Social Movements,* Vol.4, No.1, 2012, pp.207~234.

것 들이었다. 한편 기대와 달리 점거 공간 내부에도 인종 성별, 섹슈얼리티 등에서 많은 계서제가 작동하고 갈등이 내재 된 점을 강조하는 연구자도 적지 않다. 일부 학자들은 운동 내부에서 배제의 메커니즘을 작동하는 권력이 재생산된 것에 주목한다.[71] 그러나 이 쟁점은 '점령하라' 공간이 만들어낸 것이기 보다는 사회에 이미 존재하는 계서제와 권력관계의 산물이 영향을 끼친 것이고 거기서 문제가 제기되었다고 말하는 것이 더 정확한 진단일 것이다. 도리어 공간점거의 기능을 둘러싼 경쟁하는 전망들 사이에 부가적인 긴장과 갈등이 존재했다. 아울러 '점령하라'가 월 가의 기능을 방해하지 못한 점에서 실패했다는 평가도 가능하지만, 상징적 질서로 개입하며 장차 건설할 견본을 제공한 것은 중요하다. 자크 라캉 정신분석에서 상징적 질서의 관념은 담론 구성체이고 반역사적ahistorical 성격을 가진다. 그런 점에서 일반론적인 헤게모니 곧 경제, 서로 수준이 다른 정치, 심지어 군사적인 — 그람시가 말한 정치군사적 헤게모니까지는 아니지만 — 자체 관계들의 의미를 생성 시키고 여론을 형성하는 현실성과 효율성을 가졌다.

이것은 데리다가 다가오는 민주주의를 단순히 규제적 관념이 아니라 사람들이 약속으로 상속받은 긴급한 과제와 같은 것으로 규정한 것과 같다.

자유민주주의 확립에 실패는, 선험적이며, 정의(定意) 내림에 따라서 모든 민주주의를 특징짓는다. 문제는 그런 약속 개념으로서 민주주의 개념은 정중

---

71 Killoy M. Khatib and M. McGuire eds, *We are many —reflections on Movement Strategy from Occupation to Liberation*, Oakland, AK Press, 2012. Jeffrey Juris, et al, "Negotiating power and difference with in the 99%", *Social Movement Studies*, Vol.11 No.3/4, 2012, pp.434~440.

이개 곧 벌어진 앞니(diastema)에서 발생할 수 있는 것이다. 그것은 우리가 민주주의를 현재의 미래에서 미래의 민주주의 … 또는 유토피아로서가 아니라 — 적어도 그들의 접근불가능성이 여전히 시간적 형식의 현재 미래를 유지할 것이라는 정도에서 — 다가올 것으로 말하기를 제안하는 이유이다.[72]

현재의 시스템이 실패할 때만 진보적인 정치적 변화를 기대할 수 있다는 것. 이것은 정치와 사회 현실 사이에 존재하는 거리를 드러낸다. 민주주의는 현재적 유용성이나 '현재의 미래'future present — 미래에 현재 시스템의 약간 완전해진 해석판 — 로서가 아니라 전체 정치체제의 재정의, 곧 미지의 정치행위에 개방된 탓에 필요하다. 역사성과 민주주의의 고유한 관계는 그것이 항상 난관을 제공하는 구조들, '점령하라'의 경우에는 계서제의 문제와 사회변화의 거대 플랜을 둘러싼 역설에서 예시되는 것들로부터 나온다. 민주주의는 다름 아니라 다양한 분파들과 예견할 수 없는 정치적 행위들의 과격한 개방성 사이에서 놀이를 계속 전개하는 것이다. '점령하라'는 이런 놀이 구조의 면전에서 편향성을 보이지 않으면서도 명백히 정치적 방식으로 행동했다. 그러나 비록 '점령하라' 공간이 수평주의를 지향했지만 그것이 곧 평등의 실현을 말하지는 않는다. 도리어 모두가 발언할 권한을 가지고 공통의 다르면서도 특이한 개체singulalité로서 특권적이고 불평등한 공간에 함께 도전할 수 있다고 느끼는 사회적 공간을 창조하는 도구였다.[73] 사실 민주주

---

72 Jacques Derrida, *Spectres de Marx*(Galilée, 1993), pp.80~81, 진태원 역, 『마르크스의 유령』, 그린비, 2007.

73 Isabell Lorey, "The 2011 Occupy movements—Rancière and the crisis of democracy", *Theory, Culture & Society* Vol.31 No.7/8, 2014, p.54.

의는 개념과 실천에서 반대자들이 오염시키므로 '진정한' 민주주의는 항상 불가능하다. 데리다는 이미 그 한계를 잘 지적했다.

> 민주주의는 민주정적 자유에 공격을 고조시키고 … 민주주의 이름으로 중단시킬 위험이 있는 자들이 권력을 행사할 지위에 두어야 한다.[74]

'점령하라' 공간에서도 총회의 의사결정 과정에서 자기목소리를 완강하게 높이는 자들이 있었다. 이들은 점거공간에서 급진민주주의 실현의 잠재력을 손상시켰다. 이는 균일성과 특이성 사이에 직면한 난관과 위기를 표상했고, 결국 의사진행에서 조심스런 배제나 간편화가 모색되면서 중도온건론이 요구되었다. 이것은 긍정적으로 평가하면 위르겐 하버마스가 말한 '보편화용론'에 입각한 대화와 협상이 가져온 '이상적 담화상황'의 실현 또는 얼굴을 맞댄 상호대화로 자신과 타인에게 가치를 부여하는 상징적 행동이 다원주의적 자유와 평등의 기반으로 작용하는[75] 성찰적 심의민주주의 또는 참여적 심의 민주주의로 설명이 가능하다.[76] 그러나 자크 랑시에르가 생각하는 '정치'는 이런 하버마스적 관점을 견제한다. 랑시에르에게 '정치'란 공안질서 내의 '수행된 주체' 또는 기

---

74 Derrida, *Rogues —Two essays on reason*, P.-A. Brault and M. Nass, tr, Stanford U. P, 2005, p.34.

75 Chantal Mouffe, "Deliberative democracy or agnostic pluralism", *Social Research*, Vol.66 No.3, 1999, pp.745~758. Nimrod Shavit & Benjamin H. Bailey, "Between the procedural and the substantial—Democratic deliberation and the interaction order in 'Occupy Middleton general assembly'", *Symbolic interaction*, Vol.38 No.1, 2015, pp.103~126.

76 Donatella della Porta, *Can Democracy Be Saved? Participation, Deliberation and Social Movements*, Polity, 2013, p.80.

존 이익집단 사이에 대화와 협상에 관한 것이 아니라, 정치 질서에서 이질적인 감각 체제의 충돌이 가져온 혼란dissensual disordering이다. 그리고 이런 합의 — 혼란이 아니라 — 가 결국은 정치를 공안질서로 변형시킨다고 경고한다.[77] 이 경고를 수용하는 경우 '점령하라' 공간에서 직접민주주의의 실현은 오직 실제로는 불가능한 것을 보장함으로써만 보호될 수 있었다. 비록 투표를 뒤흔들 가능성은 오직 가설적이었지만 '점령하라'에 참여자들이 균일성과 특이성 사이에 직면한 난관은 모든 사람들의 이상적 연합의 실현에 관한 순진한 환상을 깨트린다. 직접 민주주의를 실천한 그 운동은 모든 민주주의 개념의 숨겨진 이면을 드러내고 현존 민주주의의 내용에 관한 모든 판단의 본질적으로 모호한 본성을 드러낸다. '점령하라'가 '진정한 민주주의' 실현을 시도했지만, 실제로는 혼란과 비일관성, 왜곡변형 및 난관의 대두 가능성을 제거시킬 수는 없었다. '진정한' 민주주의는 공허한 대의민주주의 제도 형식에 반대되는 '본질적인 것' 뿐 아니라, 이상적이거나 실용적인 내용 대신에 행위자와 행위형식의 계속적 쇄신, 유동하는 수행적 주체의 신선한 출현에 항상 개방된 생생한 경험을 거쳐 드러나는 다양한 비일관성과 불확실성의 긍정에서 출발한다.[78] 이것은 급진 민주주의가 균일성이 아닌 혼잡함, 일시성과 특이성까지도 포용하는 것을 가리킨다.

---

[77] Keith Bassett, "Rancière, politics, and the Occupy movement", *Environment and Planning D—Society and Space*, Vol.32, 2014, p.889.

[78] Mark Chou, "From crisis to crisis—democracy, crisis and the occupy movement", *Political Studies* Vol.13, 2015, p.56.

5. 비실체적 상상의 공동체 생성

이 연구는 대표적인 '점령하라' 운동 공간 뉴욕 월 가 주코티 파크를 중심 사례로 삼고 점거공간의 본질을 탐색하며 거기에서 행위자의 수행성, 직접행동과 민주주의 문제를 성찰했다. '점령하라' 운동은 공장이 아니라 거리와 광장 및 보도에서 전개되었다. 점거는 기존 정치당파들의 진영논리에서 벗어난 집단적 '토론 공간'의 유지에 중요한 수단을 제공했고, 일상의 대면은 능동적인 수행적인 평등공간을 출현시켰다. 또한 지배적인 공적 공간 통제에 도전할 뿐 아니라 천막, 야영, 인터넷 배너, 예술 활동 등의 작업은 외부자나 잠재적 지원자들에게 결속력 있고 '자발적 질서'의 생생한 증거로서 운동에 가시적 정체성을 제공했다. 그러나 그것의 중심부는 자본주의의 심장에서 평등과 불평등이라는 두 논리의 충돌을 극화시키는 하나의 세계 안에 내재하는 두 개의 세계를 효과적으로 드러내도록 무대화했다. '점령하라' 공간은 여러 측면에서 제한적 요소를 내표했다. 첫째는 공간점거의 배타성이다. 유례없는 장기간의 점거활동에 직장과 가족 관련 의무의 수행자 들은 지속적인 참여가 불가능했다. 둘째로는 경찰력과 대립에서 극심한 비대칭적 관계였고 점거자의 비폭력은 경찰의 폭력을 결코 감당할 수 없었다. 셋째로는 공간 점거가 운동의 핵심 활동이 된 상황에서 공간의 상실은 결국 운동의 약화와 소진으로 급속하게 귀결되었다. 그럼에도 '점령하라' 운동에서 주코티 파크로 대표되는 도시공간 점거는 사적 공간과 공적 공간이라는 이분법적 공간구분에 균열을 일으켰다. 국지적 장소성, 집중성과 축약된 항의 형식은 상징적 점거의 출현에 중요한 관심을 야기 시켰다. '점령하라' 운동을 둘러싸고 항의자들이 공간을 이용하여 공중에게 의견을 제시하는 방식, 항의 장소의 변화, 공간에서 새로운 항의 메시지의 제작 방법 등에 관심이 폭발적으로 증가했다.

'점령하라' 공간은 비의도적으로 발생했지만 그것을 억압된 초정치화hyperpoliticiation의 자발적 폭발로만 설명할 수는 없다. 이미 1990년대 이래로 축적된 반세계화 운동의 다양한 조직 노력이 공간 점거라는 특정 형식을 발생시키는데 기여했다. '점령하라' 운동의 활동가들은 주요 도시들의 심장부에서 르페브르가 말한 '사이공간'을 점거하여 자본의 독점지배와 대의제도의 실패에 항의하는 공간투쟁을 전개했다. 공간점거자들은 항의를 목표로 삼은 일시적 결합자가 아니라 지도자와 강령이 없는 수평주의 운동으로서 감히 새로운 주체와 주체성을 창조하는 과정에 있다고 자부하며 운동의 충격에 주요한 역할을 감당했다. 이들 공간은 폴리스 공간의 외부가 아니라 폴리스 공간의 '정상적 배치' 곧 거래, 유통 및 공공기능 등의 전복과, 정치적 효과를 극대화하고자 기존의 공간적 논리의 '우회'를 통해서 민중의 힘을 물질화 했다. 그리고 국가에게 어떤 요구도 하지 않고 강령을 제시하지도 않고 다만 미래에 다가올 세계를 예시적으로 보이고자 했을 뿐이다. 문제는 이 운동 공간에서 비형식적이고 계서제를 거부하는 목소리가 높았지만 계급, 교육수준, 종족성, 섹슈얼리티, 성별에서 구성원들 사이에 숨겨진 위계와 계서제에 대한 가부장적인 물신화도 존재하는 역설적 현상도 나타났던 것이고 그 사실은 숨길 수 없다.

'점령하라' 운동은 소위 '합의적' 정당정치, 다양한 정체성의 정치, 전통적인 혁명정치 양식과의 거리를 유지하고 기존 정치질서 안에서 새로운 이해집단이나 정체성 집단으로서 인정받기를 기대하지 않았다. '진정한 민주주의' 실현을 목표로 삼은 이들은 기존 국가구조의 통제와 장악을 목표로 삼지도 않고 전체 사회정치적 구조의 정당성에 도전했다. 그리고 지도자나 위계적 질서 없이 수평적 조직 형식으로 급진적 평등을 실현시켜 운동을 유지하는 특수한 요구나 전반적인 이념적 구조틀의 부과를 거부하고 가능한 한 새로운 의식과 행동노선의 출현에 개방토록 했다. 또한 집단적이지만 폐쇄적 단위가 아닌 공동체로서 '비실체적insubstantial 상상의 공동체'를 생성시켰고, 개방된 소집단집회와 전체총회, 민중확성기, 발언자 추첨 등으로 급진적 평등을 실천하는 수행성을 유지했다. 이들은 새로운 사회 및 정치제도이기 보다는 랑시에르의 말을 빌리자면, 준-신체적 성격을 가진 언명적 커뮤니티에 가까웠다.

참고문헌

강승한, 「네트워크 사회에 나타난 새로운 '참여'의 커뮤니케이션—「네트워크 사회론」을 통해서 본 Occupy Wall Street」, 서강대 영상대학원 2014.

Arenas, Iván, "Assembling multitude: material geographies of social movements from Oaxaca to Occupy", *Environment and Planning D—Society and Space,* Vol.32, 2014.

Augusto, Sarah L, "Liquid Resistance—The Politics of Collaboration and Conflict in the UC and Occupy Movements", University of California at Davis, Diss. of Philosophy, 2014.

Auyero, Javier, "When everyday life, routine politics, and protest meet", *Theory and Society,* Vol.33, 2004.

Badiou, Alain, *L'hypothèse communiste* (Lignes L Scheer, 2009)

_____, *The Communist Hypothesis*, D. Macey and Steve Corcoran tr, Verso, 2010.

Bassett, Keith, "Rancière, politics, and the Occupy movement", *Environment and Planning D—Society and Space* 32, 2014.

Beeman, Angie, "Post-civil rights racism and OWS—Dealing with color-blind ideology", *Socialism and Democracy,* Vol.26 No.2, 2012.

Bourdieu, Julie-Anne, N. Boucher and M. Ligouri, "Taking the bus daily and demonstration on Sunday—Reflections on the formation of political subjectivity in an urban world", *City,* Vol.13 No.2/3, 2009.

Butler, J, "The state of things —The politic of the street and new forms of alliance", (http://www.oca.no/programme/audiovisual/the-state-of-things-an-excerpt -from-the-politics - of- the-street-and-new-forms-of-alliance)(2011.09.16)

_____, "Bodies in alliance and the politics of the street" (http://eipcp.net/transversal/1011/butler/en/print)(2011.9.16)

_____, *Bodies that Matter —On the discursive limits of 'sex',* Routledge, 1993.

Butler, J, *Exitable Speech —A Politics of the Performative,* Routledge, 1997.

Calhoun, Craig, "Occupy Wall Street in perspective", *The British Journal of Sociology,* Vol.64 No.1, 2013.

Castells, Manuel, *Networks of Outrage and Hope —Social Movements in the Internet Age,* Cambridge,

Polity, 2012. 김양옥 역, 『분노와 희망의 네트워크』, 한울, 2015.

Chatterton, P, and J. Pickerill, "Everyday activism and transitions towards post-capitalist worlds", *Transactions of the Institute for British Geographers,* Vol.35, 2010.

Chou, Mark, "From crisis to crisis—democracy, crisis and the occupy movement", *Political Studies,* Vol.13, 2015.

Crawford, Jarret T, and Eneda Xhambazi, "Predicting political biases against the occupy wall Street and Tea Party Movements", *Political Psychology,* Vol.36 No 1, 2015.

Dean, Jodi, "Occupy Wall Street—forcing division", *Constellations,* Vol.21 No.3, 2014.

della Porta, Donatella, *Can Democracy Be Saved? Participation, Deliberation and Social Movements* (Polity, 2013)

Derrida, J, *Spectres de Marx* (Galilée, 1993)진태원 역, 『마르크스의 유령』, 그린비, 2007.

_____, *Politiques de l'amitié,* Galilée, 1994.

_____. *Rogues—Two essays on reason.* P.-A. Brault and M. Nass, tr, Stanford U. P, 2005.

Dorf, Michael C, "Could be Occupy movement become the realization of democratic experimentalism's aspiration for pragmatics politics', *Contemporary Pragmatics,* Vol.9 No.2, 2012.

Eagan, Jennifer L, "Withholding the red ink—Occupy, Foucault, and the administration of bodies", *Administrative Theory and Praxis,* Vol.36 No.2, 2014.

Epstein, Barbara, "Occupy Oakland—the question of violence" *Socialist Register,* 2013.

Fábrega, Jorge and Javier Sajuria, "The formation of political discourse within online networks—The case of the occupy movement", *Inter. Journal of Organizational Design and Engineering,* Vol.3 No.3/4, 2014.

Fadaee, Simin & Seth Schindler, "The occupy movement and the politics of vulnerability", *Globalizations,* Vol.11 No.6/7, 2014.

Featherstone, David, Anthony Ince, A. Mackinnon, K. Strauss and A. Cumbers, "Progressive localism and the construction of political alternatives", *Transactions of the Institute of British Geographers,* Vol.37 No.2, 2012.

Feigenbaum, Anna, P. McCurdy and Fabian Frenzel, "Towards a method for studying affect in (micro) politics—The campfire chats project and the Occupy movement", *Parallex,* Vol.19 No.2, 2013.

Feigenbaum, A, F. Frenzel and P. McCurdy eds, *Protest Camp,* London, Zed, 2013.

Glass, Michael R. and Reuben Rose Redwood eds, *Performativity, Politics, and the Production of Public Space*, Routledge, 2014.

Gould-Wartopsky, Michael A, *The Occupiers ─The Making of the 99% Movement*, Oxford U. P, 2015.

Graeber, David, *Inside Occupy*, Frankfurt/M, Campus Verlag, 2012.

Guelf, Fernand Mathias, *Die Urbane Revolution ─Henri Lefebvres philosophie der globaler verstädterung*, transcrift, 2010.

Habermas, J, "Political communication in media society─Does democracy still enjoy an epistemic dimension? The impact of normative theory on empirical research", *Communication Theory*, Vol.16 No.4, 2006.

Halvorsen, Sam, "Taking space─moments of rupture and everyday life in Occupy London", *Antipode*, Vol.47 No.2, 2015.

Hammond, John L, "The significance of space in occupy wall street", *Interspace ─a journal for and about Social Movements*, Vol.5 No.2, 2013.

Happe, Kelly E, "Parrhēsia, biopolitics, and Occupy", *Philosophy and Rhetoric*, Vol.48 No.2, 2015.

Hardt, Michael and A. Negri, "The fight for 'Real Democracy' at the heart of Occupy Wall Street─The encampment in Lower Manhattan speaks a failure of representation", https://www.foreignaffairs.com/articles/north-america/2011-10-11/fight-real-democracy (2015.10.16)

Harvey, Davis, *Rebel Cities ─from rights to the city to the urban revolution*, Verso, 2012, 한상연 역, 『반란의 도시』, 에이도스, 2012.

Heck, Sarah, *Space, Politics and Occupy Wall Street*, http://sch-larwork.gsu.edu/goscience-theses(2014.08.12)

Garces, Chris, "People's mic and the democratic charisma─Occupy Wall Street's frontier assemblies", *Focal-Journal of Global and Historical Anthropology*, Vol.66, 2013.

Gibson, Morgan Rodgers, "The anarchism of the occupy movement", *Australian Journal of Political Science*, Vol.48 No.3, 2013.

Gregson, N. & G. Rose, "Taking Butler elsewhere─performatives, spatialities and subjectivities", *Environment and Planning D*, Vol.18 No.4, 2000.

Jaffe, Sarah, "Occupy Wall Street was humbling to many of us", *The Sociological Quarterly*,

Vol.54 No.2, 2013.

Jones, John, "Compensatory division in the Occupy movement", *Rhetoric Review*, Vol.33 No.2, 2014.

Khatib, Killoy M, and M. McGuire eds, *We are many — reflections on Movement Strategy from Occupation to Liberation*, Oakland, AK Press, 2012.

Kohn, Margaret, "Privatization and protest—Occupy Wall Street, Occupy Toronto, and the occupation of public space in democracy", *Perspective on Politics*, Vol.11 No.1, 2013.

Lang A. S. and D. Levitsky eds, *Dreaming the Public — Building the Occupy Movement*, Oxford, New Internationalist, 2012.

Leary, Christopher, "Occupy Wall Street's challenge to an American Public Transcript", The City University of New York, Diss. of Doctor of Philosophy, 2014.

Lefebvre, Henri, *Critique de la vie quotidienne II — Fondements d'une sociologie de la quotidienne*, L'Arche, 1980.

_____, *La production de l'espace* (1975), Anthropos, 2000. 양영란 역, 『공간의 생산』, 에코 리브르, 2011.

Lorey, Isabell, "The 2011 Occupy movements—Rancière and the crisis of democracy", *Theory, Culture & Society*, Vol.31 No.7/8, 2014.

Low, Setha and Neil Smith, "introduction—the imperative of public space", S. Low and Neil Smith eds, *The Politics of Public Space*, Routledge, 2006.

May, Mattew S. and Daniel Synk, "Contradiction and overdetermination in Occupy Wall Street", *Communication and Critical/Cultural Studies*, Vol.11 No.1, 2014.

Marcuse, Peter, "The purpose of the Occupation movement and the danger of fetishizing space', ⟨http//pmarcuse.wordpress.com/2011/11/15...⟩

Massy, Doreen, "A counterhegemonic relationality of place", E. MacCann and K. Ward eds, *Globalization and Community — Mobile Urbanism — Cities and Policy-Making in the Global Age*, Minneapolis, U. of Minnesota Press, 2011.

Merrifield, Andy, *The Politics of the Encounter — Urban Theory and Protest under Planetary Urbanization*, University of Georgia Press, 2013. 김병화 역, 『마주침의 정치』, 이후, 2015.

Mitchell, W, "Image, space, revolution—the arts of occupation", *Critical Inquiry*, Vol.39, 2012.

Mitchell, W. J. T, Bernard E. Harcourt, Michael Taussig, *Occupy — three inquiries in disobediance*, The University of Chicago Press, 2013.

Mouffe, Chantal, "Deliberative democracy or agnostic pluralism", *Social Research*, Vol.66 No.3, 1999.

Nayak, A. & A. Jeffrey, *Geographical thought — An introduction to ideas in human geography*, Harlow, Pearson, 2011.

Newman, Saul, "Postanarchism—a politics of anti-politics", *Journal of Political ideologies*, Vol.16, 2011.

Nielsen, Rasmus Kleis, "Mundane internet tools, the risk of exclusion, and reflexive movements Occupy Wall Street and political uses of digital networked technologies", *The Sociological Quarterly*, Vol.54, 2013.

Poletta, Francesca and Kelsey Kretschmer, "Free spaces", *The Wiley-Blackwell Encyclopedia of Social and Political Movements*, Wiley-Blackwell, 2013.

Radovac, Lilian, "Mic Chec — Occupy Wall Street and the space of audition", *Communication and Critical/Cultural Studies*, Vol.11 No.1, 2014.

Raffoul, F, *The origins of responsibility*, Bloomington, Indiana U. P, 2010.

Rancière, Jacques, *La Mésentente*, Galilée, 1995, 진태원 역, 『불화—정치와 철학』, 길, 2015.

_____. *Aux bords du politique*, Gallimard, 1998, 양창렬 역, 『정치적인 것의 가장자리 에서』, 길, 2008

Rancière, J, *Le partage du sensible — esthétique et politique*, la Fabrique, 2000. 『감성의 분할—미학 과 정치』, 도서출판 b, 2008.

_____, "L'élection, ce n'est pas la democratie", *La Nouvel Obserbateur — Bibliobs* 28 May. 2012.

Rehmann, Jan, "Occupy Wall Street and the question of hegemony—a Gramscian analysis", *Socialism and Democracy*, Vol.27 No.1, 2013.

Rowe, J. K. and Myles Carroll, "Reform or Radicalism—left social movements from the battle of Seattle to Occupy Wall Street", *New Political Science*, Vol.36 No.2, 2014.

Standing, Guy, *Precariat — the new dangerous class*, London, Bloomsbury Academic, 2011.

Sarah Heck, Space, Politics and Occupy Wall Street, Thesis, Georgia State University, 2014,

Sassen, Saskia, "The global street comes to Wall Street", *Possible/Futures — a Project of the Social*

Science Research Council, 22/11, 2011.

Schmidt, Sandra J, Chris Babits, "Occupy Wall Street as a curriculum of space", *The Journal of Social Studies Research,* Vol.38, 2014.

Seong-Jae, Min, "Occupy Wall Street and deliberative decision making", *Communication, Culture & Critique,* Vol.8, 2015.

Seuffert, Nan, "Occupy, financial fraternity and gender ventriloquism", *Law, Culture and the Humanities,* Vol.10 No.3, 2014.

Shavit, Nimrod & Benjamin H. Bailey, "Between the procedural and the substantial — Democratic deliberation and the interaction order in 'Occupy Middleton general assembly'", *Symbolic interaction,* Vol.38 No.1, 2015.

Sparke, Matthew, "From global dispossession to local repossession — Towards a worldly cultural geography of occupy activism", N. C. Johnson, R. Shein and J. Winder eds, *The New Companion to Cultural Geography,* Oxford, Wiley-Blackwell, 2013.

Squibb, Stephen, "What was occupy", *The Monthly Review,* feb, 2015.

Stiglitz, Joseph, *The Price of Inequality,* W.W. Norton and Co. Inc, 2012.

_____, "Of the 1%, by the 1%, for the 1%", *Vanity Fair,* May 2011, availlable at http://www.vanityfair.com/features2011/05/top-one-percent-201105(2015, 12, 30)

Szolucha, Anna, "Real politics in Occupy — Transcending the rules of the day", *Globalizations,* Vol.12, 2015.

Taylor, Blair, "From alterglobalization to Occupy Wall Street" Neoanarchism and the new spirit of the left", *City,* Vol.17, 2013.

Thrift, Nigel, *Non-Representational Theory — Space, Politics, Affect,* Routledge, 2007.

Tremayne, Mark, "Anatomy of Protest in the digital era — a network analysis of *Twitter* and Occupy Wall Street", *Social Movement Studies,* Vol.13 No.1, 2014.

Wengronowitz, Robert J, "Lessons from Occupy Providence", *The Sociological Quarterly,* Vol.54 No.2, 2013.

Writers for the 99%, *Occupying Wall Street — The inside story of an action that changed America,* Chicago, IL, Haymarket, 2012. 임명주 역, 『점령하라』, 북돋움, 2012.

Zizek, Slavoj, *et al, Occupy,* Verso, 2011. 유영훈 역, 『점령하라』, RHKKorea, 2012.

_____, *The Year of Living Dangerously,* Verso, 2012.

3부

공생의 실천과 대안

고리원전 주변 사람들의 생활경험과 마을공동체
기장군 길천마을 사례*

차철욱

1. 고리원전과 마을

2016년 12월 재난영화 〈판도라〉가 개봉되었다. 한 달이 지날 무렵 약 500만 명이 관람하였고, 원전의 위험성을 고발하는 데 적절한 영화 라는 평가를 받았다. 원전의 안전성과 관련해 정치적으로도 주목받았 다. 영화의 배경은 우리나라 최초의 원전이 건설된 고리원전과 주변마 을이었다. 영화의 목적은 원전이 위치한 공간적인 문제보다는 원전 자 체의 위험성을 고발하는 데 있다. 이 영화가 인근의 시민이나 국민들에 게 반핵 혹은 탈핵으로의 의식전환에 얼마나 영향을 끼칠 수 있을지 관 심거리다.

---

* 이 글은 『한국민족문화』 제62집(2017.2)에 게재된 필자의 동일 제목의 논문을 수정 · 보 완한 것이다.

이 글은 고리원전에 인접한 길천마을을 대상으로 한다. 이 마을에는 음력 정월 보름마다 마을 동제를 지낸다. 마을과 구성원들의 안녕을 기원하는 전통적인 마을공동체 행사이다. 길천마을 동제의 고사축문에는 마을의 숙원사업이 잘 이루어지기를 기원하는 내용으로 구성되는데, 빠지지 않고 매년 등장하는 내용이 '원자력 안전'과 '집단이주'이다. 원자력 안전 문제는 고리원전과 담장을 사이에 두고 수십 년을 살아온 마을 주민들에게 간절한 문제였다. 원자력 건설이 국가사업이고, 전기를 마음껏 사용할 수 있다는 기대감으로 삶터를 내줬던 마을 사람들은 원자력의 위험성을 깨닫는 순간 반핵운동과 집단이주운동을 지금까지 계속하고 있다.

고리원전은 1968년 10월 부지가 확정되었고, 주민 이주를 완료한 뒤 1971년 11월 착공하여, 1978년 4월 상업운전을 시작하였다. 이후 1983년 2호기, 1985년 3호기, 1986년 4호기가 가동을 시작했다. 2007년 1호기 수명 만료로 가동이 중단되었으나, 정부가 10년간 재가동을 승인하였다. 2015년 시민들의 요구로 1호기의 영구 정지가 결정되어 2017년 가동 정지될 예정이다.

고리원전이 준공된 후 도심의 가장 변두리에 위치했던 이곳 사람들은 핵폐기물과 함께 살도록 요구하는 국가와 원전에 저항하기 시작하였다. 그들의 저항은 삶터가 오염되었다는 사실만이 아니라 국민으로 대우받지 못한 것에 더 분노하였다. 고리원전에 대한 저항은 그들만의 몫이 아니었다. 인근 지역주민들은 물론이고, 부산 시민, 나아가 전국의 반핵운동가들과 함께 하였다. 그 과정에서 핵에 대해 공부를 하고, 앞선 원자력 건설 국가의 사례에서 관련 법규를 모방하기도 하고, 핵의 위험성을 알리기도 하였다. 하지만 그들의 일상과 대면한 고리원전은 저항의 대상이기도 했지만, 오늘을 같이 살아야 하는 협상의 대상이기도 했다. 길천마을 주민들의 저항은 도시의 공간에 살아가는 조그마한 마을 사람으로서 권리를 찾으려는 노력의 한 방법이다. 그렇지만 외부로부터 집단이기주의로 비난 받기도 했다.

　이 글은 길천마을 주민들의 저항이 탈핵운동인가 아닌가보다 그들의 생활에 분석의 초점을 맞추었다. 원전을 매개로 한 마을 내부 구성원들의 대응이 주요 관심사다. 부산시 기장군 장안읍과 울산시 울주군 서생면은 인접한 지역이면서, 세계적으로 보기 드문 원전 집중지역이다. 가까운 거리에 거대도시들이 위치하고 있으며, 인근의 풍광 때문에 관광지로 알려져 많은 사람들의 발길이 이어지는 곳이기도 하다. 원전 문제는 고리원전 주변에서 생활하는 인근도시에 거주하는 사람들의 당사자 문제이기도 하다. 하지만 직접적으로 원전과 관련한 사건을 대면하지 않으면 심각하게 인지하지 않는다. 기장 지역의 담수화 문제가 기장 주민들을 핵문제에 관심을 가지게 한 것은 대표적이다. 이 글은 핵문제와 관련해 당사자 문제로 인식하며 살아온 길천마을과 그 주민들의 생활에서 도시문제의 한 부분을 이해하고, 도시민들이 공유할 수 있도록 드러내는 데 있다.

2. 반핵운동과 공간적 차이

1) 고리원전 주변의 공간과 차이

고리원전은 부산광역시 기장군 장안읍과 울산광역시 울주군 서생면의 경계에 위치하고 있다. 기장군 방면에는 다섯 개의 읍면 가운데 장안읍이 고리원전과 접하고 있는데, 장안읍 소속 12개 '리' 중에서도 바닷가에 위치한 임랑, 길천, 월내, 효암쪽이 원자로에 가장 가깝다.

이 마을들이 접하고 있던 바다는 대부분 백사장이어서 인근 해안가에서 대규모 수산물을 채취하는 경제활동은 드물었고, 대신 여름 해수욕장 개장과 관련한 서비스업과 미역양식이 중심이었다. 이들 마을에는 전통적으로 어항은 그다지 발달하지 않았으며,[1] 현재에도 어항이 있으나 어항이 발달한 기장의 다른 마을과 비교하면 그다지 큰 규모

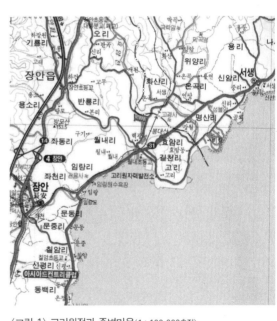

〈그림 1〉 고리원전과 주변마을(1 : 100,000축척)

---

[1] 길천마을은 원전건설 이전 멸치 정치망 정도만 이루어지고 있었을 뿐이다. 1980년대 초 어선을 이용한 어업분야 투자가 이루어져, 현재 약 20여 척이 있다.

는 아니다. 해수욕장은 임랑에서만 제 기능을 유지하고 있으나, 월내와 길천의 해수욕장은 원전 건설 이후 사라졌다.

장안읍의 주요 교통은 동해남부선 철도인데, 주요 역으로는 1934년 개설된 좌천역과 1935년 간이역으로 시작된 월내역이 있다.[2] 도로망으로는 기장에서 울산으로 통하는 31번 국도가 월내와 길천마을 앞으로 지난다. 마을 사람들의 생산물은 동해남부선과 31번 국도를 이용해 주로 기장이나 부산으로 팔려 나갔다. 부산 시내 동래역, 거제역, 부전역 주변에는 매일 아침 기장 사람들에 의해 장이 서거나, 기장 생산 수산물을 파는 행상들이 집집마다 돌아 다녔다.

그 외 장안에는 전통적으로 5일장인 좌천장과 월내장이 있었다. 좌천장은 4, 9일 장인데, 18세기 개설이 확인된다. 좌천장의 개설 목적은 인근에 포구가 위치해 있었던 것과 관련이 있다.[3] 월내장은 2, 7일 개설된다. 월내장의 설립 연대는 정확히 확인할 수 없으나, 1949년 무렵으로 기억하는 사람들이 많다.[4]

다음은 고리원전 원자로와 인근 마을 사이의 거리이다.

〈표 1〉에서 확인할 수 있는 것처럼 원자로를 기준으로 가장 가까운 곳은 길천마을이다. 그리고 길천마을을 사이에 두고 월내마을이 위치한다. 임랑은 원자로가 바다 건너편으로 바라다 보이면서도 육지로는 길천, 월내 두 마을을 지나야 만날 수 있는 곳이다. 한편 효암은 거리상으로는 길천이나

---

2   장안읍지편찬위원회, 『장안읍지』, 2008, 673~676쪽.
3   좌천장은 18세기 후반에 존재가 확인되는데 기장읍내장과 더불어 기장에서 규모가 큰 장이었다(김동철, 「18세기후반~20세기전반 기장지역의 시장권」, 『지방사와 지방문화』 13-1, 역사문화학회, 2010, 103쪽).
4   http://news20.busan.com/controller/newsController.jsp?newsId
    =20150316000035(2016년 1월 10일 검색)

〈표 1〉 고리원전 원자로와 주변 마을 거리

길천	0.7km~1.5km
월내	1.1km~1.6km
장안읍사무소	4.8km
효암	2km
임랑	1.9km~3km

월내에 비해 멀지만, 중간에 다른 마을이 없었다. 지금은 효암마을도 신고리
원전에 편입되어 사라져 버렸다. 원자로와 마을 사이의 물리적인 거리가
마을 사람들에게 원자로 위험성을 인지하게 하는 기본적인 기준이었다.
그렇지만 물리적인 거리와 관계없이 원자로와 마을 사이에 다른 마을이
위치하는 것과 그렇지 않은 것은 마을 사람들에게 위험성을 느끼게 하는
변수가 되었던 것으로 보인다. 뒤에도 살펴보겠지만, 월내나 임랑은 중간에
길천마을이 존재한다는 이유로 원전 불안정성에 대응하는 모습이 덜 적극
적이었던데 비해, 이들 마을보다 다소 거리는 멀었지만, 고리원전과 접하고
있던 효암마을 사람들은 길천마을 못지않게 적극적으로 집단이주를 요구
하는데서 알 수 있다.

2) 주민들의 저항과 요구

고리원전 주변마을 사람들의 원전을 상대로 한 저항은 조직의 단위
에 따라 요구조건 또한 다양하였다. 아래 표에서는 장안읍 즉 저항운동
의 주체를 장안읍에 소속되는 마을을 포함하는 단위로 할 경우와 길천,

〈표 2〉 고리원전 주변 마을의 저항운동과 요구

연도	길천리	월내리	효암리	기장군/장안읍	시민단체	기타
1988~1989년	이주	피해보상/환경개선	이주	그린벨트 해제/지역개발		핵폐기물 불법매립 발견
1990년	핵폐기물 저장고 건설 반대/이주		핵폐기물 저장고 건설 반대/이주		공해추방 시민운동 협의회 동참	대고리운전지역 발전협의회 구성
1992년	원전추가 건설 반대/이주		원전추가 건설 반대/이주			1997년 효암 이주 확정/길천 제외
1994년	핵폐기장 유치 반대	핵폐기장 유치 반대		핵폐기장 유치 반대	핵폐기장 유치 반대	경북 울진군 유치 신청
2005~2007년	고리 1호기 수명연장 반대/이주	고리 1호기 수명연장 반대/이주/생계대책		고리1호기 수명연장 반대/군 현안사업 요구	고리1호기 수명연장반대	2008년 1월 17일 고리1호기 연장가동
2011년 이후~현재	이주	-	-	고리1호기 폐로	고리1호기 폐로	2014년 고리1호기 폐로 결정

자료 : 이득연, 앞의 글, 정수희, 앞의 글

월내, 효암 등 저항과정에서 마을 단위의 요구를 구분해서 확인하였다. 이들 저항 주체들은 각 마을이 개별적으로 대응하면서도 사안에 따라 읍이나 군단위로 목소리를 내는 사례도 확인된다. 하지만 범위가 넓은 단위의 저항과정에는 각 마을의 요구가 드러나지 않고 잠재된 채 진행되었다.

기장군 / 장안읍처럼 좀 더 넓은 단위의 요구는 그린벨트 해제, 핵폐기장 유치 반대, 고리1호기 수명연장반대와 같이 군 / 읍 단위의 저항세력을 동원할 수 있는 명분을 내걸었다. 그린벨트해제는 1971년 원전 반경 8km 이내를 개발제한구역으로 설정한 것에 대한 해제요구였다. 1986년 원전 건설의 마무리와 지역경제의 쇠퇴가 이 문제를 제기한 가장 중요한 이유였다. 이 운동의 주체는 장안읍을 단위로 한 지역주민들이었으며, 이들은 1988년 1월 5일부터 시위를 시작했다.

핵폐기장 건설 반대투쟁은 1993년 겨울부터 1994년에 걸쳐 진행된 저항이었다. 한국원자력연구소 직원이 지역민 몇 명을 내세워 핵폐기장 건설을 추진한다는 소문에 근거해, 장안읍 24개 마을 대표가 모여 '핵폐기물 처리장 반대 투쟁위원회'를 조직하였다. 당시 언론이나 마을 사람들의 기억에는 저항이 아주 격렬했던 것으로 보인다. 하지만 이 저항은 1994년 5월 울진군 의회가 유치를 승인하면서 장안읍 저항 동력은 급속히 사라졌다.[5]

2005년부터 시작된 고리1호기 수명연장 반대운동은 기장군을 단위로 하였다. 이 조직에는 원칙적으로 길천 / 월내 주민들도 참석했다. 하지만 이 마을 사람들은 반대운동의 대가로 장안산업단지 조성을 주장하는 기장군 단위의 저항과 갈등을 보이고 있었는데, 수명연장 반대운동을 위해 일시적으로 함께 하였다. 하지만 이 과정에서 길천마을은 집단이주를, 월내마을은 생계대책을 동시에 요구하게 된다. 반면 기장군은 숙원사업을 확보하려는 목적을 지니고 있었다.[6] 이러한 이유로 결국 길천 / 월내 주민들은 참여 거부를 선언하자, 기장군 단위의 대책위는 동력을 잃게 된다.

다음은 원전에서 가장 가까운 곳에 위치한 길천, 월내, 효암 마을의

---

5 이 운동은 외부 시민단체까지 가담해 광범위한 연대를 구축한 운동이었으나, 울진군의 유치신청으로 분위기가 급선회하면서 장안읍의 추진 주체들은 와해되고 내분에 휩싸였다. 그리고 외부에서 지원한 시민단체 또한 급속히 빠져나가면서 마을 사람들은 완전히 방향감을 상실하게 되었다. 이 사건은 이후 시민단체와 장안읍 마을 사람들 사이의 신뢰가 깨어지는 계기가 된다.

6 당시 기장군은 2006년 장안읍 '원자력의학원' 공사를 시작으로 군 내 '중입자가속기' 유치를 추진하고 있었다(정수희, 앞의 글, 125쪽).

요구를 비교해 보자. 길천마을 주민들은 1988년 1월부터 장안읍 단위의 그린벨트해제 운동이 시작된 이후 3월부터 청와대에 이주 진정서 제출을 시작하였다. 이후부터 철거를 위한 마을주민 여론조사, 1988년 국정감사 건의로 진행되었다. 길천마을은 개발위원회 → 철거대책위원회 → 이주대책위원회로 조직 명칭을 바꾸어 가면서 대응하였다. 효암마을 사람들 또한 1988년 11월부터 철거대책위원회를 구성하여 집단이주 요구에 동참하였다. 이후 1989년부터 진행된 핵폐기물불법매립 사건을 계기로 두 마을은 계속해서 집단이주를 요구하였다. 1994년 효암마을은 울주군 서생면의 비학마을과 함께 신고리원전 부지로 편입된 이후에는 더 이상 저항을 하지 않는다.

반면 월내 주민들의 요구내용은 위 길천 / 효암과는 차이를 보였다. 1989년 2월 월내 주민들은 "우리는 철거를 원하지 않는다. 우리는 핵연료를 안고 자도 좋다. 잘 살게만 해다오"[7]라는 주장에서 확인 가능하다. 월내 주민들은 길천이나 효암이 집단이주가 이루어지지 않는 상황에서 자신들의 요구가 받아들여지지 않을 것이라는 생각이었다. 실제 월내 어촌계에는 미역양식이 큰 비중을 차지하고 있었다. 월내 주민들은 양식어장과 해녀들의 피해보상 욕구가 많았다. 물론 이후에도 길천과 월내는 장안읍 저항운동의 중심이었다. 인원동원에서 이 마을을 따라갈 마을이 없었기 때문이다. 하지만 월내마을은 계속해서 생계대책에 집중하는 모습을 보였다.

---

7   이득연, 앞의 글, 169쪽.

3. 생활경험과 집단이주

길천마을 사람들이 다른 마을과 달리 국가나 한국수력원자력(이하 한수원)의 회유나 권력에 굴복하지 않고 계속해서 집단이주를 요구하는 실천적 배경은 무엇이었을까. 여기서는 마을 사람들을 움직이는 힘을 그들의 생활경험에서 찾으려고 한다. 고리원전 주변마을에서 살아가는 사람들이 원전과 관계 속에서 내면화하는 경험들은 무엇이었으며, 이 축적된 경험이 그들의 현실세계에 어떤 모습으로 발현되고 있을까를 검토할 필요가 있다.

1) 고리원전건설과 경제구조의 변화

1970년 고리원전 건설공사가 시작되기 전 길천마을 사람들은 대체로 농업, 수산업, 관광업 등에 종사하고 있었다. 길천마을은 마을 앞 바닷가에 펼쳐진 백사장 덕분에 해수욕장으로 유명하였다. 마을 사람들 가운데는 민박이나 해수욕장 관련으로 경제적 혜택을 보기도 하였다. 하지만 모래사장 때문에 바다와 관련한 수산업은 그다지 발달하지 못하고,[8] 멸치잡이 정치망 어업 정도가 이루어지고 있었다. 때문에 대부분 마을 사람들은 농업에 종사하고 있었다. 마을 사람들이 보유한 농지

---

8   마을 사람들 가운데는 마을의 수산업이 이웃한 고리에 비교하면 낮은 수준이었다고 기억한다. 고리 앞바다는 백사장 보다는 바위들로 이루어져 있어, 해녀들이 활동할 정도로 수산업이 발달하였다(L씨 증언).

는 현재 한수원 고리스포츠 문화센터와 철도 건너편 고리원전 직원 숙소인 한빛아파트 단지가 위치한 곳이었다.

1970년부터 고리원전 건설공사가 시작되었다. 원전 건설로 외부에서 많은 인부들이 마을에 거주하게 되었고, 이들을 상대로 한 상인들이 외부에서 들어왔다. 원전 건설 붐은 마을 분위기를 완전히 바꾸어 놓았다. 삶터를 빼앗긴 고리 사람들과 달리 길천마을 사람들에게 원전건설은 희망이었다. 건설노동자의 유입, 건설설비 수리시설, 상업 투자자 등 원전건설과 관련해 많은 인구가 유입되었기 때문이었다. 길천마을 토박이들은 유입인구를 상대로 한 상업에 관심을 기울였다. 하지만 상업 자본과 경험이 적었고, 또 마을이 개발제한구역으로 묶여 새로운 시설을 만들 수 없었다. 하지만 주어진 환경에 맞춰 건설경기를 최대한 활용하려고 하였다. 자신이 가진 주택으로 원전 건설 노동자를 상대로 돼지축사를 개조한 방을 만들어 임대업을 하기도 했다.[9] 엄청난 호경기였다. 이 마을 사람들이 평소에는 벌어보지 못하던 수입이 들어왔다. 기존의 산업이 더 이상 필요 없었다. 그 결과 농민들에게는 농토가 필요 없었고, 서비스업 종사자들에게 해수욕장이 없어도 먹고 사는데 아무런 지장이 없을 것 같았다. 농민은 한전이 공사를 위해 필요한 야적장 토지와 원전 직원 숙소 건설을 위한 토지를 매입하자 팔아버렸다. 상인들이 증가하면서 해수욕장 주변을 잠식하였다. 쓰레기장으로 변한 해수욕장은 더 이상 본래의 기능을 할 수 없었다. 결국 해안도로를 만들면서 그동안 마을 사람들을 먹여 살렸던 해수욕장도 사라졌다.[10] 이상과 같이 고리원

9 이득연, 앞의 글, 159쪽.
10 정수희, 앞의 글, 37쪽.

전의 건설로 길천마을의 경제구조는 완전히 바뀌어 버렸다.[11] 한편 마을 사람들 가운데 원전에 취직하는 사례도 많았다. 1988년 현재 원전 총 직원 1,142명 가운데 14%인 162명이 지역출신이었다.[12] 남성들 가운데 기계를 다루는 경우도 있었지만, 비전문직인 보안과나 단순노무자로 주로 근무하였다. 고리원전이 완공된 이후에는 여성 근무자들도 많았다. 마을 사람들의 원전 건설 경험은 이후 원전의 불안전성을 홍보하는데 중요한 역할을 하였다.[13]

그런데 4호기가 완성되는 1986년이 되자, 건설 노동자들이 빠져나가면서 길천마을은 쇠퇴하기 시작했다. 노동자가 없어지면서 마을 사람들의 생계수단이었던 임대업이 불가능해졌고, 농지를 한전에 팔아버려 더 이상 농사를 지을 땅이 없어졌다. 해수욕장이 있던 해안가는 도로건설과 바닷물 역류 현상으로 모래는 흔적도 없이 사라져 버렸다. 여기에 1971년 한전이 반경 8km 지역을 인구 2만 5천명 이하의 저인구지대로 계획하면서 개발제한구역으로 설정하여 마을의 발전은 발이 묶이게 되었다.[14]

고리원전 공사가 시작되면서 새로운 살길이라 생각하고 농지를 없애고, 어장을 없애고, 해수욕장을 내팽개친 사람들은 길천마을 사람들

---

11 이 결과 2013년 현재 마을 사람들의 직업 분포를 보면, 자영업 15.4%, 서비스직 17.0%, 단순노무직 20.7%, 기능직 16.0%, 농어업은 8.6% 등이다(기장군, 「길천리의 합리적인 이주 방안 도출을 위한 용역 최종결과보고서」, 2013, 126~127쪽).
12 이득연, 앞의 글, 154쪽.
13 마을 사람들 가운데 L씨는 원전건설에서 시멘트 타설업에 관여하였다. 특히 원자로 건설에 직접 참여했기 때문에 그 내부구조를 세밀하게 파악할 수 있었다. 원자로의 폭발위험에 대해 필자에게 상세하게 설명하였다. 이 내용의 사실여부와 관련 없이 마을 사람들의 원자로 위험성을 어떻게 생각하는지 잘 보여준다.
14 개발제한구역 문제는 길천마을 만의 문제는 아니었다. 인근의 월내, 좌천 등 8km 이내에 위치한 마을 모두에 해당되었다.

이었다. 하지만, 그동안 경제상황이 열악해지면서 현재 길천마을 사람들에게 해수욕장과 농지가 없어진 원인은 한수원에 있고, 한수원이 마을 외곽에 있었던 농지를 야적장과 사원주택으로 사용해 마을의 농지가 사라졌다고 생각한다. 해운대 백사장보다 양질의 모래사장에 많은 외지인들이 놀러왔다고 기억하는 마을 사람들은 해수욕장 또한 한수원이 바다를 매립하면서 황폐화되었다고 생각한다.[15]

마을 사람들이 마을이 지닌 경제환경을 한수원 탓으로 돌리는 데는 이유가 있다. 원전이 건설될 당시 농어촌의 열악한 환경이 완전히 바뀔 것으로 기대했던 마을 사람들은 자신들의 삶터를 인간이 살 수 없는 땅, 버리고 떠나야만 하는 땅으로 만들어 버린 책임이 한수원에 있다고 생각하기 때문이다. 여기에는 원전이 가동된 이후 40여 년간 발생한 여러 가지 사건으로 형성된 마을 사람들의 잠재된 의식이 작동했기 때문이다. 필자는 마을 사람들이 마을의 자랑거리로 해수욕장을 거론하는 것을 자주 들었다. 해수욕장은 마을 사람들에게 원전 건설로 폐허가 되어가는 현실과 대비되는 마을환경과 경제구조를 설명하는 대표적인 표상이다.

2) 주민들의 불안과 집단이주

마을 사람들을 힘들게 만드는 것은 자신이 보유한 재산의 경제적인

---

15 S씨 증언.

손실이나 경제적인 수익의 축소도 중요하겠지만, 무엇보다 마을 사람들에게 중요한 것은 건강문제이다. 자신은 여기서 살면서 보상을 받아야겠지만 자식들은 이 마을에서 살지 못하게 하고 싶어 한다.

1978년 원전 1호기가 첫 가동에 들어간 이후 마을 사람들을 불안하게 만든 사건들이 발생했다. 1984년 기형 미역사건과 어업보상, 원전 직원의 다양한 피해사례 공개, 1986년 체르노빌사건, 1988년 핵폐기물 불법매립사건 등으로 마을 사람들의 원전에 대한 불안감이 높아지고 있었다. 이때 1988년 핵폐기물불법매립사건이 드러나고, 주민들의 저항이 거세져 시골에서는 드물게 경찰이 최루탄을 사용할 정도였다.[16] 주민대표는 이 문제 해결은 원전 측과 마을 사람들 사이에 해결할 수 없다고 판단하고, 정치적으로 해결하기 위해 노력하였다. 이리하여 1988년 10월 20일 원전관련 첫 국정감사가 고리원자력발전소에서 열렸다.

마을 사람들이 원전시설 가동이후 경험하게 되는 불안감은 1988년 국회동력자원위원회 국정감사에서 잘 드러난다.[17] 국정감사에는 마을 주민대표 2명이 참석하였는데, 이들 증언의 주요 골자는 원전의 안정성 문제였다. 핵 위험성에 대한 원전 측의 안전대책, 핵폐기물 처리문제 등에 대한 쟁점이 감사의 주요 내용이었다. 이러한 불안감이 커지는 이유를 지역 주민들은 원전 측의 정보 비공개와 홍보 미흡으로 신뢰도가 낮다는 점, 여기에 한수원 직원의 일상생활과 대비되는 지역주민들의 상실감, 그린벨트로 인한 경제적 손실, 어업자원의 손실 등과 연결

---

16 이 사건으로 마을 사람 90여 명이 연행되고, 1명이 구속되었다.
17 大韓民國國會事務處,「1988年度 國政監査 動力資源委員會會議錄」(1988年10月20日, 韓國電力公社 古里原子力本部會議室)

시켰다.

이 사건을 계기로 언론매체는 고리원전의 운전 사고나 사람들의 피해사례들을 본격적으로 다루기 시작했다. 특히 1988년 창간한 『한겨레신문』이 단순 사고보다 원전 근무자나 마을 사람들의 피해사례 보도에 집중한 점은 주목할 필요가 있다. 이러한 핵발전소의 위험성이 언론을 통해 보도되자 핵 불안감에 대한 주민 의식이 증가하였다. 1989년 이후 언론에서 핵 위험성 취급 기사가 급증하는 것을 확인할 수 있다. 특히 1989년부터는 방사능에 의한 원전 근무자들의 피해사례가 확인된 것은 마을 사람들에게 원전이 건강과 관련해 결코 안전하지 못하다는 위기의식을 확산시켰다. 언론의 보도행태에 대해 원전관리자들의 불만이 컸던 것을 볼 때,[18] 언론보도가 주민들의 핵 위기를 확대시키는 데 일정한 역할을 했음을 간접적으로 확인할 수 있게 해 준다.

주민들이 핵 위험성을 경험하는 데는 직접적인 경험이 큰 역할을 하였다. 대표적인 위험요소로는 방사능 유출, 기형 수산물 발생, 암 사망자의 증가, 전자파의 위험성, 원전사고의 불안 등이다. 그런데 여기에 대응하는 한수원 측의 불투명한 정보공개는 주민들의 불안감을 증폭시켰다. 원전과 가까운 곳에 위치한 마을이어서 어느 마을과 비교해 더 많은 방사능과 전자파에 노출되어 있다는 사실, 그리고 "원자로에서 씨~ 하면서 연기만 나도 무서워요"하는 아주머니의 증언을 통해 마을 사람들의 스트레스를 확인할 수 있다.

무엇보다 마을 사람을 위협하는 사건은 암 발병이다. 1988년 마을

---

18 「원전 관련 보도 더욱 신중했으면」, 『한겨레신문』, 1990.6.13.

개발위원장을 했던 K씨에 의하면, 1990년대 초 마을 사람들의 사망원인을 분석해 본 결과 90% 이상이 암이었다고 한다. 1970년 무렵 이주한 80대 중반의 한 할머니는 매일 새벽 4시 30분에 일어나 열심히 운동하면서 건강했던 남편이 대장암으로 사망했다고 한다. 남편 암 발병 원인이 선천적인 요인이라기보다 환경 때문이라고 생각한다. 모든 발병의 원인은 깔때기처럼 고리원전으로 수렴되었다. 이 할머니는 마을 사람들이 "병원에 갔다 하면 그 병"이라 하면서 마을 사람을 공포로 몰아넣는 병을 '그'라는 지시대명사로 지칭해 버릴 정도로, 입에 담기조차 힘들어 한다.

실제로 갑상선 암은 원전과 가까울수록 발병률이 높다는 연구결과가 나왔다. 그렇지만 기장군에 거주하는 암 환자는 길천마을에만 존재하지 않는다. 길천마을 사람들은 원전과 고압선에서 가장 가까운 곳에 살아간다는 사실 때문에 심리적으로 더 불안해하고 있다. 그래서 정부나 한수원측이 발표하는 현지 주민의 건강과 한수원 방사능 배출과 관련성이 미미하다는 발표는 믿지 않는다.

이상과 같이 마을 사람이 매일매일 경험하는 불안감과 경제적 상실감은 지금 이곳에서 살아가고 있는 마을을 사람이 살 수 없는 곳, 떠나야 하는 곳으로 담론화 한다. 그래서 집단이주 이외에는 대안이 없고, 한수원이 제안하는 환경개선을 받아들일 수 없는 이유이다.

4. 저항과 타협의 공존

1) 다양한 주민구성과 이해관계

현재 길천마을 사람들의 기본적인 목표는 마을의 집단이주이다. 하지만, 집단이주 요구가 30여 년간 계속되어도 가능성이 명확하지 않는 상황에서 지역주민들은 현실적인 생활을 해결할 수 있는 대안도 동시에 구상해야 했다. 집단이주와 일상생활의 유지라는 두 가지 요소가 어떻게 결합되어 있는지 분석하였다. 여기서는 마을 사람들 상호간의 다양한 이해관계 차이가 실제로 마을의 동력으로 작동 가능할까에 초점을 맞추었다.

우선 구성원들 사이의 이해관계를 살펴볼 필요가 있다. 2013년 1월 31일 현재 889세대 1,765명이 생활하고 있는 길천마을에는 1970년 고리원전 공사 이전부터 생활하고 있는 토박이는 약 40% 정도로 예상된다.[19] 현재 인구구성의 60%는 원전공사와 관련해 이주해 왔다. 마을 사람들의 대량 유입은 고리와 신고리 원전 건설 시기에 집중되었다. 고리원전 공사 때는 이와 관련한 상업 활동을 목적으로 하는 사람들이 많았고, 다음으로 고리원전에 취업하면서 이 마을에 정착하기도 하였다. 이 무렵 이주해 정착한 주민들 가운데 인근 고리나 효암 출신자들은 마을 내 이장이나 반장 등을 하면서 기존 토착민들과 잘 융합된 모습을 보이고 있다. 하지만 그 외 지역에서 이주해 온 주민들은 약간의 차별적인 느낌을 받는다고 한다. 반면 토박이들은 이주민들이 자기 출신지

---

[19] 기장군, 앞의 글, 125쪽.

사람들끼리 어울리면서 전체 마을의 융합에 부정적인 영향을 끼친다고 생각한다.

1997년 신고리원전 건설이 결정된 이후 원전 건설경기를 노리고 많은 투자가 이루어졌다. 새로운 주민 유입은 상가 쪽에 집중되고, 기존 마을 내부에는 큰 변화를 보이지 않았다. 무엇보다 경관상으로 다세대 주택의 건설이 많았다. 신고리원전 건설인부들에게 임대할 목적으로 원룸이 많았으나 건설 경기가 사라져 지금도 입주자를 모집하는 광고가 건물 벽에 걸려있다. 기존 마을 사람들에게 이들 투자자들은 건설경기를 이용하겠다는 점도 있지만, 주민들의 집단이주에 편승해 철거보상을 받기 위한 노림수도 있었다. 마을 사람들 입장에서 신축건물들은 외부인들에게 이 마을의 생활환경이 양호한 것으로 오인 받는 근거가 되기도 한다고 생각한다. 그리고 한수원의 주민 철거를 결정할 때 고려해야 하는 철거비용 계산에도 영향을 끼치지 않을까 우려하고 있다.

그리고 2007년 마을 내에서 이주계획이 확정된 5 · 6 · 7반 주민들과 그 외 주민들 사이의 갈등도 존재한다. 이 지역은 한수원과 마을 경계에 위치한 저지대이다. 한수원 옹벽과 방파제 건설로 배수가 원활하지 못해 침수가 잦은 지역이었다. 한수원은 1998년 마을 사람과 합의 때 원전과 경계를 접하고 있는 이 마을의 이주보상을 약속했지만, 미루다가 2007년에 이행하였다.[20] 이 이주를 둘러싸고 마을 사람들 사이에 의견이 분분하였다. 마을 지도부는 개별 이주로 인해 보상을 제대로 받지 못하기 때문에 나머지 마을 사람과 끝까지 싸울 것을 요구했다.[21]

---

20 길천마을 5 · 6 · 7반 이주와 관련한 자료는 C씨 소장 「최인접지역관련자료」 참고.
21 K씨 증언.

하지만 이주예정자들은 독자적으로 행동하면서 주민들 사이의 갈등의 불씨가 되기도 하였다.

외부에서 유입된 주민 가운데 남의 건물을 빌려 영업을 하는 상인이나 남의 집을 빌려 세를 사는 사람들도 있다. 세입자와 단기거주자들 또한 이주와 관련해 보상받을 권리를 내세우는 것에 대해서 토착민과 미묘한 갈등이 존재한다. 상인들에게 현재 이주논의는 완전한 신뢰를 주지 못한다. 길천마을에서 상업 특히 음식점이나 주류업자들의 주요 고객은 한수원과 장안 산업단지 노동자들이다. 이들은 집단이주가 결정되면 영업보상을 받을 수 있게 되어 있지만, 현재 이주 논의가 관광객이나 외부 사람들의 왕래를 차단한다는 의미에서 집단이주 목소리를 높이는 주민들과 온도차이가 있다.

주민 구성을 직업별로 구분하면, 위에서 언급한 상업 이외에 농업과 어업이 현재 주요 생산기반이다. 물론 이 분야의 종사자들이 인구구성 면에서 그렇게 많지 않다. 농지는 앞서 공간 구성에서 설명한 것처럼 원전 건설 이전과 비교하면 많이 축소되었고, 어업 또한 현재 법적으로는 불법이다. 1991년 한수원이 인근 바다의 오염 피해를 차단하기 위해 마을의 어업권을 매입해 버렸기 때문이다. 그렇지만 어민들 가운데 미역 양식과 어선을 이용해 어업에 종사하는 사람들이 조금 남아있다. 마을 조직도에는 '어촌계'와 '농민대표'라고 해서 업종별 대표를 포함시키고 있다. 이들에게 집단이주의 강한 요구가 자신의 생산물들을 소비하는 도시민들에게 거부감을 주지 않을까에 대해 우려하고 있다.

이러한 인구구성과 직업구성의 다양함은 마을 현안 해결 방식에 중요한 변수가 되고 있다. 필자가 2015년 5월 처음으로 길천마을을 찾았을 때 마을 주민들의 시선은 다양하였다. 어쨌든 세상에 알려 집단이주를 실현하는데 도와달라고 호소하는 주민들이 있는가 하면, 다른 한편에서는 크게 소리를 내지 말아달라고 당부하기도 하였다. 실제 다양한 운동단체나 문화인들이 마을 주민들과 접촉을 시도하고 있었지만, 제대로 활동을 못하고 있다. 이 집회는 7월 말까지 계속되었으나 지역 언론에는 2015년 4월부터 5월 사이 간략히 소개하는데 머물렀다. 마을 사람들은 몇 달 동안 한수원을 상대로 한 집회를 제대로 보도하지 않는 언론에 분노하면서도, 집단이주를 요구하는 목소리가 높아질수록 마을의 가치가 훼손될 것을 우려하고 있다.[22] 그래서 외부에서 진행되는 원전관련 소송이나 마을을 돌아다니면서 여기저기 사진을 찍는 외지인들을 마냥 반갑게 맞아들이지 않는 분위기다.[23] 필자 또한 아주 조심스러운 접근을 하고 있다.

이러한 이유 때문에 길천마을 사람들은 한수원과의 투쟁에서 외부세력과 전혀 연대하고 있지 않다. 물론 시민단체와의 연대는 과거의 경험이 크게 작용한다. 1989년 핵폐기물 불법매립을 둘러싼 투쟁, 1994년 핵폐기장 건설 반대운동 이후 지역 주민은 환경운동 시민단체를 신뢰하지 않게 되었다.

---

22 필자가 마을 조사 중이었던 2015년 5월 28일 고리2호기 화재사건이 발생했을 때, 지역 공중파 기자가 마을을 방문해 이장과 인터뷰 시도가 쉽게 성사되지 않았다. 화재 사건으로 주민들이 아주 공포심을 느꼈음에도 불구하고 그 사실이 외부에 알려지는 것 또한 그다지 희망하지 않았기 때문이었다.
23 「"미역값 떨어진다" 아파도 말 못하는 고리원전 주민들」, 『미디어오늘』, 2015.3.29.

2) 한수원의 정책과 주민대응

마을 사람과 한수원의 관계는 항상 갈등으로만 계속되지 않았다. 마을 사람들의 일상생활과 관련해 한수원은 협상의 대상이기도 하였다. 마을 지도자와 한수원 간부 사이의 네트워크가 형성되어 있는 경우도 많았고, 마을 지도자 중에는 한수원에서 근무한 경험자들도 있었다. 이러한 관계는 마을 사람이나 한수원측에서도 서로의 현안을 해결하는데 필요하였다.

마을 사람들은 한수원을 상대로 한 투쟁에서 시민단체나 외부로부터 격리되면 될수록 한수원과 직접 해결 가능성과 필요성을 강조했다. 여기에 한수원 또한 수차례 지역주민들과 합의서를 통해 집단이주 요구를 거부하면서, 또 마을 사람들을 분열시키는 전략을 택하였다. 한수원과 지역주민들과의 구체적인 논의가 처음 시작된 것은 1990년이었다. 이때부터 한수원은 고리원전 주변지역 주민들과 협의는 길천, 효암, 월내, 임랑 및 울산 서생면 비학 주민 대표로 구성된 '대고리원전지역발전협의회'와 진행하였다.[24] 그러다가 1992년 신고리원전 건설과정에서 효암, 길천, 비학 사람들의 원전건설 동의와 집단이주가 필요해지고, 이후 길천이 집단이주에서 제외되는 과정에서 한수원과 길천간 「길천리 장기발전 기반을 구축하기 위한 기본합의서」(1998년 4월 28일)

---

[24] 이 협의회는 1990년 2월 17일, 고리원전 인근 2km 이내에 있는 길천, 효암, 월내, 임랑, 비학 주민대표로 구성되었다. 협의회는 발전소 주변지역 지원에 관한 법 등 제반 법규와 정부 관계부처, 한전본사, 고리원자력본부에서 제시하는 협력사항 및 기타 지원사업의 불합리한 점을 개선하고 진정이나 탄원, 보상 등 주민들의 요구를 관철시켜 지역주민들의 복지를 증진시키는데 목적이 있었다(이득연, 앞의 글, 174쪽).

가 처음으로 체결되었다.[25] 그리고 2004년 12월 28일 「길천마을−고리본부 간 마을발전 이행방안 합의서」에 좀 더 구체화되었다. 신고리원전 건설 동의를 계기로 시작된 길천마을과 한수원의 직접 접촉은 이후 2007년 고리1호기 수명연장 합의까지 계속되었다. 심지어 2011년 후쿠시마 사건이 있은 뒤, 안전성에 대한 위협 때문에 마을 사람들이 불안해하고 있을 때 마을 사람들의 집단행동을 자제하는 대신에 집단이주를 보장받았다는 소문도 있었다. 이를 두고, 환경운동 혹은 반핵운동 연구자는 마을 사람들이 핵발전소의 안전성에 대한 우려보다 경제적인 이해관계를 우선했기 때문에 이 저항은 찬핵이지 반핵운동으로 보지 않으려고 한다.[26]

원전 건설 동의, 고리1호기 수명연장 동의 등을 대가로 길천마을이 약속 받은 내용은 무엇일까. 대부분 마을주민 복지지원과 소득증대사업, 주거환경사업이었다. 소득증대사업의 대표적인 내용이 해수탕 건설이었다. 해수탕은 한수원이 부지와 시설을 건설해 무상으로 길천마을에 임대하고, 수익은 길천마을 새마을사업을 위하여 사용하도록 하였다.

이외에도 한수원은 다양하게 마을을 지원하였다. 원전정책의 입장에서 정부는 원전건설 반대여론에 대응하여 한수원과 원전주변 지역주민이 공존할 수 있도록 하기 위해 지역주민의 '원전수용성'에 많은 관심을 가진다. 이에 대한 연구 결과들은 원전 안전신뢰, 경제적 혜택, 정보공개, 지역협력체감 등을 현장에서 잘 실현하도록 강조하고 있다.[27]

---

25 기장군, 앞의 글, 136쪽.
26 이득연, 앞의 글, 196~204쪽.
27 황희진, 「원전에 대한 인식이 원전수용성에 미치는 영향 분석−원전주변 지역주민을 중심으로」, 서울대 석사논문, 2014.

이와 관련해 한수원 또한 지역에서 지역주민들과 협력하는 활동에 적극성을 띠고 있다. 대표적으로 각종 마을 행사에 대한 지원이다. 명절을 비롯한 각종 마을행사 때 후원이나 기념품을 제공하고 있다. 그리고 한수원 내 공사 때 구내식당을 이용하지 않고 외부 식당에서 식사를 제공할 것, 한수원 직원들이 1주일에 한 두 차례 마을 식당을 이용할 것 등을 마을과 한수원측이 협의해 실행하였다. 해수탕이나 스포츠센터는 마을 사람들에게 일정 금액을 할인하고 있다. 이렇듯 양자가 합의한 마을 지원사업은 마을 공동사업의 형태로 지원되었고, 주민 개인들에게는 그다지 경제적 혜택이 없다. 마을 주민 가운데는 조그마한 선물지원보다 경제적 지원을 기대하는 자들도 있다.

반면, 길천마을 내 고리원전에 맞닿아 있는 지역에 대한 매입은 1998년 합의되었음에도 불구하고 2007년 고리1호기 수명연장 합의사항에 포함시켜 진행할 정도로 부지매입이나 이주와 관련한 지원은 진행 속도가 아주 느렸다. 마을을 위한 공적인 지원은 늘어나고 있는데 반해 이주와 같은 개인지원은 여전히 진행 속도가 느리다.

이상과 같은 길천마을 사람과 한수원과의 관계를 어떻게 이해해야 할까. 마을 사람들은 한수원과 타협 혹은 저항하면서 집단이주라는 자신들의 목표를 달성하려 하였다. 특히 멀리는 신고리원전 건설 동의, 고리1호기 수명연장 동의, 2011년 후쿠시마 사건 이후 고리원전 위험성에 침묵하면서 얻어낸 집단이주 약속과 한수원의 반복되는 약속파기에 저항하고 있다. 2015년 3월 시작된 집회는 국가가 한 말에 대해 '이주약속' 이행을 촉구하는 것이었다. 길천마을 사람들이 우선시 하는 요구는 집단이주이다. 그동안의 경험에서 원자력이 얼마나 위험한가 하는 것을 드러내고 싶어 한다. 자신들만이라도 원전 피해를 더 보고 싶지 않다는 호소만으로도 원자력이 얼마나 위협적인 존재인가를 몸으로 보여주고 있다. 불가능해 보이는 집단이주에 대해 미동도 보이지 않는 한수원이나 정부를 상대로 수십 년 싸우고 있는 것만으로도 정부의 원전정책에 흠집을 내는 행위로 볼 수 있다.

5. 역량강화와 마을자치

길천마을 주민들이 반핵운동, 이주요구 등 마을 사람들의 궁극적인 목표는 아직 달성하지 못했으나 내부 역량 강화에 어느 정도 역할을 하였다. 대도시의 가장 변두리에 위치한 이 마을 주민들이 핵발전과 관련한 정보와 지식을 축적하는 과정, 특히 한수원에 근무한 경력자들의 증가는 원전의 위험성에 대한 인지와 이에 대응논리를 정리하는데 중요하였다. 그리고 한수원과의 관계가 진행되는 과정에서 마을 운영의 공공성을 확보하기 위한 마을 주민들의 활동도 강화되었다.

1) 마을 사람들의 역량강화

길천마을 주민들은 1988년 핵폐기물불법매립사건, 1990년 핵폐기물저장고 건설반대, 1994년 핵폐기장 유치반대, 2005년 고리1호기 수명연장반대 등 대규모 반핵운동 과정에서 주도적인 역할을 하였다. 앞에서 서술한 것처럼 이 마을 주민이 없으면 한수원과 정부를 상대로 한 기장군 / 장안읍의 반대투쟁은 불가능했다. 이 과정에서 필요한 핵관련 정보 지식의 축적, 한수원과 정부측과의 협상 등에서 마을 구성원들의 참여도 필요하였다.

마을에서 중요한 역할을 한 K씨는 원래 원전이 위치한 고리출신이다. 길천으로 이주 와서 정착하였다. 1970년대 초 당시 야당 거물급 국회의원의 비서관 생활을 한 경험도 있었다. 1976년 무렵 마을에 정착하여 정치활동도 하였다. K씨의 정치적 경험은 초창기 원전을 상대로 한 협상에서 중요한 역할을 하였다. 1980년대 중반, 기형미역사건의 해결은 대표적인 사례이다. 전문연구자들과의 접촉, 보상해결을 위한 정치적 노력이 문제해결을 가능하게 만들었다. 여기에는 전문연구자, 정치적 인맥, 한수원 내 인맥이 동원되었다. 마을 이주운동이 한창일 때에는 한수원과 접촉하기 위해서는 정확한 통계와 자료, 핵관련 지식이 필요하였다. 암 발병 환자를 조사하여 한수원과 협상 자료로 활용하였다. 하지만, 지식인들이나 전문가들의 협조를 받을 수 없는 상황에서 K씨의 활동은 제약을 받을 수밖에 없었다. K씨를 중심으로 한 마을주민들은 다양한 정보를 동원하여 한수원과 국가를 상대로 권리를 획득하기 위해 노력하였다. 특히 발전소주변지역 지원제도[28]의 수립 때 중요한 역할을 하였다.

---

28 「발전소주변지역 지원에 관한 법률」(법률 제4134호)는 1989년 6월 제정되어 법률 제
4901호(1995.1.5), 법률 제6284호(2001.2.24), 법률 제10499호(2012.1.1)로 개정되
었다. 이 법률이 정하는 기본지원사업은 소득증대사업, 공공 사회복지사업, 주민복지지원
사업, 기업유치지원사업, 전기요금보조사업, 육영사업 및 그 밖의 지원사업으로 구분되어
시행되고 있다(기장군, 앞의 글, 297쪽).

저가 스스로 법을 만들어라. 그래갖고 시작했죠. 그래서 인자 법을 만들어라 켤 때, 내가 일본 얘기를 했지. 일본은 되어가 있잖아. 일본은 법으로서 되어 있잖아 하니까 그것이 그 사람들에게는 심적인 부담을 느낀 것 같아. 아~모르는 줄 알았는데, 알고 얘기를 하니까 발뺌을 못하잖아요. 해가지고 얼마 안걸려서 바로 법을 만들더라고[29]

하지만 이 법은 몇 차례 개정되면서 마을 주민들의 원래 요구와는 달리 변질되었다. 자신들의 문제와 관련된 정보를 수집하고, 이를 협상 자료로 활용할 수 있었던 것은 K씨를 비롯한 마을 사람들의 국가와 한수원에 대응하는 능력의 향상과 관련 있다.

한편 길천마을에는 원전에 근무한 경력자가 많다. 원전건설 과정에서 직원으로 채용되기도 하고, 마을 주민들에 인센티브를 제공하기로 한 양자 간의 합의에 의해 취업되기도 하였다. 그러나 마을 전체적으로 보면 원전 근무자들이 그렇게 많은 숫자는 아니다. 최근에는 한수원 근무자보다 하청회사 혹은 임시직 계약직이 많아 고용상태는 불안전하다. 필자가 만난 원전 근무경력자는 원자력과 관련한 전문지식 분야에 근무한 사례는 드물고 남자들은 총무과 보안과에, 여성들은 청소원들이 대부분이었다. 이들의 원전 근무경험은 고용형태와 상관없이 원전 위험성을 인지하는 계기가 되었다. 원전에서 일어나는 각종 사고 소문들은 근무자들의 입을 통해 마을 사람들에게 전달되었다. C씨의 사례는 원전근무 경험과 마을 주민운동의 상관성을 이해하는데 좋은 사례가 된다.

---

29 K씨 증언.

C씨는 경북 경주 출신으로 1979년 원전에 취직하면서 이 마을로 이주해 왔다. 원전에서는 총무과에 근무했다. 그의 근무 경력은 원전과 마을과의 관계를 이해하는데 풍부한 지식을 제공했다. 원전 옹벽이 마을 인접 지역에 막대한 피해를 준다는 사실을 알고 마을 주민들을 선동한 혐의로 조기 퇴직을 당했다. 이 옹벽은 원전이 바닷물의 유입을 막기 위해 만든 시설이었다. 이 옹벽과 마을 앞 해안도로가 높게 건설되면서 마을을 저지대로 만들었다. 자연히 많은 비가 내리면 배수가 원활하지 못해 저지대의 침수피해가 잦았다. 옹벽 주변에는 마을의 5 · 6 · 7반이 위치하였다. C씨는 지방자치단체와 한수원에 건의하는 한편 마을 주민들과 함께 시위를 하여 2007년 이곳에 한정한 보상과 이주결정을 이끌어 내었다.[30]

마을 주민들은 그들보다 강력한 권력과 대결과정에서 자신들이 구축할 수 있는 다양한 방법으로 대응능력을 키워왔다. 이 마을에서 생활하는 사람들의 일상이 그들의 현실을 개선할 수 있는 무기였다.

2) 주민참여와 마을자치

그동안 수십 년간 길천마을 주민들의 이주요구는 현재 해결 가능성이 그다지 높지 않다. 하지만 마을 사람들은 포기하지 않고 계속해서

---

30 물론 길천마을 내 부분 이주는 마을 전체 이주대책과 한수원측과의 대응에서 불리하게 작용하기도 한다. 이 지역 이주민은 길천마을 인근 한빛아파트 근처에 이주공간을 마련하고 있다. 하지만 현재 이 지역 이주는 합의가 이루어지지 않아 부분적으로만 해결되었다고 볼 수 있다.

그들의 요구를 주장하고 있다. 마을 주민들이 포기하지 않는 것은 마을 공동의 문제를 해결하기 위한 의사결정과 문제해결방식에서 공공성이 확보되고 있다는 점도 중요한 요인이다.[31] 국가(원전)를 상대로 하는 싸움에서 집단이주라는 주민들의 목표를 완벽하게 달성할 수 없었지만, 그 과정에서 마을 구성원들이 마을운영에 참여하고 문제해결을 위해 노력하는 과정은 마을 주민에게 의미 있는 일이었다.

필자는 2015년 12월 19일 길천 마을회관에서 열린 마을 총회를 구경했다. 2015년 봄부터 진행된 마을 이주 집회결과 성사된 한수원, 지방자치단체, 길천마을 3자회의 결과를 마을 사람에게 공개하고, 동시에 새로운 마을 이장을 비롯한 임원진 선거가 있었다. 이장 후보로 3명이 출마하였고, 약 800세대 가운데 650여 세대가 투표에 참여하였다. 이렇게 높은 투표율은 인근 마을과 비교되는 부분이다. 왜 이렇게 길천 마을 사람들의 정치 참여도가 높은 것일까. 마을 사람들의 자기 욕심이 마을 정치로의 참여도를 높였다. 길천마을은 한수원과 관계에서 갈등을 경험하기도 하지만, 한편으로는 다양한 마을 주민들의 요구와 관련해 협상의 대상이기도 하였다. 이러한 갈등과 협상은 마을 주민들로 하여금 마을정치에 관심을 가지게 만들었다.

무엇보다 주민들의 관심사는 한수원측과 진행된 집단이주문제였다. 마을 사람들의 관심이 이 문제에 집중해 있었고, 또 선거를 통해 이 문제를 더 잘 해결할 수 있는 인물을 스스로 선택해야겠다는 의지의 표현이기도 하다.

---

31 권병욱·이준우, 「마을의 자치조직과 공공성—한나 아렌트의 이론을 중심으로」, 『사회과학연구』 25-1, 충남대 사회과학연구소, 2014, 153쪽.

많은 마을 자금과 집단이주 요구는 마을 사람들의 마을 정치에 대한 관심을 높였다. 높은 참여도는 과거 경험에서 지도부에 대한 불신도 적지않게 작용했던 것으로 보인다.

주민들도 심증은 있는데 물증이 없다. 아무 내용도 없으면서 도둑놈이다 하면서 갈등이 있고, 또 그 과정에 개인적으로 이해관계가 있는 사람 중 한수원과 뭘 하면 저 못 믿는다 하고…돌아서면 한수원 편이라 하지. 그래 딱 조심하지. 나는 그런 걸 동민들에게 주입시켜서 심증 가지고는 얘기하지 마라.[32]

이러한 분위기는 과거 마을 운영에서 경험한 사례들로 이야기 된다. 마을 사람들의 마을 지도부를 향한 불신, 감시와 경계는 마을을 분열시키기보다 중대 사안인 집단이주로 집중할 수 있게 만들어 주었다. 마을 이주가 얼마나 중요한 현안인가를 확인할 수 있는 부분이다.

길천마을은 어느 농촌마을과 비슷하게 마을회관을 중심으로 한 마을회가 잘 작동하고 있다. 마을 이장을 비롯해 개발위원장, 새마을지도자를 축으로 한 지도부 구성과 일상적인 중요 의사결정기구인 개발위원회의 상설 및 운영은 마을 운영을 투명하게 운영하기를 희망하는 마을 사람들 요구의 반영이다. 이러한 조직구성은 1960~70년대 한국 농촌근대화 과정에서 조직된 시스템이다. 최근 들어 거의 형식화되었지만, 이 마을에서는 과거의 조직 형태가 지금도 존속한다. 그것은 1980년대 말부

---

[32] K씨 증언.

터 시작된 원전과의 반핵투쟁과 집단이주라는 현실적인 문제 때문이었다. 지역주민-지방자치단체-국가(한수원)과의 관계에서 지역 대표자의 권위와 능력은 중요한 것이었다. 지역주민들의 분출하는 욕구는 마을 운영의 투명성을 요구하는 계기가 되었다. 이 마을에는 「길천리동칙」이 있다. 2000년 첫 시행되었다.

마을 운영에 마을 주민들의 참여가 얼마나 적극적인가는 앞서 언급한 투표율에서도 짐작 가능하지만, 이장 선출에서도 잘 드러난다. 길천 마을의 이장을 비롯한 임원들의 임기는 2년이다.[33] 역대 임원들은 대체로 2년을 지키고 있다. 필요시 2년 연임 가능하지만 이 마을의 경우 그러한 예는 거의 없었다. 이런 현상은 임원의 재임기간이 길면 발생할 수 있는 문제를 사전에 차단하려는 것으로 이해된다. 마을 운영에 주민들의 적극적인 참여를 반영하는 것이기도 하다.

이러한 감시는 동회 운영에서도 잘 나타난다. 2016년 2월 필자가 마을을 방문했을 때 동제를 논의하고 있었다. 특히 제물 준비에 있어 제주인 이장의 집에서 준비할 것인지, 아니면 마을 부녀회에서 준비할 것인지를 둘러싸고 의견을 조율하였다. 신임 이장은 동제 제물과 관련해 제주인 이장과 이전부터 준비해 오던 부녀회 사이의 마찰을 우려하고 있었다. 기존에는 불가피하게 부녀회에서 제물을 준비했으나, 원칙은 제주인 이장 집에서 준비해야 하는 것 아니냐는 생각이었다. 여기에 이 문제를 해결해야 하는 이장의 입장에서 부녀회와 이 문제를 어떻게 해

---

33 길천마을의 주요 임원은 이장, 개발위원장, 새마을지도자 세 명이 집행부를 구성하고, 그 외 노인회, 부녀회, 청년회, 어촌계, 농민대표, 반장, 감사가 있다. 그리고 마을의 중요한 사항을 결정하는 회의기구로는 개발위원회가 있다.

결해야 할 것인가를 두고 여러 임원진과 의견 교환 및 감사, 동네 원로 등과도 폭넓게 논의를 하고 있었다.

하지만 마을 주민들은 한번 선출한 마을회 임원들을 임기동안에는 절대적으로 신뢰한다. 마을이라 선배 후배 혹은 형 동생, 친인척 등 다양한 인간관계가 존재하고, 그 관계는 자칫 마을 운영에 개입할 여지를 만들어 놓는다. 마을 주민들이 지키는 원칙 가운데 하나이다. 집행부의 마을 운영과 관련해서는 개인적인 관계에 근거한 요구는 하지 않는다는 것이 불문율로 되어 있다.

이처럼 길천마을 주민들은 자신들의 문제를 국가나 지방자치단체에 의존하지 않고 스스로 해결하기 위해 생활정치를 실현하고 있다.[34] 정치적으로 약자일 수밖에 없는 이들이 할 수 있는 방법은 마을 내부의 문제를 아젠다로 한 자신들의 의사소통과 대응 논리의 개발, 이러한 경험의 의미는 마을 주민들의 저항에 하나의 힘이 되고 있다.

---

[34] 이상봉, 「대안적 공공공간과 민주적 공공성의 모색－지역적 공공성과 생활정치의 가능성을 중심으로」, 『대한정치학회보』 19-1, 대한정치학회, 2011, 18~19쪽.

참고문헌

길천리, 「길천리동칙」

_____, 「총회자료」, 2015.12.

C씨 소장 「최인접지역관련자료」

大韓民國國會事務處, 「1988年度 國政監査 動力資源委員會會議錄」, 韓國電力公社 古里原子力本部會
　　　議室, 1988.10.20.

기장군, 「길천리의 합리적인 이주 방안 도출을 위한 용역 최종결과보고서」, 2013.

「원전 관련 보도 더욱 신중했으면」, 『한겨레신문』, 1990.6.13.

「"미역값 떨어진다" 아파도 말 못하는 고리원전 주민들」, 『미디어오늘』, 2015.3.29.

권병욱·이준우, 「마을의 자치조직과 공공성－한나 아렌트의 이론을 중심으로」, 『사회과학연구』
　　　25-1, 충남대 사회과학연구소, 2014.

김동철, 「18세기후반－20세기전반 기장지역의 시장권」, 『지방사와 지방문화』13-1, 역사문화학
　　　회, 2010.

이득연, 『주민환경운동의 전개과정과 의미구성－반핵발전운동을 중심으로』, 연세대 박사논문,
　　　1992.

장안읍지편찬위원회, 『장안읍지』, 2008.

이상봉, 「대안적 공공공간과 민주적 공공성의 모색－지역적 공공성과 생활정치의 가능성을 중심
　　　으로」, 『대한정치학회보』 19-1, 대한정치학회, 2011.

정수희, 「핵산업과 지역주민운동－고리지역을 중심으로(1967~2008)」, 부산대 석사논문, 2011.

황희진, 「원전에 대한 인식이 원전수용성에 미치는 영향 분석－원전주변 지역주민을 중심으로」,
　　　서울대 석사논문, 2014.

http://news20.busan.com/controller/newsController.jsp?newsId=20150316000035(20
　　　16.1.10)

구술자료 일람

구술자	구술장소	면담일자
K씨	마을회관	2015.5.10.
	자택	2015.12.29.
	자택	2016.2.1.
S씨	마을회관	2015.5.10.
C씨	자택	2016.11.18.
L씨	자택	2017.1.6.

도시문화에 있어서의 심리학적 문제

저맥락 문화에 대한 적응과 저항

야마 히로시 [山 祐嗣]

1. 도시문화에 관한 진화심리학적 접근[1]

이 글에서는 심리학의 관점에서 도시문화를 다루고자 한다. 도시란 인류 진화의 역사 속에서 나타난 매우 새로운 문화적 산물이라 할 수 있다. 진화의 과정에서 인류의 뇌가 언제 현대인의 뇌처럼 되었는지에 대해서

---

[1] 이 글에서 도시 성립에 관한 진화적 시점을 다룬 부분은 새로 쓴 부분이다. 또 동양과 서양의 비교문화론 및 고맥락, 저맥락 구분에 대해서는 다음의 문헌을 참고로 하였다.
Yama H, "Thinking and reasoning across cultures", In Ball L. J, & Thompson, V. A. (eds.), *International handbook of thinking and reasoning*, Hove, UK—Psychology Press, in press. ; 山祐嗣, 「推論・コミュニケーションの文化差とコンテクスト」, 『心理学ワールド』 76, 2017, pp.9~12. ; Yama H, "If Easterners are illogical when reasoning, then what does it mean?", In Galbraith N, Lucas E, & Over D. E. (eds.), *The thinking mind —A Festschrift for Ken Manktelow*, Hove, UK, Psychology Press, 2016, pp.166~177. ; Yama H, "A perspective of cross—cultural psychological studies for global business", In Zakaria N, A-N, Abdul-Talib, and Osman N. (eds.), *Handbook of research on impacts of international business and political affairs on the global economy*, Hershey, PA, IGI Global, 2016, pp.185~206; 山祐嗣, 『日本人は論理的に考えることが本当に苦手なのか?』, 新曜社, 2015.

는, 약 16만 년 전 호모 사피엔스 이달투Homo sapiens idaltu[2]의 시기나 혹은
문화적 빅뱅Cultural Big Bang[3]이 일어났던 것으로 여겨지는 4~5만 년 전
등 설들이 분분하다. 그 어느 쪽이든 중요한 문제는 1000만년 단위의 야
생 환경 속에서 진화해 온 뇌가 현대의 문명사회에는 어떻게 적응하고
있는가라는 점이다. 현대란, 문자・컴퓨터・도시・경제시스템 등이 전
무했던 환경에서 적응해 왔을 터인 뇌가, 거의 아무것도 변화하지 않은
채 문명 속에 던져진 것과 같은 상황이라고 할 수 있을 것이다.

여기서는 특히 현대의 대표적 산물이라 할 수 있는 도시 문화에 초점
을 맞추어 인류가 과연 이러한 현대사회 속에 적응되어 있는 것인가 라
는 문제를 검토하겠다. 이 문제에 대해서는 이중 과정Dual-Process 혹은
이중 시스템Dual-System 이론(Evans & Over, 1996)이라는 입장에서 검토
하고자 한다. 그 이유는, 아래의 〈표 1〉(자세한 내용은 다음 절에서 설명)에
서 알 수 있듯이, 이 이론은 인지기구認知機構와 진화에 있어서 비교적
오래된 시스템과 새로운 시스템이라는 구분을 제창하고 있으며, 도시
문화 등의 현대문명에 대한 적응은 이러한 새로운 시스템에 의한 것이
라고 추정할 수 있기 때문이다. 오래된 시스템은 의식되지 않는 것과
같은 자동적이고 고정적인 처리를 담당하며, 새로운 시스템은 의식의
제어를 받는 유연한 처리를 낳는다. 오래된 시스템은 인류 이외의 다른
생물들도 공유하고 있지만 새로운 시스템은 대뇌 신피질에 의해 가능
해진 대규모 인지용량에 뒷받침되어, 고도의 언어를 사용하는 인류만

---

2   호모 사피엔스 이달투는 현세 인류인 호모 사피엔스 사피엔스의 직접적인 선조로, 사피엔
    스의 매우 초기 형태이다. 호모 사피엔스 사피엔스는 이달투 중 한 집단의 자손이다.
3   문화적 빅뱅은 3~5만 년 전에 일어난 아주 큰 문화적 변화이다. 면도칼과 같은 세석기,
    바늘이나 낚시 바늘 등의 골각기, 동굴화 등의 예술, 종교 등이 생겨났다.

이 가지고 있다고 추정되고 있다.

오래된 시스템과 새로운 시스템에는 단절이 있는 것만이 아니며, 현대 문명을 창출하여 그 안에서 살아가기 위한 고도의 언어나 사고가 '어떻게 가능해졌다는 것인가?'라는 문제는, 새로운 시스템이 오래된 시스템 안에서 '어떻게 진화했던 것인가?'라는 문제로 환원될 수 있을 지도 모르겠다. 다만 이는 너무 거대한 문제이므로 그 모두를 논의하여 해결책을 제시하는 것은 불가능하다. 이어지는 2절에서는 이 문제에 대해 간략하게 개관하고자 한다.

3절에서는, 홀(Hall, 1976)이 말한 고맥락high context과 저맥락low context이라는 구분을 통해 도시문화를 파악하고자 한다. 여기서 말하는 맥락이란 커뮤니케이션을 할 때 화자와 청자가 암묵적으로 공유하는 지식이다. 예를 들어 '지금 몇 시예요?'라는 질문에는 세계 어느 곳의 시간을 묻고 있는 지에 대한 정보가 생략되어 있지만, 이것이 일본 내에서 일어난 대화라면 '여기서 알고 싶은 것은 일본시간을 기준으로 한 시각이다'라는 맥락이 공유되어 생략 가능하다. 홀에 따르면, 의사소통이 이루어질 때 청자는 화자가 이야기하는 명시적인 메시지에 의미를 부여하기 위해 맥락을 이용하는데, 위의 예에서는 맥락에 따라 생략된 정보가 회복 가능하다. 또한 홀에 따르면 맥락의 이용도가 문화에 따라 높기도 하고 낮기도 하다. 서로 문화 배경을 모르는 사람들이 익명성을 가지고 모여드는 도시문화는 전형적인 저맥락 문화이다. 즉, 촌락공동체와 같은 환경에서는 사람들이 서로 그들의 가족부터 생애이력까지 모르는 것이 없으며 가치관까지 공유하기 때문에 고맥락 문화가 형성되어 있으나, 도시에서는 그렇지 못하다. 물론 도시 가운데는 비교적 이웃과의 관계가 밀접한 지역도 있지만 사람들 사이의 관계는 대부분 일을 중심으로 이루어져 있다. 이러한 경우에는 상대에 대한 문화적 배경 지식이 적은데다 문화적 가치관 등이 공유되어 있을 가능성이 상대적으로 낮다. 나아가 홀은 서양에서는 저맥락 문화가 동양에서는 고맥락 문화가 형성되어 있음을 주장한다.

20세기 초, 인간의 정신 형성에 영향을 미치는 것은 '본성인가 양육인가nature or nurture'를 두고 논쟁이 활발했다. 즉, 인간의 지능과 성격은 유전에 의해 결정된다고 보는 19세기 '본성'파와 문화적 영향이 크다고 보는 '양육'파들의 논쟁이다. 하지만 현대에는 유전이냐 문화냐 하는 이분법적 논의는 사라졌으며, 문화와 유전 혹은 진화의 상호작용적인 면이 주목되고 있다. 원래 문화란 유전이나 진화와 분리된 것이 아니라 적응을 위해서 창출된 것이다. 오히려 유전자의 표현 형태 가운데 하나로 간주할 수도 있으며, 모방 및 학습을 가능케 하는 신경회로에 의해 만들어졌다고도 할 수 있다. 진화의 입장에서 인간의 적응을 고찰하고자 하는 진화심리학에서는, 자신을 유지하기 위한 생존이나 자종의 유지인 번식을 위해, 주어진 환경에서 해결해야 할 뭔가의 적응상의 문제는 '적응 문제adaptive problem'라고 불리고 있다. 이를테면 기후 변화 등으로 식량이 줄어들었을 때 어떻게 살아남을 것인가? 혹은 위험한 포식동물이 나타났을 때 어떻게 대처할 것인가? 등은 대표적인 적응 문제인 것이다. 문화를 어떻게 정의할 것인가에 대해서는 다양한 논의가 있지만, 여기서는 문화를 집단에 의해 공유되는 습관 등과 같은 유사한 패턴의 행동과, 이를 뒷받침하는 도덕관 등의 가치관으로 정의하고자 한다. 또한, 습관을 제도화한 경제 시스템, 교육 시스템, 법 시스템, 행정 시스템 등도 모두 문화에 해당한다.

식량 획득은 가장 중요한 적응 문제 가운데 하나이다. 식량이 줄어들었을 때에는 다양한 대처를 생각할 수 있다. 예를 들면 개인 포획에서 공동 포획으로 바꾸는 전략을 선택할 수도 있다. 공동 포획을 하면 개인으로는 불가능한 대형 포유류 포획이 가능해지기 때문이다. 하지만 이로써 만사가 해결되는 것은 아니고, 이번에는 포획한 획득물 분배를 어떻게 할 지 규칙을 정해야 한다. 그리고 분배 규칙이 정해지면, 규칙을 위반한 자에게 어떤 벌을 내릴 지도 정해야 하며, 나아가 포획에서 부상당한 자를 누가 그 후 돌봐야 할지도 정하지 않으면 안 된다. 즉, 일단 새로운 문화가 형성되면, 그 문화는 이번에는 우리에게 문화가 규정하는 새로운 적응을 강제해 오는 것이다. 공동 포획을 하게 되면 개인 포획과는 다른 방법을 배우지 않으면 안 되며, 또한 분배 규칙의 위반자를 감시하게 되고, 분배 규칙이 불공평하다고 여겨질 때 그것을 어떻게 숨길 지를 고안할지도 모른다.

이처럼 적응 문제를 해결하기 위해 특정한 문화를 형성하면 이번에는 그 문화가 우리들에게 적응 문제를 다시 내미는 사이클로, 우리들의 지성이나 성격이 영향을 받는다. 도시문화도 이러한 방식으로 형성되어, 우리들에게 적응을 요구해 온다고 볼 수 있을 것이다. 우리들은 도시를 통해 편의성과 풍요를 손에 넣었지만, 반면에 이른바 도시 문제라는 다양하고 새로운 적응 문제에 직면해 있다.

그 중 하나가 도시에서의 저맥락 문화일 것이다. 인류가 진화해 온 환경에 있어서의 사회 집단은, 관계된 사람 수를 봐도 오늘날과 같이 많지 않았을 것이며, 기껏해야 씨족 혹은 부족 사람들로 구성되어 있었을 것이다. 그 외의 대부분은 적으로, 동일 씨족 혹은 부족들끼리는 고맥락 문화가 형성되어 있었을 것이다. 이러한 점은, 반세기 전 혹은 오늘날에서조차, 예를 들면 파푸아뉴기니나 아마존의 미개하다고 여겨지는 사람들의 생활 기록을 보면 분명해진다. 바꿔 말하면, 우리들의 인지기구認知機構는 한편으로 고맥락 문화 속에서 진화하며, 다른 한편으로 저맥락 문화를 만들어내어 왔다고 할 수 있을 것이다. 이어지는 4절에서는 이러한 저맥락 문화가 어떤 적응 문제를 우리에게 제시하고 있는가를 고찰하고자 한다. 그리고 마지막 절에서는 이러한 관점과 논의를 바탕으로, 로컬리티 또는 로컬리티 연구의 방향성에 대해 서술하고자 한다.

2. 도시의 기원을 이루는 두 가지 진화적 산물

앞서 서술한 바와 같이, 진화적으로 오래된 시스템과 새로운 시스템을 상정하는 '이중과정이론Dual-Process Theories'은, 진화적으로 새로운 시스템이 어떻게 도시문화를 형성하며, 거기서의 적응을 어떻게 가능하게 하는가에 대해 시사점을 제공해 줄 것으로 여겨진다.

이중과정이론은 1970~80년대에, 과학으로 대표되는 현대의 눈부신 문명을 만들어낸 인간이, 추론을 함에 있어서 바이어스bias[4]의 영향을 매우 받기 쉽다는 것이 무엇을 뜻하는 지를 설명하기 위해 제안되었다. 처음에는, 추론을 함에 있어 바이어스의 영향을 받기 쉬운 시스템과 분석

---

4 바이어스는 편향으로 번역되기도 하지만 문제의 본질과 관련 없는 특정으로부터 영향을 받는 것으로 정의된다.

〈표 1〉 이중과정과 이중 시스템에 의한 분류와 각각의 특징

타입 A의 과정(직관적)	타입 B의 과정(내성적)
정의적 특징	
워킹 메모리가 필요 없음 자율적	워킹 메모리를 필요로 함 인지적 비간섭화, 심적 시뮬레이션
전형적 관련 항목	
빠름 고용량 병행적 무의식적 바이어스가 있는 반응 문맥적 자동적 연상적 경험법칙적 의사결정 인지적 능력과는 독립	느림 용량에 한계 계열적 의식적 규범적 반응 추상적 제어적 규칙 기반적 귀결주의적 의사결정 인지적 능력과 상관
시스템 A (오래된 정신)	시스템 B (새로운 정신)
낡은 진화 동물의 인지와 유사 잠재적인 지식 기본적인 감정	새로운 진화 인류의 특징 현재적인 지식 복잡한 감정

주. Evans & Stanovich (2013)에서 번역하여 인용

적 사고와 규범적 해답을 가능케 하는 시스템을 가정함으로써 이러한 문제를 해결하고자 하였다. 나아가 이러한 이분법과 같은 분류가, 심리학에 있어서는, 기억 연구를 함에 있어 자동적 과정과 제어적 과정을 구별하는 이론(예를 들면 Shiffrin & Schneider, 1977)이나 사회 심리학에서 암묵적 습관과 명시적 습관을 구별하는 것 등과 결부되어, 심리학 전체를 아우르는 이론이 되었다. 나아가 발달연구도 바이어스의 영향을 받기 쉬운 과정에서 받기 어려운 분석적 과정으로의 발달이라는 관점에서 도입되게 되었다. 〈표 1〉에 나타난 바와 같이, 지금까지의 습관에서 전자를 '타입 A의 과정', 후자를 '타입 B의 과정'이라고 부르면, 각각의 심리적 과정

을 실현시키는 것이 '시스템 A' 타입과 '시스템 B' 타입이다. 다만, 이러한 호칭은 다소 애매하기 때문에 여기서는 진화적으로 오래된 시스템과 진화적으로 새로운 시스템이라는 구분을 사용하고자 한다.

이중과정이론에 진화적 적응이라는 시점이 도입되면서, 진화적으로 오래된 시스템에 대해서는 충분히 이론이 정교화 되었다. 오래된 시스템에 있어서의 처리가 가진 특징은 빠르고 병행적, 무의식적(잠재적), 맥락적, 자동적, 비제어적이며, 이는 인류 이외의 생물에게도 가능하다. 비교적 의식화하기가 어렵고, 자극에서 반응까지가 모듈module로서 캡슐화 되어 있다(Fodor, 1983). 여기서 모듈이란 특정 자극에만 반응하고(영역 특수적), 자극 입력에서 반응까지가 자동적이며, 의식에 따른 통제를 받지 않는다. 대표적인 것으로 후술하는 '마음의 이론theory of mind' 모듈이 있다(Premack & Woodruff, 1978). 여기서 '마음의 이론'이란 개체별로 각각 다른 '마음'을 가지고 있음을 인식함으로써 자기 자신이나 타자의 의도를 변별적으로 이해할 수 있는 능력으로 정의된다. 다른 개체의 행동이라는 영역에 대해 그 의도를 읽는 것이 자동적으로 환기되는 것이다. 더욱이, 오늘날에는 훨씬 일반적으로 '마인드 리딩mind reading'이라는 용어도 사용되고 있다.

진화적으로 오래된 시스템은 이러한 다양한 모듈이 모여 있지만, 각 모듈은 뭔가의 적응 과제를 해결할 수 있도록 특화된 채 진화되었다고 할 수 있다. 마음의 이론 모듈은, 동료들끼리 공동 작업을 할 때의 상호 의사소통을 가능하게 한다. 한편, 진화적으로 새로운 시스템이 가진 처리의 특징은, 인류의 대뇌 및 대뇌피질의 진화에 따른 인지용량의 증대가 가져다 준 유연함이다. 컴퓨터 용량이 늘어나면 복잡한 프로그램이

가능해지는 것처럼, 인류도 증대된 인지용량의 덕분으로 의식으로 제어할 수 있는 유연한 인지가 가능해졌다. 이러한 처리의 특징은 느리고 계열적·의식적이며, 규범적 반응이나 추상적 사고가 가능하다는 점이다. 또한, 모듈이 영역 특수적인 것과는 대조적으로, 진화적으로 새로운 시스템이 가진 처리는 영역 보편적이다. 그리고 진화적으로 오래된 시스템 모듈을 통괄 혹은 제어한다. 예를 들면, 모듈로부터의 자동적인 출력을 덮어쓰기 형식으로 수정하곤 한다. 따라서 진화적으로 새로운 시스템의 중요한 기능은 오래된 모듈로부터의 출력을 감시하고 그것이 새로운 시스템으로 들어와 최종 출력될 때까지를 내성內省하는 것이다. 하지만, 진화심리학자들은 이러한 범용적인 시스템에 대해서는 인정하지 않는다. 왜냐하면, 야생적 환경에서 진화하는 인지기구에서는 다양한 문제들을 모두 해결할 수 있는 범용적인 시스템이 현실적으로 불가능하기 때문이다. 한편, 이중과정론자는 진화에 의해 증대된 인지 용량, 즉 워킹 메모리 용량이 범용적인 시스템을 가능하게 하였다고 여기고 있다. 여기서 워킹 메모리란 의식적인 마음속의 작업을 수행하기 위한 시스템으로, 과제에 도전하거나 계획을 짤 때 사용된다.

도시문화를 포함한 현대 문명을 만들어 낸 것은 이 같은 진화적으로 새로운 시스템이다. 다만, 신기한 문제를 유연하게 해결하는 것을 가능케 한 새로운 시스템에 관해서는, 진화심리학으로부터 의문이 제기되고 있다. 즉, 진화에 있어서, 영역 보편적으로 과제 해결이 가능한 시스템을 만들어 내는 데에는 많은 비용이 소모되어 현실적으로 불가능하다는 지적이다. 하지만 뭔가의 선택적 압력selective pressure에 의해 인지 용량이 증대하며, 그에 따라 유연한 사고가 가능해 졌다고 상정하는 것은 불가능하지 않으며, 이 글도 이러한 입장을 취하고자 한다.

그렇지만 현대 문명 혹은 도시를 만들어낸 맹아는 진화적으로 오래된 시스템 안에 이미 존재하고 있다. 현대 문명은 이들의 탈 모듈화를 가능케 한 인지용량 증대의 산물이라고 볼 수 있는데, 여기서는 그러한 모듈을 두 가지 제시해 보고자 한다. 첫 번째 모듈은 앞서 소개한 마음의 이론 모듈이다. 이 모듈은 배후에 정신의 움직임이 있다고 여겨지는 타자의 행동이라는 영역에 민감하게 작동한다. 의사소통을 위해서는 상대방이 무엇을 원하는 지를 이해함과 동시에, 자신이 전하고자 하는 것을 상대방이 이해할 수 있도록 하는 것을 한층 더 이해하는 것이 필요한데, 마음의 이론은 이를 가능케 해 준다. 마음의 이론을 반영하는 인류의 가장 원초적인 반응은 협동주시協同注視일 것이다. 협동주시란 누군가가 갑자기 어떤 방향을 바라보면, 그것에 낚이듯이 거의 자동적으로 같은 방향을 보게 되는 현상이다. 즉, 어떤 사람이 갑자기 어딘가를 본다는 행동의 배경에는, "저 사람은 보고 있는 대상에 흥미를 가지고 있거나, 주의를 기울이고 있는 것이다"라는 정신의 움직임이 있다는 것이 순식간에 추론되어 협동주시가 가능해진다. 나아가 3세 정도가 되면, 마음의 이론에 의해 '틀린 믿음 과제false-belief task'의 해결이 가능해진다. 이는 자신은 알고 있지만 타자는 모른다(잘못된 믿음을 가지고 있다)는 것을 이해하는 것으로, 'A가 존재하지 않는다'는 것을 자신은 알고 있지만 X는 'A가 존재 하지 않는다'는 사실을 모른다는 점에 대한 이해가 필요해진다. 마음의 이론이 모듈적이라고 생각되는 이유 중 하나는, 자폐증 환자에게 마음의 이론 결여가 나타난다는 점이다(Baron-Cohen, Leslie & Frith, 1985). 모듈의 특징 중 하나는 처리 시 대뇌 전체가 아니라 뇌 일부만이 관련된다는 점인데, 자폐증 환자의 경우 뇌 특정 부위에 결함이 있다. 따라서 마음의 이론 기능을 담당하고 있는 것이 바로 그 부위라고 추정되고 있으며, 이는 모듈적이라고 할 수 있다.

마음의 이론은 사람들이 협동으로 무언가를 행하는 데에 중요하다. 상호 이해에 기반 한 의사소통을 촉진시켜 주기 때문이다. 또한 의사소통을 통해 편향되는 것을 피해야 한다. 마음의 이론은 타자를 신뢰할 수 있을지 여부의 판단에 크게 기여한다. 실로, 마음의 이론이 모듈적이라고 이야기하고는 있지만, 즉 인지용량의 크기로 특징지어지는 진화적으로 새로운 시스템과는 관계없다고 여겨지면서도, 실제로 기능할 때는 인지용량이 필요하다고 여겨지고 있다(Carlson, Moses & Claxton, 2001).

마음의 이론은 인간이 집단을 만들어 협동 활동을 행하는 것을 가능하게 했다. 또한 수렵채집 생활로부터 벗어난 도시라는 시스템, 혹은 도시라는 문화는 분업 등을 통해 더욱 생산성을 향상시켜 나가는 적응 과제의 해결을 위해 만들어졌다고 할 수 있다. 이러한 분업을 촉진하는 인지기구는 진화적으로 오래된 시스템에서 이미 그 기원을 찾을 수 있다. 그것은 사회적 계약 혹은 사회적 교환 모듈이라 불리는 것이다. 생물을 이기적 유전자[5]의 운반체(표현형)로 보는 시점에서는, 생물의 이타적 행동은 설명하기 어렵다. 음식물 등을 타자에게 나누어주는 이타적 행동은, 식료 부족에 항상 고뇌해왔던 야생 환경에서는, 생존이라는 점에서 위험하기 때문이다. 오늘날에는 적응이라는 점에서 순수한 이타적 행동은 있을 수 없으며, 타자에게 이익을 부여하면 반드시 보답을 받는 사회적 계

5　'이기적'이라는 용어에 도덕적인 의미는 포함되지 않으며, 단순히 유전자가 자기와 같은 것을 복제해 나가는 경향이 있음을 설명한 것이다.

약·교환으로 진화했다고 여겨지고 있다. 이것이 진화의 전략으로서 적응적이기 위해서는 속이는 자, 즉 증여를 받았는데도 불구하고 보답을 하지 않는 사람에 대해 민감해야 한다. 코스미디스(L. Cosmides, 1989)는 속이는 자를 알아내는 기능이 갖춰졌을 때 비로소 사회적 교환이 진화적으로 적응적이게 된다고 주장하여, 모듈로서 진화적으로 오래된 시스템에 편입되었다고 추정했다. 이러한 모듈은 사회적 교환과 같은 영역에서의 자극에 선택적으로 반응하며, 속이는 자나 불공평에 대한 민감성으로서 기능한다.

현대의 번영을 낳은 분업화는 사회적 교환에 의해 촉진된다. 일반적으로 사회적 교환이 적응적인 것은, 야생 환경에서는 식료 획득 등이 불안정한 상황이라서 이다. 즉, 식료 획득이 불확실한 상황에서는 자기가 얻을 수 없을 때 타자로부터 받고, 또한 반대의 상황에서는 줌으로써 쌍방의 생존확률이 상승한다. 또한, 교환이 시스템화 되면 자급자족을 벗어나 각자 혹은 각각의 집단이 특정 식료만을 생산 또는 획득하는 전업화를 가능하게 해 준다. 전업화가 되면 생산 효율이 증가한다. 인류 최초의 도시는 그러한 교환의 장場으로서, 나아가 교환을 전문적으로 행하는 사람들(예를 들면 상인)에 의해 남 메소포타미아에서 생겨났다고 여겨진다.

다만, 이러한 번영과 발전이 진화적으로 형성된 모듈에 의해 달성되었다고 보는 사람은 매우 적을 것이다. 진화적으로 새로운 시스템은 문명보다 훨씬 이전에 진화를 이루어냈다. 영역 보편적이며 범용적으로 문제를 해결하는 진화적으로 새로운 시스템의 용량이 어떤 선택적 압력에 의해 증대하게 되었는가에 대해서는 다양한 원인을 들 수 있다.

그 중에서, 마음의 이론은 이러한 증대를 가져온 중요한 원인 중 하나일 것이라고 여겨지고 있다. 사회적 포유류는 집단이 커질수록 포식동물과 적대하는 집단으로부터의 피해를 줄일 수 있으며, 또한 대규모 활동이 가능해진다. 하지만, 집단이 커졌을 때의 적응 과제는 집단 내에서 구성원들 간의 신뢰를 어떻게 유지할 것인가에 있다. 만약 일대일의 관계라면 상대방을 신뢰할 수 있을지 혹은 상대방이 자기를 신뢰하는지에 대한 판단만으로 충분하다. 하지만, 상대방이 2명인 경우에는 신뢰 판단을 위한 추론 량이 2배가 될 뿐만 아니라, 그 두 명 사이의 관계도 추론해야 한다. 즉, 집단 내 신뢰관계를 유지하기 위한 추론 량은 사람 수가 많아질수록 폭발적으로 늘어나게 된다. 던바(Dunba, 1996)는 영장류의 집단 크기와 뇌에서 신피질이 차지하는 비율이 비례함을 발견했다. 신피질은 새로운 시스템의 용량을 떠받치는 하드웨어이다. 영장류는 집단을 유지하는 적응 과제를 해결해 나가기 위해 뇌 용량이 증대되는 것이 매우 유리한데, 그러한 자연 선택에 의해 신피질의 비율이 증가했다고 할 수 있을 것이다. 더욱이 던바에 따르면 이 비율에 의해 계산하면 인간의 적성집단適性集團 사이즈는 150명이라고 한다. 인간관계가 유동적인 오늘날에는, 다른 영장류처럼 집단이 명확하지는 않지만, 특정한 시점에서 서로 잘 안다고 할 수 있는 사람의 수는 확실히 150명 전후 정도일지도 모르겠다. 다만, 이러한 수치의 근거에 대해 확실한 신뢰가 있는 것은 아니다.

　도시가 형성되기 직전의 단계로서 중요한 시기는 문화적 빅뱅이다. 미튼(Mithen, 1996)은 지능의 유동화라는 표현으로, 진화적으로 새로운 시스템이 각각 모듈을 연결시켜 문화 빅뱅 요인 중 하나가 되었음을 추정했는데, 이 시기는 세석기細石器 등의 테크놀로지, 골각기, 예술, 종교가 개화된 시기이다. 테크놀로지에 의한 인구증대는 약 1만 년 전 빙하기 끝 무렵과 함께 농업 혁명을 일으켜, 그 후 도시의 탄생으로 연결되었다.

3. 고맥락과 저맥락의 구분

도시라는 문화는 분업과 전문화를 가능케 하는 적응 과제를 해결해 주지만, 한 편으로는 사람들에게 그 도시 문화에 대한 적응을 요구한다. 일반적으로 도시 문제란 도시로 집중된 인구나 경제활동을 둘러싸고 일어나는 곤란·혼란의 현상으로 다루어진다. 하지만 여기서는 야생 환경에서 진화된 뇌가 어떻게 도시 환경에 적응 가능한가? 라는 관점에서 문제를 제기하고자 한다. 희박해진 인간관계 혹은 익명성을 이용함으로써 생기는 도시 특유의 범죄 등은 이러한 관점에서 검토가 가능하다.

진화라는 점에서 원초적인 의사소통은 매우 맥락에 의존하고 있음을 추정할 수 있다(예를 들면, Tomasello, 2008). 어떤 기호가 무엇을 가리키는지가 언어처럼 명확하지 않을 경우, 예를 들어 제스처나 손짓 같은 수단에서는 화자와 청자가 공유하는 풍부한 맥락 없이 의사소통이 불가능하다.

또한 언어 사용 후에도 수렵채집 부족 또는 씨족적인 생활 속에서의 의사소통은 현대에 비해 훨씬 맥락 의존적이었음은 의심의 여지가 없다. 비슷한 문화 배경에서 자라 같은 가치관을 가지고, 비슷한 문화적 지식을 가진 사람들 사이의 의사소통에서는 익숙한 관습에 의문을 품지 않으며, 당연한 것으로서의 의사소통이 행해진다.

하지만 도시는 그러한 고맥락 의사소통이 불가능하다. 오늘날에도 촌락공동체와 같은 환경에서는 사람들이 서로 그들의 가족부터 생애이력까지 모르는 것이 없고 가치관까지 공유하게 되어 고맥락 문화가 형성되어 있으나, 도시에서는 그렇지 못하다. 물론 도시 가운데는 비교적 이웃과의 관계가 밀접한 지역도 있지만 사람들 사이의 관계는 대부분이 일을 중심으로 이루어져 있다. 이러한 경우에는 상대의 문화적 배경에 대한 지식이 적은데다 문화적 가치관 등이 공유되어 있을 가능성이 상대적으로 낮다. 나아가 인구가 밀집되어 있어 익명적인 타자와의 조우가 곳곳에서 이루어진다.

그러한 도시 문화적 상황에서 의사소통을 하기 위해서는 저맥락적인 의사소통이 필요하다. 현대의 저맥락적 의사소통의 전형은 바로 이문화 의사소통이다. 구디쿤스트(Gudykunst, 1991)는 이문화 의사소통을 할 경우, 자신의 문화 내에서만 공유되는 상식이나 문맥을 사용할 수 없음을 지적하면서 이문화 의사소통에서는 가장 높은 수준의 저맥락적 의사소통이 필요하다는 점을 강조했다. 저맥락적 의사소통을 위해서는 청자 역시 자신과 비슷한 지식을 갖고 있으리라는 일반적으로 당연시되는 전제가 붕괴되므로 그것을 자세히 설명해야 한다. 이러한 의사소통은 진화적으로 새로운 시스템에 의해 가능하며, 다양한 배려가 필요하므로 인지 용량에의 부담이 크다.

홀(Hall, 1976)에 의하면, 동양은 서양과 비교하여 고맥락 문화로 추정되고 있다. 다만, 심리학적 실험과 같은 직접적인 증거가 많이 있는 것은 아니다. 또한, 어떤 나라가 저맥락 문화이고 어떤 나라가 고맥락 문화인가에 대해서는 여러 연구결과들이 완전히 일치하고 있는 것도 아니다. 실제 대화의 기록 등을 통해 맥락의 고저를 판단하기는 어려우며, 현실적으로는 언어의 구조적 측면이나 기존의 맥락을 분석하는 방법을 통해 추정된다. 예를 들면 뷔르츠(Würtz, 2006)는 웹사이트의 콘텐츠 분석을 통해, 한국어, 중국어, 일본어 콘텐츠는 독일, 미국, 북유럽의 그것에 비해 텍스트보다 시각에 의존하는 것이 많다는 결과를 도출하고 이로부터 동양의 고맥락 문화를 추정하고 있다. 즉, 시각 이미지는 맥락에 의해 정보를 파악해야 비로소 정확한 메시지가 되는데 한국, 중국, 일본에서는 고맥락인 까닭에 파악하기가 쉬운 것이다.

사실 서양과 동양의 구별에 대한 심리학적 실증 데이터는 많지 않다. 적극적으로 '맥락'이라는 용어를 사용하는 것은 아니지만 리프로프스카 등(Rychlowska, Miyamoto, Matsumoto, Hess, Gilboa-Schechtman, Kamble, Muluk, Masuda, & Niedenthal, 2015)은 32개국에서 수집한 감정표현에 관한 흥미로운 비교문화적 데이터를 발표했다. 그들이 주목한 것은 각 나라 문화의 역사적 이질성의 정도와 감정표현과의 관계로, 역사적 이질성이 높은 나라일수록 감정을 명확하게 표현하는 사회 규범이 생겨나기 쉬운 것으로 나타났다. 역사적 이질성이란, 그 나라에 역사적으로 이문화가 어느 정도 유입됐는지를 나타내는 척도로, 한국과 일본이 가장 낮으며 미국, 캐나다, 네덜란드 등이 높다. 문화적으로 이질적인 사람들과 의사소통을 하기 위해서는 애매한 감정표현으로는 의도가 전달되기 어렵기 때문에 감정을 명확하게 표현하게 되었다고 해석할 수 있다. 이들은 맥락의 고저라는 용어는 사용하지 않으나, 고맥락 문화에서는 애매한 감정표현이라도 문제되지 않는데 반해 저맥락 문화에서는 이를 명확하게 할 필요가 있다고 바꿔 말할 수 있다.

이러한 구분을 원용해서 야마(Yama, in press)는, 동양인이 서양인에 비해 변증법적으로 사고하기 쉽다는 문화 차이를 설명하고자 했다. 즉, 심리학적 실험에 따른 비교문화적 연구의 결과에 따르면, 동양인은 서양인보다 모순을 수용하기 쉬워 변증법적이라는 점이 나타나고 있다(예를 들면, Peng & Nisbett, 1999). 또한 장 등(Zhang, Galbraith, Yama, Wang & Manktelow, 2015)은, 동양인은 모순에 조우했을 때, 서양인과 비교해 반드시 변증법적이 되는 것은 아니지만, 변증법적이게 되는 것이 현명하다는 가치관을 가지는 경향이 강하다는 점을 밝혔다. 이러한 사고 스타일의 문화 차이는 서양의 개인주의 문화와 동양의 집단주의 문화라는 구분으로 설명되기도 하는데, 야마Yama에 따르면, 이는 서양의 저맥락문화와 동양의 고맥락문화라고 구분할 수도 있다. 즉, 동양인은 모순과 조우해도 암암리에 맥락에 따라 그 모순을 해결하는 습관이 있어서 모순에 대해 허용적이라는 설명이다. 또한 펭과 니스벳(Peng & Nisbett, 1999)의 연구는, '과도한 겸손은 반은 자랑Too humble is half proud'이라는 모순이 포함된 속담을 사용하여, 중국인이 미국인보다 이를 선호한다는 점을 나타냈다. 고맥락문화를 가진 중국인은 맥락에 따라, 예를 들면 과도하게 자기 겸손을 나타내는 사람은 그것을 청자가 부정해 주기를 기대하고 있기 때문에 반은 자랑이라고 단언하기 쉽다는 설명이 가능한 것이다.

4. 저맥락 문화에의 적응과 저항

이와 같이 생각하면, 동양인은 이중의 의미에서 도시문화에 적응하기 힘든 점을 경험하고 있는지도 모른다. 첫 번째 의미는, 이미 서술한 것처럼 인간의 의사소통은 고맥락 문화에 적응해 왔다고 하는 점이다. 인간은 진화적으로 새로운 시스템에 의해 문화 배경이 다른 사람들과의 저맥락적인 의사소통도 가능은 해지고 있다. 하지만, 도시는 촌락공동체와 비교해서 상대적으로 저맥락 문화여서, 진화적으로 익숙하지 않은 저맥락 의사소통이 요구되는 상황은 부적응감을 야기한다. 두 번째 의미는, 이 역시 앞서 말했듯이, 동양인은 서양인보다도 고맥락 문화일 가능성이 높다는 점이다.

도시가 거대화되어 온 역사 속에서, 인류에게 보편적인 가장 중요한 적응 과제 가운데 하나가 낯선 타자와 어떻게 의사소통을 해 갈 것인가일 것이다. 씨족 혹은 부족 사회에서는, 공동 작업을 행하는 상대는 대부분의 경우 서로 아는 사이이며, 고맥락 문화가 형성되어 있는 상황에서는 속거나 살해당할 위험이 낮다. 하지만, 씨족이나 부족 이외의 사람들이 모두 적인 환경(미개하다고 여겨지는 사회에서는 이러한 일이 많다)에서는 맥락을 공유하지 않는 사람들에게 자신이 적이 아니라는 사실이나 폭력 없이 거래를 하고 싶다는 사실을 어떻게 전달하면 좋을 것인가? 이러한 문제를 해결하기 위해 고안된 것이 상호 이해의 발전일 것이다. 특히, 모듈적인 마인드 리딩이, 진화적으로 새로운 시스템의 용량에 의해 유연하게 기능하게 되어, 상호이해가 촉진되고, 나아가 '낯선 사람은 적'이라는 기본설정이 다양한 사회제도에 의해 붕괴되어 가며, 무기를 지니지 않고도 도시 한 복판을 걸을 수 있게 되었다.

　제도는, '공유된 예상의 자기유지적인 시스템'이라 정의할 수 있다(Aoki, 2001). 사람들이 같은 신념을 지닐 뿐 아니라 그 신념을 타자와 공유하고 있음을 이해함으로써, 자신 내지는 타자의 행동에 대한 타자로부터의 반응 패턴을 예측할 수 있게 된다. 제도 또한 뭔가의 적응 과제를 해결하기 위한 문화로서 만들어졌으나, 씨족이나 부족 등의 소집단 내부에서의, 상호 감시와 개인의 평판을 공유하는 점에 의한, 사회적 계약에 대한 위반 검출 및 그것에 대한 공동 제재를 가능하게 하는 것으로부터 대규모 집단에서의 공적인 제도에 이르기까지 다양하게 존재한다. 그리고 대규모 집단에 적용되어 가는 과정에서 제도는 일반적으로 고맥락적인 것에서 저맥락적인 것으로 변화해 갔다.

　이리하여, 도시라는 익명성 높은 환경에서는, '낯선 사람이라도 적이 아니다'라는 신념을 공유할 뿐만 아니라 때로는 '모르는 사람이라도 돕는다'라는 사회지향성이 육성되며, 그 배경에는 마인드 리딩을 자신이 속한 집단 이외의 사람에게도 기능할 수 있게 하는 마음의 움직임과, 모르는 사람으로부터의 위해에 대한 불안을 해소해 줄 수 있는 충실한 제도가 있다. 진화적으로 새로운 시스템은 마인드 리딩 기능을 미지의 사람들에게도 적응할 수 있게 하며, 또한 제도의 충실이라는 점에서, 이런 저런 제도의 미비 등의 다양한 가능성을 고려 할 수 있게 되어 왔다. 이에 따라 우리들은 분업과 전문화의 최종 형태로서의 도시문화의 은혜를 받음과 동시에, 각 제도들 간의 모순이나 저맥락 문화에서의 의사소통 곤란이라는 문제를 다룰 수 있게 되었다고 할 수 있다.

　두 번째 의미로서, 고맥락문화를 형성하고 있다고 여겨지는 동양인의 문제에 대해 생각해 보자. 저맥락 문화와 고맥락 문화 중 어느 쪽이 뛰어난 지에 대한 논의는 거의 의미가 없지만, 적어도 고맥락 문화를 배경으로 자라난 사람들은 도시와 같은 저맥락 문화의 환경에서는 적응에 곤란을 느낄 수도 있다. 대표적인 저맥락 상황이라 할 수 있는 문화배경이 다른 사람들로 이루어진 집단에서는 암묵적인 이해가 통용되지 않으므로 명확하게 주장하거나 의뢰해야 할 필요가 있다. 앞서 언급한 리프로프스카(Rychlowska et al, 2015)의 연구결과에서도 역사적으로 문화적 배경이 다양한 나라들의 경우 명확한 감정표현을 취한다는 점이 나타나고 있는 것처럼, 맥락에 의지하지 않는 의사소통이 사용되고 있는 것이다. 하지만 대체로 고맥락 문화를 가진 사람들은 명확한 주장이나 의뢰를 하는 습관이 없다. 명확하게 하지 않아도 의도 등의 전달이 가능하기 때문이다.

실제로, 아시아 사람들은 감정과 요구를 직접적으로 전달하는 것에 서투른 듯하다. 김과 셔먼(Kim & Sherman, 2007)은 아시아인과 아시아계 미국인, 유럽계 미국인 등의 명시적 원조 의뢰와 묵시적 원조 의뢰에서의 스트레스 효과를 측정하여, 사회적 원조 의뢰 문화에 있어서의 차이를 발표했다. 아시아인과 아시아계 미국인은, 유럽계 미국인과 비교하여, 곤란할 때 직접적 혹은 명시적 원조를 구하는 것을 주저하며, 또한 의뢰할 때 스트레스를 느끼기 쉽다는 점을 발견했다. 그들은 맥락의 고저라는 개념을 사용하지는 않았지만, 이러한 문화 차이는 맥락의 고저 구분에 의해서도 설명이 가능하다. 즉, 고맥락 문화인 아시아계 사람들은 맥락을 이용한 간접적 및 암묵적 의뢰가 습관화 되어 있어서 직접적으로 원조를 의뢰할 때는 스트레스를 느끼기 쉬운 것이다. 일반적으로, 직접적인 의뢰보다 간접적인 의뢰가 정중하다고 여겨지는데, 그 이유는 직접적인 의뢰가 어뢰를 받은 자에게 훨씬 강제력을 안겨주기 때문이라고 한다. 저맥락 문화에서는 맥락을 이용하기 어려워 의뢰를 명시적으로 해야만 하며, 서양인은 이에 익숙하지만 동양인은 이에 익숙하지 않다. 따라서 '정중하지 않다'고 판단될 때 스트레스를 느끼는 것이 아닐까. 일본인은 '저기 죄송합니다만'이라고 말하면서 자신이 원하는 것을 상대방이 눈치 채 주기를 원하는 의뢰 방식을 선호하는데, 이러한 의사소통이 서양인에게는 통하지 않는 경우가 자주 있다.

그러나 현대의 도시 문화 보급에 의해, 최근 50년 사이에 아시아 각국에서도 가속적으로 저맥락 문화의 상황이 생겨났다. 고맥락 상황에 익숙해진 사람들에게 있어 문화적 배경을 알 수 없는 타자는 항상 위협이다. 일본에서 저맥락화가 가진 부정적인 영향으로 여겨지는 것 가운데 '히키코모리引きこもり'라고 불리는 현상이 있다. 히키코모리는, 일본 후생노동성에 의하면, 직장이나 학교에 가지 않으면서 가족 이외의 사람과의 교류를 거의 하지 않으며, 6개월 이상 계속해서 자택에 은둔해 있는 상태로 정의된다. 이는 현상 혹은 증상이라 할 수 있는데 그 원인은 다양하다. 정신질환이 원인인 경우가 있는가 하면, 명확한 정신질환이 없는 데도 불구하고 은둔하는 경우도 있다. 공통적으로 나타나는 것은 대인적인 불안이다. 처음에는 청년기 시절의 무관심apathy이나 등교 거부와 비슷하게 생각되었지만, 일본에서는 중·고년층으로 장기화되어 문제가 되고 있다. 국가별 차이도 크지만, 일반적으로 집에서 은둔해 있어도 경제적으로 큰 문제가 되지 않는 선진국에 많다. 하지만, 최초로 주목된 곳이 일본이라는 경위에서도 알 수 있듯이, 일본과 한국 등에 특히 많다. 히키코모리에 대한 엄밀한 통계

자료는 없으나 가토 등(Kato, Tateno, Shinfuku, Fujisawa, Teo, Sartorius, Akiyama, Ishida, Choi, Balhara, Matsumoto, Umene-Nakano, Fujimura, Wand, Chan, Chang, Shadloo, Ahmed, Lerthattasilp & Kanda, 2012)은 히키코모리 증상을 보이는 사람이 자신이 속한 커뮤니티에서 많은지 드문지에 대한 질문을 몇몇 국가에서 실시했다. 그 결과 일본, 한국, 대만 등에 많으며, 또한 도시지역이 농촌지역에 비해 많다는 점이 밝혀졌다. 이러한 자료는 고맥락문화로 여겨지는 국가의 저맥락 문화상황(도시지역)에서 히키코모리가 발생하기 쉬운 것으로 해석 가능하다. 즉, 고맥락 문화의 배경을 가진 사람들은 대표적인 저맥락 문화인 도시 생활에의 적응이 불충분하며, 낯선 타인은, 뭔가 문제가 생길 때 공포의 대상이 되어버리는 것이다.

5. 로컬리티 연구에 대한 제언

현대화는 산업화로 바꾸어 말할 수 있다. 이는 분업에 의한 전문화의 결과이며 도시문화는 분업을 추진하는 데에 있어서 효율적인 전략이다. 나아가 이러한 분업이 지구 규모로 커지면 글로벌화가 진행된다. 그리고 이러한 조류는 필연적으로 저맥락 문화화를 초래한다. 하지만 분업에 의한 번영을 일단 획득하고 나서는 효율적인 식량생산, 위생적 음료수, 고도화된 의료 등을 후퇴시켜 이전으로 돌아가는 것은 이제 불가능하다. 번영을 잃는 것은 단순히 사람들이 풍요롭게 살 수 없게 된다는 문제만이 아니라 지구온난화나 분쟁, 전염병의 창궐 등 지구상에서 일어나는 문제를 해결하기 위한 과학기술의 유지와 발전에도 지장을 준다. 이에 더하여,

모순적이지만, 도시문제를 해결하기 위해서는 도시라는 형태를 남겨둔 채 생산 및 유통의 효율을 유지함으로써 잉여 자원을 도시문제 연구에 사용하는 것이 현실적으로 가장 뛰어난 전략일 것이다.

실제로, 1만 년 전의 농업혁명 이래 세계는 대체로 점차 좋아지고 있다. 태고의 사람들은 분쟁 없이 평화롭게 살았을 것이라는 '고결한 야만인noble savage'[6]설은 이미 오래 전에 폐기되어, 사람들은 문명을 일으켜 발전시켜나감으로써 폭력과 살인을 줄여가고 있다. 그 큰 이유는, 복수의 부족을 합친 부족 연합, 부족 연합을 합친 지방 수장이라는 형태로, 분쟁이 끊이지 않았던 소집단을 대집단으로 합쳐 소집단 사이의 분쟁을 억제하는 질서, 다시 말하면 리바이어던이 형성되어 왔기 때문일 것이다.

또한 핑커(Pinker, 2011)는 살인과 폭력의 감소를 다양한 관점에서 논하고 있다. 특히 18세기 무렵 이후 유럽에서 전란이 줄어들고 고문이나 마녀사냥, 이교도 탄압 등이 감소한 배경에는, 왕권의 강화(경찰권력 강화)와 인도주의 혁명이 있었음을 추정하고 있다. 특히 칸트Immanuel Kant로 대표되는 인도주의는 자기성찰에 기초를 둔 변증법적 방법으로부터 이성을 이끌어내는 사고를 기반으로 하며, 여기에 이중과정이론의 용어를 적용하면 이는 진화적으로 새로운 시스템의 기능사용을 촉진하고 있다는 것이 된다. 살인과 폭력, 잔학성이라는 현상이 민주국가라는 제도 이전에 이미 나타나 있었다는 점은, 이것이 제도에 의한 것

---

6   문명비판과 자연찬미적인 관점에서, 미개인은 야만일 수 있지만 무기를 가지지 않은데다 공격적, 폭력적이지 않았을 것이라 추정되어, 고귀한 야만인으로 명명되었다. 하지만 오늘날에는 부정되고 있다.

이라기보다는 인간 정신의 변화에 의한 것임을 나타낸다고 할 수 있을 것이다. 다만, 이 시기에 인간의 진화적 새로운 시스템이 더욱 진화를 이루었다고 하기 보다는 그것이 인도주의에 사용되게 되었다고 생각해야 할 것이다. 특히 중요한 점은, 18세기에 서적 생산이 급상승했다는 점일 것이다. 이를 통해 소설이 사람들에게 보급되었다. 소설을 읽는 것은, 자기 자신과는 다른 타자가 어떻게 생각하고 어떻게 느끼는 지에 대한 상상을 환기한다. 바꾸어 말하면, '마음의 이론' 모듈을 자극하여, 마인드 리딩을 촉진시키는 것이다.

진화적으로 새로운 시스템에 무한의 가능성이 있다고까지는 말할 수 없지만, 우리들의 예상 이상으로 문명, 제도, 사상을 만들어 내고 있다. 1964년 미국에서 인종차별을 금하는 공민권법Civil Rights Act이 제정되었을 당시에도 그로부터 50년이 지나지 않아 아프리카계 대통령이 선출될 것이라고는 누구도 예상하지 못했다. 사상은 제도를 만들며 그 제도가 또 새로운 사상을 낳는다는 선순환의 결과일 것이다. 다만, 진화적으로 새로운 시스템 역시 만능은 아니다. 오늘날에는, 진화적으로 새로운 시스템이 오래된 시스템의 출력물을 덮어쓰거나 수정한다는 단순화된 이중과정이론은 여러 영역들에서 모두 지지되고 있는 것은 아니다. 예를 들면, 진화적으로 오래된 시스템 가운데 무서운 것은 피하려고 하는 '위기관리'모듈을 상정할 수 있다. 이 모듈에 의해 오래된 출력물로부터 다양한 대상에 대한 공포가 환기된다. 그 중에서는 독사나 떨어지면 죽을 수 있는 높은 곳과 같이 실제로 두려운 것도 있지만 그렇지 않은, 이를테면 미신 같은 것도 있다. 특히 미신 등의 경우 진화적으로 새로운 시스템은 비합리적이라고 판단하고 있지만 미신을 어겼을 때의 공포는 남는다. 예를 들어 불멸仏滅이나 대안大安 등 날짜에 따라 길흉을 구분하는 로쿠요六曜를 미신이나 비합리적이라고 생각하는 사람들이 대부분이지만 실제로 불멸인 날에 결혼식을 올리자고 하면 왠지 불안해서 피하는 사람이 많다. 요컨대, 진화적으로 새로운 시스템이 오래된 시스템의 공포를 지워버리는 것은 불가능한 것이다.

진화적으로 오래된 시스템으로부터의 출력물을 완전히 덮을 수 없다는 점은 진화적으로 새로운 시스템의 산물인 도시문화에서도 적용된다. 2절에서 언급한 던바Dunbar가 산출한 인간집단의 적정 인원 수 150명이 어디까지 신뢰할 수 있는지는 알 수 없지만, 도시 환경에서는 그 수를 넘어 사생활과 관계없는 인간관계를 유지할 수밖에 없다. 또한 채집 수렵 사회로부터 전통적인 촌락공동체 사회에 이르기까지 줄곧 지속되어 온, 자기 자신을 잘 알고 있는 사람들이 자기 주변에 당연한 듯 여러 명 있던 환경은 사라지고 있다. 이러한 상황에서 부딪히게 되는 문제가 주위 사람들과 어떻게, 어떤 관계를 구축해야 하는지에 대해서일 것이다. 극단적인 경우에는 히키코모리가 될 것이며, 또 서로 관계맺기에 대해 소극적이 되면 오늘날 일본에서 문제시되고 있는 무연사회無緣社会를 초래하게 된다. 무연사회란 2010년 NHK에서 다큐멘터리를 제작하면서 만든 조어로 지연·혈연 사회의 붕괴, 개인정보 보호법에 따른 사생활 보호의 엄격화 등의 요인으로 사람들, 특히 혼자 사는 사람이 고립되기 쉬운 상황을 나타낸 것이다.

도시의 로컬리티는 동서양을 불문하고 도시문화가 생기는 것과 같은 상황에서 필요한 것이 된다. 로컬리티 재생은, 수렵채집 사회로 되돌아갈 수 없는 것과 마찬가지로, 전통적인 촌락 공동체를 부활시켜야 한다는 뜻도 아니다. 1990년대 글로벌리즘에서 21세기에 로컬리티 연구로 전환되었을 때도 로컬 커뮤니티에 대해서는, 그 연구가 쇠퇴한 이후, 본격적으로 재고되지는 않고 있다. 하지만 로컬 커뮤니티 재건의 움직임은 세계적으로 활발하며 그 의의가 소멸한 것은 아니다. 이 문제를 적절하게 고찰하기 위해서는 로컬 커뮤니티를 단순히 원래 있었던 것이 아니라 사람들이 가진 로컬리티라는 감각의 실체화로 파악할 필요가 있다. 주목해야 할 것은 바로 로컬리티라고 간주하여, 바야흐로 글로벌 사회, 국가와 밀접하게 관계된 생활 속에서, 그것이 어떻게 위치지어지고 생산되고 있는지를 고찰하는 '로컬리티 연구'를 추구할 필요가 있을 것이다.

그것은 글로벌화와 로컬화의 동시 진행, 즉 글로컬glocal화의 조류(Luigi & Simona, 2010)와 정확히 함께 진행되고 있는 것이 아닐까? 특히 글로벌화라고 해도 그 기준은 세계의 다양한 문화로부터 추출되어 만들어졌다기보다는 대부분 구미의 기준이 채택되고 있다. 이는 전형적인 저맥락 문화상황인 다국적 기업에서도 마찬가지이다. 역시 여러 가지 규제가 구미를 기준으로 하며 공통 언어도 영어이다. 그러한 상황에서, 어느 쪽에도 익숙하지 않은 아시아인은 차별당하기 쉽다(Tran, 2016). 글로컬이라는 용어는, 예를 들면 맥도날드가 세계 규모로 확장되면서 일본에는 데리야키 버거, 한국에는 불고기 버거가 생겨난 것처럼, 로컬 브랜드를 의미하는 경우가 많다. 하지만 글로벌화 속에서 로컬리티란 어떻게 위치 지어져야 하는가 라는 문제는, 도시화라는 글로벌화 속에서의 로컬리티 문제와 매우 유사하며, 양쪽 다 단순한 전통 사회로의 복귀는 아니다.

참고문헌

Aoki M, *Toward a comparative institutional analysis*. New York, MIT Press, 2001. 青木昌彦 著, 瀧澤弘和, 谷口和弘 訳, 『比較制度分析に向けて』, NTT出版, 2003.

Baron-Cohen S, Leslie A. M, Frith U, "Does the autistic child have a "theory of mind"?", *Cognition,* Vol.21, 1985.

Carlson S. M, Moses L. J, Claxton L. J, "Individual differences in executive functioning and theory of mind—An investigation of inhibitory control and planning ability", Journal of Experimental Child Psychology, Vol.87, 2001.

Cosmides L, "The logic of social exchange—Has natural selection shaped how humans reason? Studies with the Wason selection task", *Cognition*, Vol.31, 1989.

Dunbar, R, *Grooming, gossip and the evolution of language*, Cambridge, MT, Harvard University Press, 1996. 松浦俊輔, 服部清美 訳, 『ことばの起源—猿の毛づくろい、人のゴシップ』, 青土社, 1998.

Evans J. St. B. T・Over D. E, *Rationality and reasoning*, Psychology Press, 1996. 山祐嗣(訳), 『合理性と推理』, ナカニシヤ出版, 2000.

Evans J. St. B. T・Stanovich K. E, "Dual-process theories of higher cognition—Advancing the debate", *Perspectives on Psychological Sciences,* Vol.8, 2013.

Fodor J. A, *The modularity of mind. Cambridg*e, MA, MIT Press, 1983. 伊藤笏康, 信原幸弘 訳, 『精神のモジュール形式—人工知能と心の哲学』, 産業図書, 1985.

Gudykunst W. B, *Bridging differences —Effective intergroup communication*. Newbury Park, CA, Sage Publications, 1991, ICC研究会(訳), 『異文化に橋を架ける—効果的なコミュニケーション』, 聖文社, 1993.

Hall E. T, *Beyond culture*. Garden City, NJ, Anchor Books/Doubleday, 1976. 岩田慶治, 谷泰 訳, 『文化を超えて』, 阪急コミュニケーションズ, 1993.

Kato T. A, TateNo.M, Shinfuku N, Fujisawa. D, Teo A. R, Sartorius N, Akiyama T, Ishida T, Choi T. Y, Balhara Y. P. S, Matsumoto R, Umene-NakaNo.W, Fujimura Y, Wand A, Chan J. P-C, Chang R. Y-F, Shadloo B, Ahmed H. U, Lerthattasilp T, Kanda S, "Does the 'hikikomori' syndrome of social withdrawal exist outside japan? A preliminary international investigation", *Social Psychiatry and Psychiatric Epidemiology,*

Vol.47, 2012.

Kim H. S, & Sherman D. K, ""Express yourself"—Culture and the effect of self-expression on choice", *Journal of Personality and Social Psychology*, Vol.92, 2007.

Luigi, D, & Simona, V, "The glocal strategy of global brands", *Studies in Business and Economics,* Vol.5, 2010.

Mithen S, *The prehistory of the mind —A search for the origins of art, religion and science*. London, Thames and Hudson, 1996. 松浦俊輔, 牧野美佐緒 訳, 『心の先史時代』, 青土社, 1998.

Peng K, & Nisbett R. E, "Culture, dialectics, and reasoning about contradiction", *American Psychologist*, Vol.54, 1999.

Pinker S, *The better angels of our nature —Why violence has declined,* New York, Viking, 2011. 幾島幸子, 塩原通緒 訳, 『暴力の人類史』, 青土社, 2015.

Premack D, & Woodruff G, "Does the chimpanzee have a theory of mind?", *Behavioral and Brain Science,* Vol.1, 1978.

Rychlowska M, Miyamoto Y, Matsumoto D, Hess U, Gilboa-Schechtman E, Kamble S. Muluk H, Masuda T, & Niedenthal P. M, "Heterogeneity of long-history migration explains cultural differences in reports of emotional expressivity and the functions of smiles", *Proceedings of National Academy of Sciences of the United States of America*, Vol.112, 2015.

Shiffrin R. M, & Schneider W, "Controlled and automatic human information processing— II. Perceptual learning, automatic attending, and a general theory. *Psychological Review*, Vol.84, 1977.

Stanovich K. E, "Distinguishing the reflective, algorithmic, and autonomous minds—Is it time for a tri-process theory?", In J. St. B. T. Evans & K. Frankish (eds.), *In two minds —Dual processes and beyond*, Oxford, Oxford University Press, 2009.

Tomasello M, *Origins of human communication*, Cambridge, MA, MIT Press, 2008. 松井智子, 岩田彩志 訳, 『コミュニケーションの起源を探る』, 勁草書房, 2013.

Tran B, "Communication (intercultural and multicultural) at play for cross cultural management within multinational corporations (MNCs)", In N.Zakaria, A-N, Abdul-Talib, & N. Osman (eds.), *Handbook of research on impacts of international business and political affairs on the global economy*, Hershey, PA, IGI Global, 2016.

Würtz E, "Intercultural communication on web site—A cross-cultural analysis of web sites from high-context cultures and low-context cultures", *Journal of Computer-Mediated Communication*, Vol.11, 2006.

Yama H, "A perspective of cross-cultural psychological studies for global business", In N.Zakaria, A-N, Abdul-Talib, & N. Osman (eds.), *Handbook of research on impacts of international business and political affairs on the global economy*, Hershey, PA, IGI Global, 2016.

_____, "Thinking and reasoning across cultures", In L. J. Ball & V. A. Thompson (eds.), *International handbook of thinking and reasoning.* Hove, UK, Psychology Press, in press.

Zhang B, Galbraith N, Yama H, Wang L, & Manktelow K. I, "Dialectical thinking—A cross-cultural study of Japanese, Chinese, and British students", *Journal of Cognitive Psychology,* Vol.27, 2015.

이탈리아 사회적 협동조합의 이론적·실천적 의미

공생의 지역사회 만들기의 관점에서*

이상봉

1. 도시문제와 협동조합

도시는 전통적인 촌락 공동체와는 달리 다수·다양한 사람들이 모여 사는 열린 공간이자 타자들의 공간이다. 따라서 현실의 도시공간은 공생의 공간이라기보다는 갈등과 투쟁의 공간으로 묘사하는 것이 더 적절할 것 같다. 특히 근대이후 자유경쟁과 사적이윤추구를 중심으로 하는 자본주의화가 심화되면서 도시는 빈곤, 실업, 범죄, 양극화, 차별 등 이른바 '도시문제'들로 들끓는 공간이 되었다. 여기서, 빈곤이나 양극화 등 공생을 저해하는 많은 도시문제들은 '사적이윤추구'와 '무한경쟁'을 중심으로 한 자본주의의 논리가 인간의 삶과 사회관계를 지배한 결과라

---

* 이 글은 『로컬리티 인문학』 제16호(2016.10)에 게재된 필자의 동일 제목의 논문을 수정·보완한 것이다.

고 볼 수 있다. 따라서 이러한 문제들을 근본적으로 해결하기 위해, 사적소유에 대비되는 '공유'와 승자독식의 무한경쟁에 대비되는 '협동'이라는 논리, 즉 반(비) 자본주의적인 대안에 근거한 삶의 재구성 가능성이 오래전부터 모색되어 왔다. 즉, 역사적으로 볼 때, 공상적 사회주의에서부터 최근의 사회적 경제에 이르기까지 자본주의가 낳은 모순에 대항하기 위한 다양한 시도들이 전개되어 왔다. 그 가운데 협동조합은 대표적인 대항 또는 대안의 논리이자 운동이다. 협동조합운동은 초기의 유토피아적 공동체 지향에서부터 공제협동조합, 생산자협동조합, 소비자협동조합 등 주체나 영역에 있어 다양한 형태로 전개되어 왔다. 또한 협동조합이 자본주의에 대한 대항 또는 대안의 논리이자 운동인 만큼, 현실 자본주의가 그 모습을 바꿔 감에 따라 그에 대응하는 형태로 운동의 지향점이나 운영원칙 등을 수정해 가며 지속·성장해 왔다.

글로벌화의 확산과 시장 원리의 강화는 현실의 자본주의가 드러내는 중요한 특성이다. 즉, 케인스주의 축적체제의 위기가 이윤율 저하로 이어져 재정위기를 초래하고 이로 인해 복지국가적 국가개입이 한계를 드러내면서 다시금 무한경쟁의 시장 원리에 근거한 자본의 논리가 글로벌한 규모로 그 지배력을 강화하고 있다. 흔히 신자유주의로 불리는 이러한 논리의 확산은 새로운 빈곤과 경제적 양극화의 심화로 이어졌지만 재정난에 봉착한 국가는 이를 해결할 여력이 없었다. 국가는 오히려 분권화·자율화라는 명분으로 당면 과제를 지방정부나 개인에게 떠넘기는 경향을 드러냈다. 협동조합의 새로운 형태인 '사회적 협동조합'은 이러한 상황을 배경으로 도시나 지역사회가 당면한 문제들을 협동조합의 방식으로 해결하고자 등장한 자생적 움직임이자 공생의 도시 만들기를 위한 구체적인 실천으로 평가할 수 있다.

사회적 협동조합이 가장 먼저 만들어지고, 그 이론적·법적 근거를 다지면서 실천적 경험을 쌓은 국가는 이탈리아이며, 그 중에서도 볼로냐에서 활동하는 카디아이CADIAI는 의미 있는 성과를 이끌어 낸 좋은 사례로 평가되고 있다. 이하에서는 이탈리아에서 사회적 협동조합이 등장하여 자리를 잡게 되는 과정을 정치적·이론적·법적 쟁점들을 중심으로 살펴보고, 그 의미를 평가하고자 하며, 이를 통해 사회적 협동조합이 시대적 화두인 공생의 지역사회 만들기를 위한 대안이 될 수 있는가에 대한 답을 구하고자 한다. 또한 구체적이고 현실적인 실천 사례인 카디아이에 대한 방문조사와 자료 분석을 통해 사회적 협동조합의 최근 동향이나 향후의 실천적 가능성 등에 대해서도 살펴보고자 한다.

2. 이탈리아 사회적 협동조합의 발생 배경

1) 이탈리아의 경험과 협동조합의 특성

이 글에서 다루는 사회적 협동조합, 즉 사회적 과제를 협동조합을 통해 해결하려는 시도가 왜 이탈리아에서 선구적으로 발전할 수 있었는가? 라는 질문에 답하기 위해서는 협동조합에 관한 이탈리아의 경험과 협동조합이 가진 사회운동으로서의 특성을 함께 고찰할 필요가 있다. 즉, 많은 국가들 가운데 왜 이탈리아였는가? 의 답은 이탈리아의 구체적 경험에서, 다양한 방식 가운데 왜 협동조합인가? 의 답은 협동조합이 가진 특성에서 찾을 수 있을 것으로 여겨지기 때문이다.

이탈리아는 협동조합에 관한 다양한 경험과 성과를 가진 선구적인 국가의 하나로 최근까지 협동조합은 성장세를 나타내며 활발한 활동을 전개하고 있다. 협동조합에 관한 2011년 센서스 조사의 결과에 따르면,[1] 협동조합에서 일하고 있는 전체 취업자의 수는 약 120만 명으로, 이는 10년 전에 비해 22.7% 증가한 수치이다. 특히 사회적 협동조합에서의 취업자 증가가 두드러져, 이는 10년 전에 비해 2.3배가량 증가한 약 36만 명을 나타내고 있다. 이탈리아에서 협동조합이 이처럼 꾸준하고 활발하게 성장할 수 있었던 것은 위로부터의 제도적·정책적 강요나 개입의 산물이 아니라, 오랜 기간 동안 부침을 거듭하면서 쌓아온 아래로부터의 이론적·실천적 경험의 산물이라는 점에 먼저 주목할 필요가 있다.

이탈리아 협동조합 운동의 기원은 1854년 토리노^Torino에서 설립된 소비자 협동조합이라고 할 수 있다. 이는 18세기 중·후반 경 유럽 전역에서 많이 등장한 공제조합 가운데 하나로, 당시 점차 사라져가던 길드 guild를 대신하는 연대조직이었다. 이밖에 유리 제조 협동조합을 비롯해 노동자가 자주적으로 조직한 생산자 협동조합도 도시지역을 기반으로 출현하였다. 1882년에는 상법 규정(제1권 9편 7장)을 통해 법적인 승인을 얻었으며, 1886년에는 전국규모의 조직화에 성공해 '협동조합전국연합'이 설립되었다. '협동조합전국연합'은 1893년에 '이탈리아협동조합전국연맹'으로 개편되는데, 협동조합운동이 노동운동과 관련이 깊은 만

---

1   Centrostudi Legacoop, "The First Census(2011) Figures for Cooperatives", *Brief Notes* No.11, July, 2013.

큼 당시 연맹 내부에서는 사회당이 주도적인 위치를 차지하고 있었다.[2] 그리고 이탈리아의 산업화가 본격적으로 진행된 자유주의 시기(1901년~1914년)에 이르면 각 지역별·업종별 연합체가 형성될 정도로 협동조합이 활성화되었다.

초기 협동조합의 이념은 주세페 마치니[G. Mazzini]의 영향을 받아 자유주의적 성향이 강했지만, 1880년대 이후 사회주의사상이 협동조합운동 속으로 침투하기 시작했다. 협동조합은 발생론적으로나 이론적으로 사회주의사상과 친화적이다. 협동조합의 발상은 자본주의적인 사적이윤축적에 수반하여 발생하는 제 모순들, 즉 빈곤과 격차 심화 등에서 비롯되는 것으로, 역사적으로 보면 자본에 대한 노동자의 해방운동이나 대안운동의 하나로 결성된 측면이 크기 때문이다. 하지만 1890년대 이후에는 가톨릭 세력도 협동조합을 비롯한 사회적 활동에 적극적으로 나서기 시작했다. 이후 이탈리아의 협동조합운동은 정치운동이나 사회운동과 밀접하게 관계를 맺으면서 전개되어 왔다. 따라서 협동조합운동에서도 사회주의계와 가톨릭계 그리고 자유주의계라는 분파가 형성되었다. 이탈리아 국기가 적, 백, 녹 3개의 색으로 이루어져 있는 것처럼, 협동조합도 적(사회·공산주의계), 백(가톨릭계), 녹(비가톨릭 자유주의계)의 3개 세력 모두에서 활발하게 전개되었다. 이들 각 세력들은 비록 이념적 지향은 달랐지만, 협동조합운동이 당면한 공통의 목표를 두고는 힘을 모으는 모습을 자주 보여주었다. 파시스트 정권하의 암흑기를 함께 겪은 후, 1947년 제정된 새로운 공화국의 헌법에 협동조합을 명문화하기 위해 공동의 노력

---

2 アルベルト・イアーネス, 佐藤紘毅 譯, 『イタリアの協同組合』, 東京, 綠風出版, 2014, 104面.

을 전개한 것이나, 1991년 성립한 사회적 협동조합법을 공동 발의한 것 등에서 이를 확인할 수 있다. 현재에는 이념을 둘러싼 대립은 상당히 완화되어 협력을 적극적으로 모색하고 있다.

다음으로 협동조합이 가진 특성에 대해 살펴보면, 협동조합은 현대자본주의가 중시하는 '경쟁'이나 '효율'과 대비되는 '연대'와 '협동'이라는 가치를 통해 자본주의의 폐해를 극복하고자 한다는 점에서 조직 원리나 운영 방식에서 중요한 특징을 나타낸다. 즉, 자율적·개방적 조직 원리와 1인 1표의 민주적·인간중심적 운영은 협동조합을 협동조합이게 하는 중요한 특성이다. 하지만, 협동조합을 다른 조직이나 운동과 구별되게 하는 무엇보다 중요한 특성은 협동조합이 가진 양면성에서 찾을수 있다. 여기서 협동조합의 양면성이란 경제적 차원의 '기업'임과 동시에 사회적 차원의 '결사'라는 2가지 성격을 말하며, 이는 국제협동조합연맹International Cooperative Association : ICA(1895년 창립)이 규정한 협동조합의 정의를 통해 쉽게 확인할 수 있다. 즉, 이 정의에 따르면, 협동조합은 "공동으로 소유하고 민주적으로 관리하는 기업enterprise을 통하여, 사람들의 공통목적을 달성하는 자율적인 결사association"이다.[3]

기업의 성격과 사회운동을 위한 결사의 성격이 공존하는 협동조합의 양면성은 시장에 대한 태도와 관련된다. 즉, 대부분의 협동조합주의자들은 그 이념적 지향의 차이에도 불구하고 시장의 존재와 기능을 부정하지 않는다. 나카가와中川雄一朗가 아마르티아 센Amartya Sen의 견해를

---

[3] 원문은, "A co-operative is an autonomous association of persons united voluntarily to meet their common economic, social, and cultural needs and aspirations through a jointly-owned and democratically-controlled enterprise"이다.

인용해가며 주장하고 있듯이, 협동조합도 경제·사회적 제도의 하나이기 때문에 기본적인 사회질서가 시장메커니즘에 의해 유지된다는 사실을 인정해야 한다는 것이다. 비록 현재의 시장은 자본에 의해 지배되고 있지만, 시장은 자본주의 이전에도 있었고 또 자본주의가 극복된 이후에도 존재할 것이기 때문이다. 다만 시장메커니즘이 가진 유효한 기능은 사회적 공정과 평등에 기반 한 참가의 기회를 통해 촉진되지 않으면 안 되며, 따라서 이를 보장하여 시장메커니즘을 삶의 질 향상으로 연결해 가는 것이 협동조합이 수행해야할 미션이라는 것이다.[4] 이러한 인식은 오언R. Owen이나 생시몽C. H. Saint-Simon 등 초기의 유토피아 사회주의에 기반 한 사회운동들이 반자본주의만이 아니라 반시장주의를 추구한 결과, 시장질서가 지배하는 현실 속에서 결국 오래 존속하지 못하고 좌절되었다는 경험과도 관계가 있다고 여겨진다. 이 같은, 협동조합주의자들의 시장메커니즘의 인정은, 한편으로 협동조합운동이 변혁적 사회운동으로서 한계를 가진다는 비판으로 이어지기도 하였지만, 다른 한편에서는 서로 이념을 달리하는 협동조합세력들이 현실의 상황을 바탕으로 서로 타협하고 함께 행동하는 계기가 되기도 한다.

이러한 양면성으로 인해 협동조합의 본질을 둘러싼 논의는 지속적으로 반복되고 있다. 협동조합은 기업과 결사 양자 사이에 놓인 외줄을 타다가 어느 한쪽으로 치우치면 바로 정체성의 위기에 직면한다. 즉, 협동조합은 효율·경쟁의 원리에 치우치면 영리기업이 되고, 사회운동의 논리에 치우치면 정치·사회단체가 되며, 멤버십 논리에 치우치면 유사노

4　中川雄一朗, "これからの協同組合に求められること", 中川雄一朗・杉本貴志編, 『協同組合を学ぶ』東京, 日本経済評論社, 2012, 195面.

동조합이나 사교클럽이 된다. 이처럼 양면성은 협동조합이 가진 장점인 동시에 단점이기도 하다. 또한 이러한 양면성으로 인해 연구자들 또한 협동조합의 본질을 사회운동조직으로서의 측면과 경제적 기업으로서의 측면으로 이원화하고, 이러한 이원론적 시각에서 협동조합을 바라보는 이분법적 함정에 빠지는 경우가 많다. 하지만 협동조합의 본질은 양면성 그 자체에서 찾아야 한다. 결사체로서의 조직운영(민주성)과 기업으로서의 사업경영(효율성)은 분리되어 따로 존재할 수 없다. 자칫 모순되기 쉬운 양자를 동시에 추구하는 것, 즉 인간적 측면을 기초로 하여 자본적 측면을 적절히 통제해 가는 것이 협동조합의 본질이기 때문이다. 역사적으로 한쪽 측면을 강조하여 다른 한쪽을 희생하는 선택에 의해 협동조합으로서의 본질과 정체성을 잃게 되는 상황을 적지 않게 경험해 왔다는 사실을 상기할 필요가 있다.

2) 사회 변화와 사회적 협동조합의 출현

논의를 사회적 협동조합으로 좁혀보자. 사회적 협동조합이란, 새로운 사회적 수요에 부응하고자, 즉 지역사회가 새롭게 당면하게 된 사회적 공통과제의 해결을 목적으로 만들어진 새로운 형태의 협동조합을 말한다. 협동조합의 종류는 다양하지만 그럼에도 오랜 시기를 거치면서 지속적으로 존속·발전할 수 있었던 것은 시행착오를 겪을 때마다 이를 교훈으로 삼으면서 시대의 변화에 부응하는 형태로 계속 변모해 왔기 때문이다. 즉, 협동조합이 자본주의의 모순에 대한 대안을 지향하는 만큼, 현실의 자본주의가 변하고 모순의 주된 발현 양상이 달라짐에 따라 협동조합 운동도 이에 대응하여 변화를 거듭해 왔다고 할 수 있다. 협동조합 연구에 관한 저명한 학자인 레이드로A. F. Laidlaw가 보고서 *Co-operatives in the Year 2000*에서 밝히고 있는 것처럼, 협동조합은 신뢰의 위기credibility crisis, 경영의 위기managerial crisis, 이념의 위기ideological crisis를 차례로 겪으면서 그 지향가치나 원칙 등을 수정 보완해 왔다.[5] 이러한 변화의 연장선상에서, 사회적 협동조합은 신자유주의적 자본주의로의 전환이 모색되던 1980년대의 사회적 상황에 대한 협동조합운동 나름의 대응 방식으로 출현했다고 할 수 있다.

실질적으로든 혹은 법률적으로든 사회적 협동조합이라는 새로운 협동조합이 최초로 탄생한 곳은 이탈리아이다. 즉, 사회적 협동조합은 1970년대에 발생한 이탈리아의 사회변화에 협동조합의 방식으로 대응하고자 등장한 것이다. 68혁명 이후의 1970년대는 이탈리아 사회가 급격하게 변화하는 시기였다. 즉, 케인스주의 복지정책이 한계를 드러내며 공적 서비스가 축소되는 가운데 고령인구의 증가, 정신질환자, 약물남용자, 장기실업자, 새로운 빈곤층 등 사회적 해결을 요하는 문제들은 더욱 확산되었다. 새로운 수요는 급증하는데 공적 서비스는 오히려 축소되어 그 불균형이 커지는 상황이 전개된 것이다.

'수요', 즉 사회적 필요라는 관점에서 사회적 협동조합의 등장을 설명하자면, 이는 급증하는 사회문제를 공적 서비스나 사적 기업이라는 기존의 주체들이 제대로 해결하지 못하기 때문에 새로운 방식의 하나

---

5 김동희역, 『서기 2000년의 협동조합―레이들로보고서』, 한국협동조합연구소, 2000, 1～2쪽.

로 모색되게 된 것이다. 대부분의 협동조합의 필요성은 일상의 '생활고'에서 비롯된다. 즉, 살기는 계속 힘든데 국가와 시장이라는 기존의 경제 주체들이 이를 제대로 해결하지 못하자, 이미 협동조합을 통한 문제해결에 축적된 경험을 가진 이탈리아 주민들은 새로운 형태의 협동조합을 만들어 이에 대응했던 것이다.

역으로 '공급'의 관점에서 살펴보면, 사회적 협동조합은 경쟁이 아닌 협동, 사유가 아닌 공유의 가치를 지향하는 사람들이 이를 통해 사회를 바꾸어가려는 변혁적인 시도, 즉 사회운동의 차원에서도 그 의미가 확인된다. 이탈리아에서 사회적 협동조합이 최초로 등장하게 된 구체적인 계기로도 여겨지는 이른바 '정신병원철폐운동'은 이러한 설명을 돕는 좋은 사례이다. 즉, 1960~1970년대에 이탈리아에서는 중요한 사회적 실험 하나가 진행되었다. 정신과 의사 프랑코 바자리아Franco Basaglia와 그의 동료들은 '자유야말로 치료다'라는 슬로건을 내걸고, 정신과 (단독)병원을 모두 폐쇄하고 거기서 풀려난 환자들을 지역사회가 대신해서 품어야 한다고 주장하며 사회운동을 전개했다. 정신병 환자는 정신병원에 격리하여 관리할 대상이 아니라 지역사회에서 함께 생활하며 자립할 수 있도록 해야 한다는 것이다. 그 결과 1978년 5월 13일 세계 최초로 '정신과 병원 폐쇄법(통칭 바자리아법)'이 공포되었다.[6] 이 법에 따라 많은 사람들이 정신과 병원을 나섰고 지역사회는 이들을 어떤 형태로든 품어야 했다. 따라서 이들을 품을 수 있는 협동조합들이 지역에서 하나 둘씩 등장하기 시작했다. 이처럼, 사회적 협동조합의 등장은 단순히 사회적 수요에 대

---

6   M. Tansella, "Community psychiatry without mental hospitals –the Italian experience –a review", *Journal of the Royal Society of Medicine* Vol.79, No.11 (1986), p.665.

응하는 차원에서만이 아니라 적극적으로 삶의 방식을 바꿔가려는 사회운동의 차원에서도 설명 가능하다.

사회적 협동조합이 출현하기 이전, 공적 서비스가 아닌 민간부분에서 빈곤 등의 사회문제에 대응하는 주된 방식은 자선단체나 재단 등이 자원봉사자를 활용해 사회적 부조 활동을 수행하는 것이었다. 즉, 새로운 빈곤이라는 사회적 수요에 대응하기 위해 이탈리아 도처에서 작은 민간조직들이 연이어 생겨났는데, 이들은 주로 자원봉사자나 기부자 등에 크게 의존하는 자선단체의 형태를 띠었다. 그러나 그 규모가 커지고 수가 점차 늘어감에 따라 자선단체나 재단 등의 형태로는 생산과 경제활동 등을 수행하는데 많은 제약이 따랐다. 이탈리아 민법은 자선단체나 재단 등 비영리조직NPO의 기업 활동을 인정하지 않았기 때문이다. 따라서 활동의 지속성과 안정성 그리고 경제성을 담보하기 위해서는 시장메커니즘 하에서 존속할 수 있는 방식, 즉 사회적 연대의 원리와 기업 경영의 원리를 양립시킬 수 있는 법인격이 필요했으며, 이에 부합하는 최적의 법적 주체는 협동조합이었다.[7]

실제로 협동조합은 재단 등과 비교해 훨씬 작은 자본으로도 설립이 가능하며, 자유로운 기업 활동이 가능하고, 자율적 참가와 민주적 관리를 특징으로 삼는다는 점 등에서 사회적 서비스를 수행하는데 적합한 존재로 인식되었다. 하지만 협동조합이 사회적 서비스를 수행하는데 분명한 한계도 존재했다. 협동조합은 법률에 의해 비조합원에게 이익을 제공하는 것이 금지되어 있는데다 자원봉사자와 같이 이익을 공유

---

7 アルベルト・イアーネス, 앞의 책, 143面.

하지 않고 일방적으로 베푸는 자를 조합원으로 둘 수 없었기 때문이다. 이러한 한계에도 불구하고, 1980년대 중반 이후, 사회적 서비스를 수행하기 위한 '사회연대협동조합', 실업자나 사회적 약자의 일자리 만들기를 위한 '통합협동조합' 등의 명칭으로 새로운 협동조합의 설립은 확산되었다. 하지만 당시 각 지방의 재판소는 이들 협동조합이 사회적 서비스를 수행할 수 있는 법적 주체라는 점을 인정하지 않았다. 그 이유는, 앞서 말한 대로, 이들 조직을 조합원의 공동이익을 추구하는, 즉 수혜 대상을 조합원에 한정하고 있는, 전통적인 상호부조 조직이라고 간주했기 때문이다. 이러한 괴리가 사회적 협동조합의 활동을 보장하는 사회적 협동조합법의 성립을 요구하게 되는 중요한 이유가 되었다.

3. 사회적 협동조합의 법제화를 둘러싼 문제들

1) 법제화의 추진 과정과 정치 · 이념적 논쟁

협동조합이 지향하는 이념과 가치는 기본적으로 좌파에 가깝다. 즉, 협동조합은 경쟁 대신에 협동과 호혜를 그리고 자본논리 대신에 인간성을 강조하며, 구체적으로 사회적 차별과 불평등에 대항하여 공정과 평등을 추구한다는 점 등에서 그러하다. 하지만 협동조합은 오랫동안 좌파운동의 중심 영역으로 인정받지 못했다. 그것은 주류 좌파들이 협동조합을 자본주의의 모순을 근본적으로 개혁하기보다는 이를 수정 · 보완하는 메커니즘에 불과하다고 인식했기 때문이다. 특히 시장의 기능과 의미를 부정하지 않고 이를 현실로서 인정하는 부분은 정통 마르크스주의의 이론 틀 내에서 수용되기 힘든 것이었다. 앞서 간단히 언급한 바 있지만, 이탈리아 협동조합 운동의 두드러진 특징 가운데 하나가 사상적 배경을 달리하는 협동조합 세력들이 서로 이념적 갈등을 드러내면서도, 사회·공산주의적 협동주의자를 포함한 그 어떤 세력도 협동조합을 반시장주의적인 것으로 인식하지는 않았다는 점이다. 협동조합의 본질인 양면성을 구성하는 요소이기도 한 이러한 특성으로 인해, 협동조합운동은 중요한 국면에서 좌·우파를 비롯한 다양한 세력들 사이에 타협과 공동행동을 이끌어낼 수 있었다고 여겨진다.

파시스트 집권기의 이탈리아 협동조합운동은 정파에 관계없이 전반적으로 시련을 겪던 시기였다. 파시스트 정권은 주로 적색 협동조합들을 탄압했지만 나머지 협동조합들도 이를 피할 수는 없었다. 1925년 의회가 해산되고 파시스트국가로의 전환이 본격화되면서, 그때까지 살아남은 협동조합 조직들은 1926년 설립된 '국립 파시스트 협동조합청'이라는 단일 대표기구로 통합되었다. 협동조합이 파시스트 정권의 관리 하에 들어간 것이다.

파시스트 정권이 무너진 이후, 협동조합운동 내부에서는 기왕에 만들어진 단일기구인 '국립 파시스트 협동조합청'의 이름과 성격을 바꾸어 민주적이며 비정치적인 단일의 조직체를 계속 유지하자는 시도가 있었지만, 그 힘은 내부의 이념적 차이를 극복할 정도에는 이르지 못했다. 결국 1945년 5월과 9월에 가톨릭계의 '이탈리아협동조합총연맹(1966년 이후 콘프쿠프)'과 사회·공산주의계의 '협동조합전국연합(1967년 이후 레가쿠프)'이라는 전국조직이 각각 결성되었다. 현재 이탈리아에는 이들 양자를 포함해 모두 5개의 협동조합 전국조직이 형성되어 있지만, 콘프쿠프 Confcoop와 레가쿠프Legacoop가 실질적으로 협동조합을 이끄는 양대 축이라고 할 수 있다.

이들 양자는 이념적으로 분열되어 있었지만, 1948년 새로운 공화국 헌법이 제정되는 과정에서 협동조합을 명문화하기 위한 공동의 노력을 펼쳤으며, 그 결과 헌법 제45조의 협동조합 에 관한 조항을 탄생시켰다.[8] 또한 1977년에는 레가쿠프, 콘프쿠프, 협동조합총연합Associazione Generale Cooperative Italiane : AGCI 3자 간의 합의하에 연합체인 '협동조합국민회의'를 조직한 바 있으며, 1981년에서 1991년까지 약 10년에 걸친 사회적 협동조합법의 입법과정에서도 서로 힘을 모았다. 최근 들어, 2011년에는 레가쿠프, 콘프쿠프, AGCI 3자는 정부 및 다른 단체 등에 한목소리로 대응하기 위한 협정을 맺어 '이탈리아협동조합동맹'을 출범시켰으며, 종국적으로는 이들 3대 전국조직의 통합을 지향한다는 목표를 제시한 바 있다.[9]

이처럼, 다양한 협동조합 세력들은 전체 협동조합의 발전을 위해 필요할 때마다 타협과 협력을 이끌어낼 수 있었지만, 사상적 기반이 다른 사회·공산주의 계와 가톨릭 계 양 세력은 협동조합운동에 대한 인식과 기대에 있어 여전히 큰 차이를 가지고 있다. 즉, 비록 현재는 상당히 완화되었다고는 하나, 전자는 협동조합을 민간이나 개인의 관점에서가 아니라 공적 또는 사회적 관점에서 보았으며, 일부는 중앙집권적 국가사회주의 경제의 달성을 목표로 두고, 협동조합을 그 하위의 조직으로 여기기도 하였다. 이에 비해 상호부조와 생활향상을 위한 운동에서 출발한 후자

---

8   스테파노 자마니·베라 자마니, 송성호 역, 『협동조합으로 기업하라』, 북돋음, 2013, 113~117쪽.
9   アルベルト・イア-ネス, 앞의 책, 190面.

는, 전문성을 갖춘 소규모 단위로 지역과의 유대를 강화하는 민간 활동을 중시하는 경향이 강하였다. 이러한 차이는, 정책 제언이나 법제화 등을 위해 현실 정치세력과의 연계를 도모할 경우에는, 사회·공산당이나 기독교민주당 등 기성 정당의 입장을 통해 반영된다. 즉, 사회·공산당이 협동조합을 사적기업보다 공적기업에 가까운 것으로 보아 특수한 법제도하에서 규제되어야 할 대상이라고 보는 반면, 기독교민주당은 협동조합의 특수성을 인정하면서도 이를 사적기업의 하나로 보아 기본적으로는 사법질서에 의해 다루어져야 한다고 본다.[10]

이탈리아 사회적 협동조합의 원조 격인 '사회적 연대 협동조합'이라는 형태는 변화하는 사회적 수요를 좇아 1970년대 후반에서 1980년대에 걸쳐 다양하게 등장하였다. 즉, 법제화가 이루어지기 이전, 사회적 협동조합을 위한 법안이 처음 제기된 1981년 당시에 이미 이러한 형태의 조직이 수백 개 설립되어 있었다. 흔히 최초의 사회적 협동조합으로 일컬어지는 협동조합운동이 1963년 브레스치아Brescia에서 가톨릭운동가인 주세페 필리피니Giuseppe Filippini의 주도로 시작된 것처럼, 사회적 협동조합의 법제화 과정에서 주도권을 발휘한 것은 가톨릭계 협동조합과 기독교민주당이었다. 특히 기독교민주당의 지노 마탈레리GiNo.Mattareli의원은 사회적 노동조합의 입법화에 크게 기여하였는데, 가톨릭계 협동조합은 이를 칭송하는 의미에서, 산하에 만들어진 사회적 협동조합의 연합체를 CGM으로 부른다. 이는 연합을 의미하는 CConsorzio 뒤에 그의 이름자 이니셜인 GM을 붙인 것이다.[11]

---

10 위의 책, 189面.
11 石見尚, 『都市に村をつくる』, 東京, 日本経済評論社, 2012, 97面.

당초 좌파계열 협동조합과 사회당은 법안에 회의적이었다. 즉, 좌파 측은 사회적 배제와의 싸움은 사회의 다양한 영역에서 전반적으로 진행되는 것이 바람직하며, 만약 사회적 협동조합이 이러한 일을 전담하는 형태로 법제화가 이루어지면 사회전체로서의 사회적 배제와의 싸움은 오히려 후퇴할지도 모른다는 우려를 갖고 있었다.[12] 큰 틀에서의 이러한 입장차이 이외에도, 구체적으로 무상노동을 원칙으로 하는 자원봉사자가 협동조합의 구성원으로서 일에 종사하게 되는 것이 과연 타당한가? 라는 의문도 제기하였다. 이처럼, 사회적 협동조합의 법제화 과정에 있어서, 초기에는 좌파 측을 중심으로 한 견제나 의구심 제기 등이 있었지만, 사회적 협동조합의 법제화가 협동조합 전체의 발전과 사회적 과제의 해결에 기여할 것이라는 점에서 대승적 타협을 이루어낼 수 있었다.

약 10년에 걸친 입법과정 중에 전개된 법의 내용을 둘러싼 치열한 논쟁과 함께, 사회적 연대를 목적으로 한 조직의 설립은 더욱 증가하여 1980년대 중반에는 이미 1,000개를 넘겼다. 또한 국가에 의한 법제화가 이루어지기 전에 몇 몇 주州에서는 주법에 의해 사회적 협동조합의 활동을 승인하는 경우도 나타났으며, 이에 근거하여 지방정부와 사회적 협동조합 사이에 업무를 매개로한 긴밀한 협력이 진행 되었다.[13] 즉, 트렌티노 알토 아디제TrentiNo.Alto Adige주나 사르디니아Sardinia주 등은 국가와 별도로 주정부 차원에서 주법州法으로 사회적 협동조합을 추진하였으며, 각 지역마다 지방정부와 사회적 협동조합 사이에 특색 있

---

12 田中夏子, "社会的排除との闘いと労働を通じた社会参加をめざすイタリア社会的協同組合",『ノーマライゼーション 障害者の福祉』2010年 10月 號, 4面.

13 石見尚, 앞의 책, 95面.

는 실천들이 나타났다. 이 과정에서 재판소 또한 판결을 통해 사회적 협동조합의 활동, 즉 법인격을 승인하기도 하였다.

2) 법적·이론적 쟁점과 법제화의 의미

사회적 협동조합은 이전의 협동조합들이 조합원 간의 상호부조의 원칙을 매개로 삼았던 것과 달리 사회적 연대를 매개로 성립한다는 점에서 당시로서는 획기적이고 창의적인 것이었다. 즉, 협동조합의 조합원은 공동 소유자이자 공동 경영자이며 또한 고객이라는 이른바 '삼위일체'의 전통적 원칙에 반하는 것이었다. 사회적 협동조합이 등장하면서 새롭게 내건 가치는 '공익共益'을 대신하는 '공익公益'의 추구이다. 여기서 사회적 가치로서의 공익公益을 추구하는 것 자체가 문제시 될 수는 없지만, 원래 공익共益을 위한 조직으로서 설립된 협동조합은 다양한 사적 기업 가운데 하나였다는 점에서 논쟁의 대상이 되었다. 즉, 사적 기업의 하나인 협동조합이 광범위한 공익公益을 담당하는 주체로서 과연 타당한가? 라는 문제가 제기되었다. 최초의 사회적 협동조합 창시자로 불리는 필리피니가 협동조합은 직접적이든 간접적이든 스스로를 위해서가 아니라 타자를 위해 협동하는 것이라는 논리를 내세워 협동조합의 공익公益성을 강조한 바와 같이, 공익公益의 추구는 그 가치 지향에 있어서는 협동조합과 부합하지만, 법적으로 조합원 간의 상호부조를 목적으로 설립된 결사Association인 협동조합이 그 활동의 주된 수익자를 결사 밖에 둘 경우 법적인 측면에서 그 설립목적에 위배된다는 문제가 발생한다.

이러한 문제는 어떻게든 해결하지 않으면 안 되었다. 해결책은 두 가지 방향에서 모색되었다. 즉, 하나는 상호부조라는 개념을 시대의 변화에 맞추어 확대·재해석하는 것이며, 다른 하나는 법률의 상위에 있는 헌법의 규정을 가져와 사회적 협동조합의 존재를 설명하는 것이었다. 우선 전자와 관련해 법학자 벨루코리Piero Verrucoli는 확대된 상호부조성의 개념을 새롭게 제시했다. 그에 따르면, "상호부조성이라는 협동조합의 전통적 규정은 객관적으로 보아 협애한 것으로 보이며, 이는 새로운 시대상황에 대응하는 '확대 상호부조성'이나 '외연 상호부조성'의 개념으로 대체되어야 한다."¹⁴ 즉, 상호부조라는 개념의 외연을 확대함으로써 그 의미를 조합원 간의 배타적 이익인 공익共益에서 지역사회의 공동 이익인 공익公益으로 확대·재해석 할 수 있다는 것이다. 후자는 협동조합을 명문화한 이탈리아 헌법 제45조에서 사회적 공익의 추구라는 새로운 목적을 끌어오려는 시도이다. 즉, 헌법 제45조는 "공화국은 상호부조의 성격을 가진, 사적 투기의 목적이 없는 협동조합의 사회적 기능을 승인한다. 헌법은 적합한 수단을 통해 협력을 증진하고 보호하며, 적절한 관리를 통해 협동조합의 특성과 목적을 보장한다"라고 규정하고 있는 바, 여기서 승인하고 있는 사회적 기능이란 공익公益의 추구와 다르지 않다고 보고, 이를 수행하는 장치로서 새로운 사회적 협동조합이 필요하다고 주장하는 것이다. 아직 법안이 성립되기 이전인 1989년 당시, 논쟁의 와중에 헌법재판소가 사회적 서비스를 행하는 시

---

14 アルベルト・イア-ネス, 앞의 책, 213面.

민운동을 법적으로 인정하는 판결을 내리게 된 논리 또한 이에 근거하고 있다.

이처럼, 10여년에 걸친 입법기간 동안, 법안의 공동제출자인 콘프쿠프와 레가쿠프 비롯한 다양한 협동조합운동 세력들은 크고 작은 쟁점들에 관해 치열한 논쟁을 벌이면서 법안의 내용을 수정하고 완성해 갔다. 특히 동 기간 동안 사회적 약자의 노동참가를 가능하게 하는 협동조합에 대한 수요와 기대가 높아졌고, 결국 법안의 성립 당시 이는 사회적 협동조합 B형으로 자리매김 되게 되었다.

입법화를 위한 노력의 결과, 1991년 '자원봉사자조직에 관한 법률(법률 제266호)'과 함께 협동조합의 특별한 법적 지위를 인정하는 '사회적 협동조합의 규정(법률 381호 / 1991)'이 성립하였다.[15] 그 내용에는, 10여년에 걸친 입법화 과정에서 쟁점이 되었던 사안들에 대한 최종적 합의가 고스란히 담겨 있다. 즉, 법안의 제1조에는 사회적 협동조합의 정의를 밝히고 있는 바, 여기에는 "사회적 협동조합은 (…중략…) 지역의 보편적 이익을 추구하는 것을 그 목적으로 한다"고 적고 있다. 이는 현대의 협동조합이 특정의 조합원만을 위한 이익집단이 되는 것을 경계하면서, 특히 사회적 협동조합은 조합원의 공익共益이 지역사회의 공익共益에 부합하는 데 그치지 않고 적극적으로 공익公益의 실현을 목표로 삼아야 한다는 점을 분명히 한 것이다. 동 법률은 이를 최초로 명문화했다는 점에서 그 의의를 찾을 수 있다. 또한 동 법률은 사회적 협동조합을 A형과 B형의 2가지 유형으로 나누어, A형은 "사회복지, 보건, 교육서비스의

---

15 동 법의 전문은 佐藤玄毅·伊藤由理子, 『イタリア社會協同組合B型をたずねて』東京, 同時代社, 2006, 101~105面 참조.

운영을 담당하는 협동조합", 즉 사회적 서비스 제공을 중심으로 한 협동조합으로, 그리고 B형은 "사회적으로 불이익을 입은 자의 취업을 목적으로 농업, 제조업, 상업 및 서비스업 등의 다양한 활동을 행하는 협동조합", 즉 직접적인 노동참가를 중심으로 한 협동조합으로 규정하고 있다. 입법화 과정에서 기대가 높아졌던 사회적 약자의 직접적인 노동참가를 가능하게 하는 협동조합을 B형으로 따로 규정함으로써 그 의미를 구분하고 실질적인 활동을 보장하려는 의도를 나타내고 있다.

그리고 제2조에서는 "자원봉사자 조합원을 둘 수 있으며, 자원봉사자의 노동제공은 전문직의 노동을 보완하는 한에서 이를 이용할 수 있다"라고 규정하여, 논란이 되던 자원봉사자의 조합원 자격 문제를 명확히 명문화하였다. 이 밖에 제8조에서는 동 법이 사업연합(컨소시엄)에 관해서도 적용됨을 규정하였다. 즉, 사업연합을 결성할 경우, 설립 시점에서 조합원의 70% 이상이 사회적 협동조합에 해당할 경우 그 결성이 가능하도록 하였으며, 제11조에서는 법인의 조합에의 참가를 규정하여, 공적 법인이나 민간 법인 또한 사회적 협동조합의 조합원이 될 수 있도록 했다. 이러한 규정은, 나중에 살펴볼 사회적 협동조합의 이론적 특성, 즉 다중이해관계자 모델이나 협동조합 지역사회 모델이 실천될 수 있는 법적 토대가 되었다.

법안의 성립이 미친 국내·외적인 영향은 매우 컸다. 우선 국내적으로, 입법화 도중에도 꾸준히 늘고 있던 이른바 '사회적 연대 협동조합'은 법안이 성립되던 1991년 당시 전국적으로 약 2,000개가 존재했지만, 입법화 5년 후인 1996년에는 3,867개로 2배가량 급속히 증가하였고, 그 후에도 2001년 5,515개, 2005년 7,363개, 2011년 11,264개로 꾸준히 증가하고 있다.[16] 이탈리아에서의 법제화와 그 이후의 설립 확산은 유럽의 다른 국가들에도 큰 영향을 미쳤다. 즉, 이탈리아의 사회적 협동조합은 유럽형 사회적 기업의 하나의 원형이 되어 다른 국가들에 확산되어갔다. 1998년에는 포르투갈이 '사회적 연대 협동조합'을, 1999년에는 그리스와 스페인이 각각 '유한책임 사회적 협동조합'과 '사회적 목적 협동조합'을, 그리고 2001년에는 프랑스가 '공익 사회적 협동조합' 제도를 도입했다.[17] 그리고 각국의 협동조합 관련법에서, 협동조합의 목적으로 사회적 목적이나 자선 목적을 명기한 경우도 늘어갔다. 세계 각국의 협동조합관련 법규의 동향을 분석한 호리코시堀越芳昭의 연구결과에 의하면, 전체 93 개국의 협동조합 관련법 가운데 사회적 목적을 명기한 경우는 71%(66개국)에 이르며, 이와는 별도로 지역사회community의 이익을 명기한 경우도 63.4%(59개국))에 이른다.[18] 이탈리아의 선구적 경험과 실천 이후, 사회적 또는 지역사회의 이익을 목적으로 하는 협동조합이 하나의 시대적 흐름을 형성하고 있음을 알 수 있다.

이탈리아의 사회적 협동조합 법제화 과정에서 또 하나 주목해야할 사실은 그것이 국제협동조합운동과 서로 영향을 주고받으면서 추진되었다는 점이다. 특히 1980년 국제협동조합연맹 모스크바대회에서 채택된 「레이드로 보고서」는 협동조합의 공익公益성과 관련한 이탈리아 국내의 논의를 촉구하고 진전시키는데 중요한 영향을 미쳤다. 협동조합의 이론적 연구에 크게 기여한 문서로서 연구자들 사이에서 자주 인용되고 있는

---

16 協同組合研究所, 『協同の發見』184號 (2007.11) 및 Centrostudi Legacoop (2013) 참조.
17 스테파노 자마니·베라 자마니, 앞의 책, 52쪽.
18 堀越芳昭, "世界各国における 共同組合法の最新動向1996~2013", 『經營情報學論集』第20號, 山梨学院大学, 2014, 103面.

동 보고서의 특징적인 주장은, 협동조합이 시대의 변화에 따른 위기, 즉 신뢰의 위기credibility crisis, 경영의 위기managerial crisis, 이념의 위기 ideological crisis에 대응하는 과정에서, 그 지향가치와 원칙을 수정해 가며 계속 변화·성장해 왔다는 점이다. 협동조합을 기업형태의 하나로 보아 자본주의 기업과 대조시켜가며 파악하고 있는 레이드로A. F. Laidlaw는, "협동조합은 사업경영을 수단으로 삼아 공통의 경제적, 사회적, 교육적 목적을 추구하는 사람들의 모임이다"라는 샤를 지드C. Gide의 정의를 인용하면서, 협동조합이 경제적 목적만이 아니라 사회적 목적을 지향해야 함을 강조하였다.[19] 나아가 동 보고서는 협동조합의 종류에 관해 언급하면서 "미래의 협동조합 운동은 현재 존재하지 않거나 구상조차 해 보지 못한 종류를 포함하여 다종다양한 협동조합에 의하여 구성될 것이다"라고 주장하여, 사회의 변화에 부응하는 새로운 형태의 협동조합 출현을 촉구하고 있다.[20]

이탈리아에서의 사회적 협동조합 법제화는 국제 협동조합운동에도 영향을 미쳤다. 이탈리아에서 동 법이 성립한 이후인 1995년, 맨체스터에서 열린 국제협동조합연맹ICA 100주년 기념대회에서는 협동조합의 아이덴티티와 원칙을 새롭게 규정한 바 있는데, 거기서 신자유주의적 자본주의에 대항하는 대안적 아이덴티티의 강조와 함께 기존의 원칙에 더해 '커뮤니티에의 관심Concern for Community'을 제7원칙으로 새롭게 추가했다.[21] 국제협동조합연맹은 '커뮤니티에의 관심'이란 협동조합이 다른

---

19 A. F. Laidlaw, "Co-operatives in the Year 2000", A paper prepared for the 27th ICA Congress, October, 1980.
20 Ibid, p.62.
21 ICA, *Statement on the Co-operative Identity*, 1995.

지역사회의 구성원들에 의해 승인되어진 다양한 정책들을 통해 지역사회의 지속적인 발전에 기여하는 것을 의미한다고 설명하고 있다. 이는 협동조합이 다른 비영리조직NPO이나 기업 등과의 연대를 통해 고용창출이나 경제적 자립 등의 당면과제 해결과 주민들의 삶의 질 향상에 공헌할 것을 촉구하는 것으로, 이탈리아 사회적 협동조합의 경험과 실천이 국제 협동조합운동의 원칙으로 수용된 것이라 할 수 있다.

이밖에 이탈리아의 법제화의 경험은, 법과 같은 제도적 정비와 실천적 활동의 관계에 관해서도 시사점을 제공하고 있다. 즉, 사회적 수요의 변화가 나타나는 1970년대부터 법제화가 이루어지는 1991년까지의 이탈리아의 상황 전개에서 확인할 수 있듯이, 협동조합은 법·제도가 잘 정비된 곳에서만 잘 발달하는 것이 아니다. 새로운 사회적 수요에 대한 인식과 협동조합의 가치에 대한 주민의 지지가 있을 경우 특별한 법적 규정이 없이도 새로운 형태의 협동조합은 충분히 설립·발전할 수 있다. 하지만 이러한 활동을 보장하는 법적 틀이 마련되면 이는 중요한 촉진제가 될 수 있음을 보여준다. 또한 국가 단위의 법제화가 이루어지기에 앞서 지방정부나 지역사회 단위에서 먼저 사회적 협동조합에 관한 승인이 이루어지고, 이를 바탕으로 지역 나름의 구체적인 실천이 행해졌다는 점은 높게 평가되어야 한다. 협동조합운동이란 결국 누군가의 기획이나 위로부터의 강요가 아니라 생활을 통한 인식과 실천을 통해 이루어지는 것임을 확인할 수 있기 때문이다.

4. 사회적 협동조합의 이론적 특성과 실천 사례

1) 사회적 협동조합의 이론적 특성

앞서 살펴보았듯이, 사회적 협동조합의 등장은 협동조합의 본질과 관련하여 중요한 변화를 이끌어내었다. 즉, 협동조합의 본질을 공익共益 추구에서 공익公益 지향으로 바꾼 것이다. 하지만 이 외에, 협동조합의 구성이나 운영에 관계된 이론적 측면에서도 사회적 협동조합의 경험은 중요한 의미를 가진다. 즉, 사회적 협동조합은 향후의 협동조합이 지향해야할 새로운 모델의 가능성을 제시했는데, 그것이 구성원이나 운영에 주목한 '다중 이해관계자' 모델과 스케일이나 지향성에 주목한 '협동조합 지역사회' 모델이다.

우선, 다중 이해관계자multi stakeholder에 의한 구성과 운영은 사회적 협동조합이 가진 기본적인 특성 가운데 하나이다. 이탈리아의 사회적 협동조합법은 조합원의 자격에 관한 별도의 조항을 두거나 다중 이해관계자에 의한 거버넌스를 강제하는 어떤 별도의 규정을 두고 있지는 않다. 다만 입법과정에서 논란이 되었던 자원봉사자의 참여문제나 운영을 위한 기금 또는 수익의 확보 등을 위해 기금제공자나 공·사적 법인의 조합원 가입을 허용하는 규정을 마련함으로써, 오랫동안 전통적으로 유지되던 소유자, 운영자, 이용자의 이른바 삼위일체 모델을 근본적으로 수정했다.

공통의 이익을 가진 조합원을 대신해 사업에 관계된 이해관계자라는 개념을 도입함으로써 협동조합의 구성과 운영은 획기적으로 달라졌다. 지역사회가 당면한 사회적 과제를 수행하는 사회적 협동조합의 경우 이해관계자의 폭이 매우 넓어 지역사회의 구성원 전반을 아우르기 때문이다. 이는 협동조합이 한정된 조합원의 공통이익을 위한 조직이 아니라 사회적 공익을 위한 조직으로 거듭나야한다는 이론적 흐름에도 부합한다. 개별 협동조합이 수행하는 사업이나 목적에 따라 다소의 차이는 있지만, 대체적으로 사회적 협동조합의 구성과 운영에 관여하는 이해관계자에는 조합원, 고용인, 이용자, 사업과 연계된 자치단체나 비영리단체, 연합조직, 지역주민 등이 해당되며, 이들은 각각 협동조합의 사업과 운동에 나름의 기대나 이해를 가진다.

다중이해관계자를 구성원으로 포함한다는 점은 조직의 다양성이나 민주적 운영의 관점에서도 중요한 의미를 지닌다. 이해관계자 간의 차이를 가시화하고, 의견의 다양성을 인정하며, 거듭되는 논의를 통해 의사결정에 이르고자 하는 것이 다중이해관계자 모델 협동조합의 특징이기 때문이다. 하지만 다중의 이해관계자가 참가하여 민주적인 의사결정과 운영을 해 나가는 것은 결코 쉽지 않다. 이를 위해서는 다양한 이해관계를 가진 사람들이 실천을 통해 경험을 공유하고 공감을 확대하는 것이 무엇보다 필요한데, 협동조합은 이를 위한 유용한 공공공간을 제공한다. 다중 이해관계자의 관여가 반드시 효율적이고 민주적인 결과로 이어지는 것은 아니지만, 지역사회의 공익公益을 두고 다중의 이해관계자가 참여하여 논의하고 실천하는 장場을 만드는 자체가 협동조합이 가진 고유의 원칙인 민주적 운영의 원칙을 더욱 발전시킨 형태라고 할 수 있다.

다음으로, 협동조합 지역사회cooperative community 모델과 관련하여,

이탈리아의 사회적 협동조합법은 제8조에서 법안의 내용이 협동조합 간의 사업연합의 경우에도 적용된다고 규정하였다는 점은 앞서 설명한 바가 있다. 이러한 규정은 지역사회 단위에서 활동하는 다양한 협동조합들이 서로 연합하여, 이른바 지역사회 레벨에서의 협동조합 연합이 출현할 가능성을 열었다는 점에서 의의가 크다.

협동조합 지역사회 모델이란 생활권인 지역사회를 단위로 하여, 다양한 영역에서 다수의 협동조합들이 설립되고, 이들 협동조합들의 파트너십에 의해 지역사회가 실질적으로 운영되는 형태를 유형화한 것으로, 협동조합의 사회적 역할과 지역사회에의 기여가 강조되는 시대적 상황과 맞물려 레이드로 등에 의해 제기된 새로운 개념이다.[22] 오언R. Owen이나 푸리에C. Fourier를 비롯한 초기의 협동조합주의자들이 꿈꿨던 협동조합은 협동조합 지역사회에 가깝다. 즉, 이들은 팔랑쥬phalanges와 같은 협동조합의 방식만으로 살아가는 공동체의 실현을 꿈꿨다. 하지만 이러한 실험은 거의 성공하지 못했으며, 그 실패의 경험 등으로 인해 오랫동안 지역공동체 단위의 협동조합은 유토피아에 불과할 뿐 현실에서는 실현가능성이 없다고 여겨졌다. 그런데 시대적·사회적 수요의 변화와 함께 달라진 형태로 그 가능성이 새롭게 제시된 것이 협동조합 지역사회라고 할 수 있다. 협동조합 지역사회 모델은 다양한 이해관계를 가진 주민들이 다양한 형태의 협동조합에 복수로 참가하여 생활의 상당부분을 협동조합을 통해 영위하는, 협동조합이 활성화 된 지역사회를 상정하고 있다. 이는 현대 협동조합이 지향해야할 목표이고, 사회적 협동조합은 이에 부합하

---

22 石見尚, 앞의 책, 3面.

는 대표적인 협동조합이라 할 수 있다.

이론적인 측면에서, 사회적 협동조합의 등장은 이른바 협동조합 섹터론과 관련이 깊고, 또 협동조합 섹터론은 협동조합 지역사회와 연결된다. 여기서 협동조합 섹터론이란 경제활동의 주체로서의 협동조합의 지위를 기존의 공기업(제1섹터)이나 사기업(제2섹터)과 견주는 하나의 독자적 섹터(제3섹터)로 파악하자는 것이다. 앞서 살펴본 바 있듯이, 이는 협동조합이 가진 이중성, 즉 기업임과 동시에 사회적 결사라는 특성에 주목한 주장이며, 앞으로 공공부문과 시장의 역할은 점점 감소하고 제3섹터인 협동조합이 그 빈자리를 메울 것이라는 전망에 근거하고 있다.

이와 관련하여, 섹터론의 대표적인 이론가인 레이드로는, 현실의 협동조합이론가들을 협동조합공화국학파, 수정자본주의학파, 사회주의학파 그리고 협동조합섹터학파의 4개 학파로 나눈 뒤 자신을 섹터학파라고 자칭한다.[23] 그는 협동조합을 거대한 경제적 지배력을 가진 정부와 대기업의 쌍방에 대항할 수 있는 제3의 힘의 중요한 구성요소라고 간주하며, 공기업, 사기업, 협동조합기업에는 각각 가장 적절히 대응할 수 있는 일정한 섹터가 존재한다고 주장한다. 예를 들면, 막대한 자본과 설비를 필요로 하는 중화학공업 등에서 고유의 지배적 지위를 점하는 것은 주식회사와 같은 사기업이며, 이에 비해 협동조합은 인간의 일상생활부문이나 생명생산부문 등에서 지배적 위치를 차지한다. 나아가 협동조합섹터는 공적섹터와 사적섹터의 중간the middle ground에 위치하지만, 기본적으로 자본주의의 수정이 아니라 대안이나 대항력an alternative and countervailing power

---

23 A. F. Laidlaw, *Co-operatives and the poor*, ICA Studies & Reports Series No.13, 1978.

을 지향하며, 사회주의처럼 시장경제를 부정하는 것도 아니라는 점을 들어 수정자본주의학파나 사회주의학파와 의견을 달리한다. 그리고 현실적으로 국가단위의 협동조합공화국의 건설은 불가능하지만 미시경제 레벨의 지역사회에서는 이의 실현이 가능하다고 주장한다. 특히 사회적 협동조합은 조합원들의 공익共益만이 아니라 사회적 공익公益에 기반 한다는 점에서 제3섹터로서의 역할에 부합한다고 본다.

협동조합과 지역사회와의 관계의 측면에서 살펴보면, 사회적 자본이 잘 형성된 지역사회는 협동조합이 성장·발전할 수 있는 중요한 토대가 된다. 하지만 역으로 공통의 이해나 필요를 가진 사람들의 자조적 협동체라는 협동조합의 가치는 분절·고립화 된 도시생활을 지역사회 공동체로 전환시키기 위한 촉매제가 될 수 있다. 즉, 지역사회의 사회적 자본(공동성)이 협동조합을 만들어 낼 수 있는 것과 마찬가지로 협동조합 또한 지역사회의 사회적 자본(공동성)을 만들어 낼 수 있다. 협동조합을 포함한 사회적 경제 활동의 주체는 다양하지만 그 뿌리는 모두 지역사회에 두고 있다. 주민의 필요와 지역사회의 공동과제에 대응하는 데서 사회적 경제가 시작하기 때문이다. 이러한 점에서 사회적 협동조합의 대부분은 생활권을 중심으로 한 작은 규모에서 활동하고 있으며, 그러기에 지역주민의 수요를 잘 파악하고 지역의 사회적 자본을 활용하거나 형성하는 능력이 상당하다고 할 수 있다. 또한 사회적 협동조합이 공적 자금에의 의존이 높다는 점이 종종 비판적으로 지적되기도 하지만, 이는 공공의 수요에 따른 공적 서비스를 그만큼 많이 공급했다는 것을 의미하기도 한다. 사회적 협동조합의 의의는 자본주의 의 모순에 대한 지역사회로부터의 대안이라는 점에서 찾을 수 있다.

2) 구체적인 실천 사례─볼로냐 카디아이의 경험

카디아이CADIAI는 이탈리아 에밀리아 로마냐주州의 주도인 볼로냐시에 소재하고 있는 사회적 협동조합이다. 협동조합의 수도로 불릴 정도로 협동조합이 발달한 볼로냐 시에는 많은 협동조합들이 있지만, 그 가운데 카디아이는 앞서 살펴본 사회적 협동조합의 특징과 의의에 부합하는 실천 활동으로 성과를 내고 있는 대표적인 사례로 여겨진다. 카디아이라는 명칭은 병약자, 고령자, 어린이의 거주 지원 협동조합을 의미하는 이태리어 Cooperative Assistenza Domiciliare Infermi Anziani Infanzia의 첫 음을 딴 것이다. 필자는 2015년 3월 카디아이를 직접 방문하여 최근의 활동에 관한 자료조사와 관계자(국제 · 기획 담당 Lara Furieri) 면담 등을 실시하였다.

우선, 카디아이가 속한 에밀리아 로마냐 주와 볼로냐 시의 협동조합에 관한 상황부터 살펴보자. 에밀리아 로마냐주의 인구는 약 400만 명이며, 이 가운데 반수 이상이 협동조합의 조합원일 정도로 협동조합이 활발한 지역이다. 이 지역은 기업으로서 뿐만 아니라 사회운동으로서의 협동조합 활동 또한 이탈리아에서 가장 두드러진 지역이라고 할 수 있다. 이글에서 다루는 사회적 협동조합과 관련하여, 에밀리아 로마냐 주는 국가단위에서의 법률이 성립되기 전인 1970년대부터 사회적 협동조합에 대해 전향적인 태도를 취했으며, 1991년 법률이 성립한 후에는 주州법 제7호(1994년)로 구체적인 시행규정, 즉 입찰 자격이나 평가기준 등을 선구적으로 만들어, 공적 서비스 분야에 사회적 협동조합의 입찰을 도입하였다. 그 내용은 입찰자격으로 서비스에 필요한 유자격자 수, 조합의 민주적 운영이나 노동협약서 등에 대한 심사를 포함시키고, 선정 평가에 있어서는 비용만이 아니라 비용과 서비스의 질을 50%씩 반영하는 방식 등이다.[24]

주도인 볼로냐시는 인구 약 38만 명의 유서 깊은 도시로 소득수준이나 사회적 자본이 상대적으로 잘 발달한 곳으로 평가되고 있다. 정치성향에 있어서는 좌파의 세력이 강해, 1999년부터 한때 중도우파 성향의 시장이 당선되기도 하였으나, 다른 지역에 비해 사회당이나 공산당에 대한 지지가 높은 지역이다. 2004년 시장으로 당선된(2004~2009) 중도좌파 성향의 세르지오 코페라티Sergio Cofferati가 무료 대중교통을 시험 운영하여 관심을 끈 바 있듯이, 사회복지정책에 있어서도 파격적인 시도가 이루어지는 진보적인 지역이라 할 수 있다. 전체 인구 가운데 1/3이상이 고령자에 해당할 정도로 고령화가 심화되어 있으며, 동유럽 등지에서 연간 1만 명 정도의 이민자가 유입되고 있어 이주민이 차지하는 비율도 높다. 따라서 기본적인 육아나 어린이 교육 문제 등과 함께 노인복지와 이주민 문제가 지역사회가 당면한 사회적 과제, 즉 주된 공적서비스의 대상으로 부각된 곳이다.

볼로냐는 협동조합경제가 잘 발달해 있어 전체 총생산의 절반 가까이를 협동조합이 차지하고 있으며, 이 글에서 다루고 있는 사회적 협동조합 또한 110여개 정도가 설립되어 활동하고 있다. 사회적 협동조합의 참여가 두드러진 고령자 대상 서비스의 경우, 일반적으로 ① 방문 돌봄 ② 일일 돌봄 ③ 시설 돌봄의 3가지 형태가 있는데, 그 가운데 방

---

24 菊地謙, "イタリア協同組合調査報告", 『協同の発見』No.161, 協同総合研究所, 2005.12, 6面.

문 돌봄과 일일 돌봄은 100% 사회적 협동조합이 위탁하여 공적 서비스를 담당할 정도로 시 당국과 사회적 협동조합 간의 연계가 잘 이루어지고 있으며, 이러한 연계를 바탕으로 사회적 협동조합에 의한 공적 서비스가 충실하게 잘 이루어져 주민들의 삶의 질 제고에 크게 기여하고 있다. 뿐만 아니라 사업적인 측면에서도, 사회적 협동조합을 경쟁력을 갖춘 안정적인 투자의 대상으로 여기는 분위기가 형성되어 투자가 늘고 있으며, 이는 사회적 협동조합의 재정적 안정에 기여하고 있다.

이러한 지역사회의 분위기 속에서 카디아이가 활동하고 있다. 카디아이는 이탈리아에서 사회적 협동조합법이 성립하기 훨씬 전인 1974년에 가사노동이나 병원의 간병인 등으로 일하고 있던 27명의 노동자들(그 가운데 24명이 여성)이 만든 협동조합에서 출발했다. 당시 여성들이 주로 종사하던 가사나 간병노동은 직업으로서의 지위와 고용상태가 상당히 불안정하였다. 따라서 이러한 노동에 대한 사회적 인정과 고용 안정을 위해 협동조합을 만들어 활동을 시작했다. 이러한 점에서 카디아이는 일종의 노동협동조합이었다고 할 수 있다. 하지만 이들은 고용안정을 위한 활동에 그치지 않고 여성운동이나 사회운동으로서의 측면을 강조하였다. 이러한 점은 조합의 설립취지를 통해 확인할 수 있다. 즉, 조합의 설립 취지에서는, 사회의 보건교육에 관계하여, 지역민들의 생활의 질 향상에 공헌할 것을 제1의 설립목적으로 삼고 있었으며, 고용보장이나 가사·간병노동 등의 사회·경제적 지위 확보는 부차적인 것으로 여겨졌다.[25]

25　카디아이의 미션(mission)에 관해서는 카디아이가 발행한 영문 자료집 *A way of caring*, 2015, p.3 참조.

카디아이는 1970년대 말부터 시 정부로부터 공적 서비스를 위탁받아 운영하면서 크게 성장할 수 있었다. 당시 좌파 성향이 강하던 볼로냐시는 사회적 약자에 대한 공적 서비스를 강화하려는 방침을 가지고 있었지만 시의 역할에는 한계가 있었다. 이를 계기로 카디아이는 볼로냐 시 및 보건소 등과 협력관계를 맺고 고령자 방문 돌봄 서비스의 운영권을 획득하게 된다. 당시 다른 협동조합들은 고령자 방문 돌봄 서비스의 의미와 가치를 제대로 인식·평가하지 못하여 이에 별로 참여하지 않았기에 카디아이는 운영권을 거의 독점할 수 있었다. 카디아이는 이후 다양한 영역으로 활동범위를 확장하여, ① 고령자에 대한 서비스 ② 육아·교육 서비스 ③ 복지·돌봄 서비스 ④ 장애자에 대한 서비스 ⑤ 안전·건강 서비스 등 거의 모든 건강·복지 분야를 아우르고 있다.

카디아이는 그 운영에 있어 협동조합이 가진 제3섹터로서의 장점을 잘 살려가고 있다. 우선 공적섹터와 비교해 저비용으로 주민 밀착형의 효율적인 운영을 하고 있다. 시가 직접 운영하는 보육원의 경우 1인당 연간 약 1,000유로의 비용이 드는데 비해 카디아이에서는 800유로 정도로 운영이 가능하다. 이에 비해 보육원의 하루 개설시간은 시 직영과 비교해 평균 2시간 정도 길다. 즉, 카디아이의 경우, 풀타임은 오전 7시 30분부터 오후 6시까지 하루 10.5시간의 서비스를 제공하며, 야간이나 토요일 오전, 그리고 휴가철 등에도 주민의 수요에 맞춰 시간을 탄력적으로 운영하고 있다.[26]

시장에서 다른 사적섹터와 경쟁하는 기업의 관점에서도, 카디아이는

---

26 CADIAIA, *way of caring*, 2015, p.17.

동일한 서비스를 제공하는 민간기업과 견주어 결코 경쟁력이 뒤떨어지지 않는다. 오히려 사적 이윤만을 추구하지 않는데서 오는 신뢰감, 지역사회의 공익公益을 지향하는데 따른 지역사회와의 일체감, 자원봉사자의 활용, 시 사업의 위탁에 따른 지원금 등은 제3섹터로서의 경쟁력의 원천이 되고 있다. 카디아이의 운영 재원은 서비스 이용자의 부담금, 공적 서비스 위탁에 따른 지원금, 독자적 사업수입, 조합원 회비 등이며, 공공기관으로부터의 포괄적인 운영보조금의 지원 등은 전혀 없다. 참고로, 카디아이가 운영하는 노인 시설 돌봄 입소자의 경우 소요경비의 약 65%는 계약에 의해 가족 등이 부담하고 약 35%는 공적 지원으로 충당한다.[27]

당초 27명의 노동자에서 출발한 카디아이는 2013년 현재 고용자 수가 1,395명, 이용자 수가 약 3만 명에 이르며, 총 매출은 4천만 유로를 넘고 있다. 고용자 가운데 약 64%가 조합원으로 가입하고 있으며, 일의 성격 상 전체 고용자의 83%가 여성이다. 이러한 여성 비율은 이사(13명 가운데 9명), 경영자(10명 가운데 5명), 대표이사나 CEO 등에도 잘 반영되고 있다. 조합원 가입비는 1,800유로이며, 가입서의 제출 시 5%(약 9유로)만 납부하고 나머지는 매월 월급의 3%를 적립하여 충당할 수 있다.[28] 조합원 가입은 자유이며, 기간제 등 일시적으로 취업한 자들에게 조합 가입을 강요하지 않는다. 다만 조합에 가입한 경우 고용은 확실하게 보장된다. 2008년 이후 유럽을 휩쓴 경제위기 속에서도 카디아이의 조합원 가운데는 단 한명의 비자발적인 해고자도 없다는 점을 푸리에리씨는

---

27 라라 푸리에리(Lara Furieri)와의 인터뷰(2015.3.5).
28 CADIAI, 앞의 책, p.12.

인터뷰 내내 강조하였다. 고용불안의 시대에 기업형태의 하나로서의 사회적 협동조합이 가진 의미를 재차 확인할 수 있었다.

영리활동을 향하는 기업의 하나로서, 카디아이는 민간 기업들과 경쟁하면서 경쟁력을 확인해 가지만, 이윤만을 좇아 무한 경쟁을 지향하는 것은 아니다. A형 사회적 협동조합에 해당하는 카디아이는 사회적 서비스 분야에서 다양하게 그 활동영역을 확장하고 있지만, 노동참가형인 B형의 분야에는 손을 대지 않고 있다. B형의 경우, 노숙자 신문 발행으로 잘 알려진 피아짜 그란데의 친구들Amici di Piazza Grande의 사례를 통해 알 수 있듯이, 상대적으로 영세한 협동조합들이 독특한 아이디어와 열정으로 경쟁하는 영역이기에,[29] 카디아이와 같은 대형 협동조합이 뛰어 들면 이들의 활동을 저해할 수 있다고 판단했기 때문이다. 또한 카디아이는 사업이 성장하더라도 지역을 벗어나 전국적으로 사업을 확대하지 않는다. 지역사회와 밀착된 사회운동으로서의 의미를 줄곧 지켜나가고 있기 때문이다.

구성과 운영의 측면에서, 카디아이는 다중이해당사자형 협동조합 모델에 부합하고 있다고 여겨진다. 고용노동자(무기직, 기간제, 프리랜서 등), 이용자, 자원봉사자, 투자 조합원, 공공기관, 민간단체 등 다양한 구성원들이 다양한 이해관계에 입각하여 운영에 참가하고 있기 때문이다. 또한 카디아이는 공공기관과의 파트너십이나 지역사회와의 신뢰관계

---

29 재정적으로는, A형이 주로 공적 복지서비스를 대신하는 경우가 많아 지자체로부터의 사업 위탁이나 보조금 등으로 보다 안정적인데 비해, B형은 세제상의 우대 등이 있긴 하지만 공적 수입의 비율이 적고 사적 기업과의 시장경쟁에 그대로 노출되어 있어 독특한 아이디어나 방식을 채택하지 않으면 지속적인 사업의 수행이 용이하지 않다. アルベルト・イアーネス, 앞의 책, 14面.

구축에도 꾸준히 노력하여 실적을 쌓고 있다. 즉, 공공기관, 지역주민 등과 함께 새로운 프로젝트를 기획하는 등 사업의 계획단계에서부터 다양한 주체의 참가를 실천하고 있다. 다중 이해당사자들 간에 신뢰와 연대를 구축할 수 있었던 것이 카디아이가 성장할 수 있었던 중요한 요소였으며, 이를 통해 지역사회의 고용 창출, 인재양성, 커뮤니티의 형성 등에도 기여할 수 있었다.

또한 카디아이는 지역사회의 다른 분야에서 활동하는 협동조합들과 연합하여 사업을 운영하는 사례를 성공적으로 만들고 있다. 즉, 카디아이는 건축협동조합인 치페아CIPEA를 비롯해, 시설물 유지·관리를 위한 협동조합인 마누텐쿱MANUTENCOOP, 급식노동자 협동조합인 캄스트CAMST, 보육·교육전문 사회적 협동조합인 소시에타 돌체Società Dolce 등과 함께 카라박KARABAK[30]이라는 컨소시엄을 구성하여 10여개의 보육원을 직접 건설하여 운영하고 있다. 카라박 프로젝트는 다수의 민간 협동조합이 연합하여 운영하는, 시정부와 연계된 협동조합방식의 보육정책이다. 즉, 시정부가 부지와 운영비를 부담하고, 치페아가 보육시설을 짓고, 캄스트는 급식을 제공하며, 카디아이와 소시에타 돌체는 교육과 운영을 담당하는 방식이다. 카라박 프로젝트로 볼로냐 시는 적은 예산으로 보육시설을 확충할 수 있었고, 조합원들은 일자리를, 주민들은 양질의 보육서비스를 제공받을 수 있었다. 이는 지역사회의 각 영역에서 활동하는 다수·다양한 협동조합들의 네트워크를 통해 지역사회가 구성되고 또 운영되는, 앞서 살펴본 협동조합 지역사회 모델의 단초가

---

30 이에 관해서는 http://www.karabak.it/coopertive.htm 참조(검색일 : 2016.01.29).

되는 중요한 사례로 평가할 수 있다.

　이글은, 최근 협동조합기본법이 제정되고 사회적 협동조합이 법적으로 도입된, 한국사회와 비교해 시사점을 얻기 위해 쓴 것은 아니다. 그 보다는 사회적 협동조합이라는 선구적인 형태의 협동조합이 등장하게 된 배경과 원인을 살펴보고, 그 영향을 고찰함으로써 협동조합이 가진 특성과 의미, 특히 사회운동으로서의 의미를 다시금 확인하고자 하는 데 있다. 하지만 한국의 사회적 협동조합과 관련하여 몇 가지 시사점을 던져준다. 이탈리아의 사례와 비교하면, 한국의 경우 협동조합이 가진 양면성, 즉 기업의 측면과 사회운동의 측면 가운데 기업의 측면이 강조되고 있으며, 제도와 사회적 실천과의 관계에 있어서는 법·제도화가 앞서가며 조합 설립을 유도·촉진하려는 경향이 나타난다. 특히 제도화를 주도하는 국가官와의 관계에 있어 국가가 제도에 부합하는 사회적 협동조합만을 관리·육성하려는, 이른바 관주도의 모습의 나타내기 쉽다. 물론 한국의 경우, 사회적 협동조합이 법적으로 도입되어 시행 초기에 있기 때문에 성급하게 이를 평가할 필요는 없다고 여겨진다. 사회적 협동조합이 제 기능과 역할을 다하기 위해서는 이탈리아의 선구적 사례에 대한 검토가 큰 도움이 될 것이다.

참고문헌

레이들로, 김동희 역, 『서기 2000년의 협동조합－레이들로보고서』, 한국협동조합연구소, 2000.

스테파노 자마니·베라 자마니, 송성호 역, 『협동조합으로 기업하라』, 북돋음, 2013.

이희완, 「우리나라 사회적 협동조합의 제도적 특성과 과제」, 『제도와 경제』 제7권 제2호, 2013.

전형수, 「협동조합기본법에서 본 사회적 협동조합의 문제점」, 『한국협동조합연구』 제30집 제1호, 2012.

조미형, 「지역사회복지실천모델로서 사회적협동조합의 가능성 탐색」, 『농촌지도와 개발』 21권 3호, 2014.

アルベルト・イアーネス, 佐藤紘毅 譯, 『イタリアの協同組合』, 緑風出版, 2014.

菊地謙, 「イタリア協同組合調査報告」, 『協同の発見』 No.161, 協同総合研究所, 2005.

堀越芳昭, 「世界各国における共同組合法の最新動向1996〜2013」, 『經營情報學論集』 第20號, 山梨学院大学, 2014.

_____, 「世界各国における共同組合法の最新動向1996〜2013」, 經營情報學論集』 第20號, 山梨学院大学, 2014.

石見尚, 『都市に村をつくる』, 日本経済評論社, 2012.

田中夏子, 「社会的排除との闘いと労働を通じた社会参加をめざすイタリア社会的協同組合」, 『ノーマライゼーション障害者の福祉』, 2010年 10月號.

佐藤宏毅·伊藤由理子, 『イタリア社會協同組合B型をたずねて』, 同時代社, 2006.

中川雄一朗, 「これからの協同組合に求められること」, 中川雄一朗·杉本貴志編, 『協同組合を学ぶ』, 東京, 日本経済評論社, 2012.

協同組合研究所, 『協同の発見』 184號.

CADIAI, *A way of caring.* 2015.

Centrostudi Legacoop, "The First Census(2011) Figures for Cooperatives", *Brief Notes* No.11/July, 2013.

ICA, *Statement on the Co-operative Identity,* 1995.

Laidlaw, Alexander Fraser, "Co-operatives in the Year 2000", A paper prepared for the 27th ICA Congress, October, 1980.

_____, "Co-operatives and the poor", *ICA Studies & Reports Series* No.13, 1978.

Tansella, Michele. "Community psychiatry without mental hospitals—the Italian experience
—a review", *Journal of the Royal Society of Medicine* Vol.79, No.11, 1986.
http://www.karabak.it(검색일 : 2016.1.29).